系列丛书

世界银行贷款中国经济改革促进与能力加强技术援助项目（TCC6）

金融支持新型农业经营主体模式研究

RESEARCH ON THE FINANCIAL SUPPORT TO THE NEW TYPES OF AGRIBUSINESS

农业农村部对外经济合作中心 编著
Foreign Economic Cooperation Center, Ministry of Agriculture and Rural Affairs, P. R. China

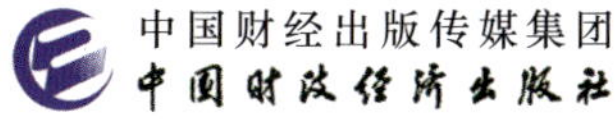

图书在版编目（CIP）数据

金融支持新型农业经营主体模式研究／农业农村部对外经济合作中心编著．--北京：中国财政经济出版社，2021.9

（农业对外合作与乡村振兴系列图书）

ISBN 978-7-5223-0680-3

Ⅰ.①金…　Ⅱ.①农…　Ⅲ.①农业经营-经营管理-金融支持-研究-中国　Ⅳ.①F324

中国版本图书馆CIP数据核字（2021）第148064号

责任编辑：胡　懿　　　　责任校对：胡永立
封面设计：卜建辰　　　　责任印制：党　辉

中国财政经济出版社 出版

URL：http：//www.cfeph.cn

E-mail：cfeph@cfeph.cn

社址：北京市海淀区阜成路甲28号　邮政编码：100142

营销中心电话：010-88191522

天猫网店：中国财政经济出版社旗舰店

网址：https：//zgczjjcbs.tmall.com

北京时捷印刷有限公司印刷　各地新华书店经销

成品尺寸：185mm×260mm　16开　21印张　378 000字

2021年9月第1版　2021年9月北京第1次印刷

定价：98.00元

ISBN 978-7-5223-0680-3

（图书出现印装问题，本社负责调换，电话：010-88190548）

本社质量投诉电话：010-88190744

打击盗版举报热线：010-88191661　QQ：2242791300

项目结题会议（2021年6月6日）

项目启动会（2020年1月10日）

中期报告会议（2020年10月9日）

访问中国农业银行三农事业部（2020年6月）

访问中国农业发展银行（2020年6月）

安徽省蒙城县调研新型主体（2020年9月）

访问内蒙古赤峰市农村商业银行

四川省成都市蒲江县参加座谈会（2020年10月）

调研人员访问成都蒲江田园综合体

李志平副主任在四川省德阳市广汉市调研（2020年9月23日）

四川省广汉市调研

四川省蒲江县调研

课题组成员访问广东股权交易中心

山东省农业对外经济合作中心座谈（2020年11月2日）

广东省大英县调研

河南省郑州市中牟县座谈

访问河南省郑州市中牟县农村电商企业

河南省郑州市中牟县孙家村访问

河南省开封市兰考县调研

河南省郑州市中牟县调研

访问辽宁省盘山县粮食种植合作社

福建省福州市调研

内蒙古托克托县调研新型主体

编辑委员会

前言

党的十九大报告部署了乡村振兴战略，提出“发展多种形式适度规模经营，培育新型农业经营主体，建设现代农业”。习近平总书记多次强调，新型农业经营主体是建设现代农业的新生力量，要把加快培育新型农业经营主体作为一项重大战略，鼓励发展、大力扶持。2017 年 5 月，中共中央办公厅、国务院办公厅印发了《关于加快构建政策体系培育新型农业经营主体的意见》，为我国加快培育新型农业经营主体，形成以农户家庭经营为基础、合作与联合为纽带、社会化服务为支撑的立体式复合型现代农业经营体系奠定了政策基础。2018 年 3 月习近平总书记参加人大山东代表团审议时强调，要强化乡村振兴人才支撑，加快培育新型农业经营主体；2019 年 3 月习近平总书记参加人大河南代表团审议时强调，要突出抓好家庭农场和农民合作社两类农业经营主体发展，支持小农户和现代农业发展有机衔接。2020 年 3 月农业农村部印发了《新型农业经营主体和服务主体高质量发展规划（2020—2022 年）》，指出“在坚持农村基本经营制度基础上，大力培育发展新型农业经营主体和服务主体，不断增强其发展实力、经营活力和带动能力，是关系我国农业农村现代化的重大战略”。2020 年 8 月习近平总书记在吉林省考察调研时强调，要积极扶持家庭农场、农民合作社等新型农业经营主体，鼓励各地因地制宜探索不同的专业合作社模式。我国《乡村振兴促进法》已经公布并于 2021 年 6 月 1 日正式施行。因此，我国有关新型农业经营主体培育和发展的“四梁八柱”已经基本建立。

据农业农村部统计，截至 2020 年底，我国新型农业经营主体数量达到 600 万家。新型农业经营主体的培育和发展离不开金融资本的支撑。大型农业龙头企业除银行信贷以外，还可利用多种直接融资工具进行融资，利用保险和金融衍生品市场进行风险管理，其金融可得性较高、融资约束程度较低；小农户由于生产规模小，商品化程度低，信贷需求小，融资需求基本上都可得到满足。通过调研发现，新型农业经营主体所显示的金融需求与当前农村金融体系供给的匹配度低，集中表现为新型农业经营主体无法足额获得融资，一定程度上存在信贷配给行为；农业保险为新型农业经营主体提供有效风险保障，仍面临诸多挑战。可见，由于农业弱质性、财政金融政策制约、金融机构量身定制金融产品和金融服务滞后等多重原因，扶持新型农业经营主体的金融支农体系不完善，金融支持新型农业经营主体面临着诸多挑战，破解金融支持新型农业经营主体的运作模式是亟待解决的关键问题。

为全面了解我国当前金融支持新型农业经营主体的供给与需求情况，及时总结各地的典型模式与经验做法，系统梳理我国金融支农的政策措施，本书研究在中国东部、中部、西部与东北四大地区抽样选出省和县开展新型农业经营主体调研，并在借鉴国际组织和典型国家相关经验的基础上，提出完善我国金融支持新型农业经营主体模式的政策建议，旨在为“十四五”期间提升我国金融高质量支持新型农业经营主体发展提供思路。

世界银行集团贷款技援项目“中国经济改革促进与能力加强项目”（简称 TCC6 项目）子项目“金融支持新型农业经营主体模式研究”为该项成果提供了资助。

编者

2021 年 7 月

第一部分　研究报告

第二部分　案例精选

第一部分 | DIYIBUFEN

研究报告

引　言

我国正处于传统农业加速向现代农业跨越的转折期，农业的生产方式、经营方式、组织方式和农民择业方式等都发生了深刻变化，客观上推动农业规模经营主体的培育和发展。2012 年，党的十八大报告正式将多种类型的规模经营主体统一到“新型农业经营主体”概念下（黄祖辉等，2015），以解决农业劳动力非农化转移背景下“谁来种地，地怎么种”以及分散的小农户如何对接大市场的现实难题（李宁等，2020）。客观地说，我国既需要在数量上加快新型主体培育，又需要在质量上加快新型主体发展。只有新型主体得以高质量发展，才能提高农业经营效率、发挥带动农户能力、满足市场消费端需求。

新型农业经营主体，目前界定为包括家庭农场、专业大户、农民合作社和农业产业化龙头企业，这四类主体在经营规模、组织特征、生产经营、法律地位等方面均存在差异，在我国农业农村现代化建设过程中扮演着不同角色，但其功能与作用的实现均离不开资本要素，特别是生产型资本。从政策框架看，从财政税收、基础设施、金融服务、保险扶持、市场拓展和人才培养等六方面入手所搭建的政策体系已经形成。本项目聚焦“金融信贷服务”“农业保险扶持”两个领域，尝试回答以下科学问题：新型农业经营主体融资需求具有什么特征；新型农业经营主体金融服务供给具有什么特征；目前农业保险支持新型农业经营主体具有哪些特征和模式；各国探索了哪些金融支持农业经营主体的国际经验；在此基础上，我国金融支持新型农业经营主体可以总结出哪些模式；对我国进一步推动金融支持新型农业主体模式有哪些政策建议。

为解决上述问题，课题组于2020年8月至2021年5月开展了新型农业经营主体问卷调查，包括基本情况、融资需求、农业保险等内容。调查采取分层抽样方法，从中国东部、中部、西部和东北地区，各随机抽取2—3个省份，并根据省内城市经济状况进行高、中、低分类，最后采取分层抽样方法选定东部的福建省、山东省、广东省，中部的安徽省、河南省，西部的内蒙古自治区、四川省，以及东北的辽宁省、黑龙江省的多个县（市、区），对各类新型农业经营主体进行问卷调查。具体样本区域分布如表0－1所示。

表0－1　　新型农业经营主体各地区样本分布情况　　单位：个

省份	地区	县（市、区）	家庭农场	专业大户	农民合作社	农业企业	小计	总计
内蒙古	呼和浩特市	和林格尔县 托克托县	43	8	23	1	75	117
	赤峰市	宁城县	4	10	21	7	42	
辽宁省	沈阳市	法库县	27	29	2	0	58	151
	铁岭市	昌图县	34	14	3	1	52	
	盘锦市	盘山县	10	24	5	2	41	
黑龙江省	大庆市	林甸县 肇源县 大同区	27	1	13	11	52	52
安徽省	蚌埠市	怀远县	18	9	3	2	32	62
	亳州市	蒙城县	12	3	14	1	30	
福建省	闽北地区	南平市	5	0	7	12	24	144
	闽中地区	福州市 莆田市 宁德市	4	1	12	29	46	
	闽南地区	厦门市 泉州市 漳州市	12	0	8	18	38	
	闽西地区	龙岩市 三明市	7	1	12	16	36	
山东省	滨州市	博兴县 邹平市	56	20	4	24	104	156
	潍坊市	高密市	12	4	33	3	52	

续表

省份	地区	县（市、区）	家庭农场	专业大户	农民合作社	农业企业	小计	总计
河南省	郑州市	中牟县	19	1	21	5	46	137
	开封市	兰考县	14	2	17	11	44	
	新乡市	延津县	16	9	18	4	47	
广东省	广州市	从化区	17	3	20	10	50	135
	清远市	英德县	15	1	18	5	39	
	云浮市	新兴县	29	0	7	10	46	
四川省	成都市	蒲江县	17	1	11	4	33	90
	德阳市	广汉市	23	15	15	4	57	
合计			421	156	287	180		1044

本次调研遵循以下原则：

第一，充分考虑区域风险差异的特点。中国地域广大，地形复杂，地区发展水平差异很大。调研时充分考虑东部、中部、西部和东北的地区差异，确定具体调研市县。

第二，充分区分不同新型农业经营主体。专业大户、家庭农场、农民合作社、农业企业因为生产经营的产品与能力等存在差异，面临风险有所不同，调研时充分考虑不同类型主体的分布。

第三，充分考虑经营产品。种植业和养殖业、粮食作物与特色产品、单一经营与多种经营、生产型与服务型，对新型经营主体而言，面临着显著差异。调研时充分考虑不同类型的农业产业。

本研究创新之处在于：利用一手调研数据，从新型农业经营主体对金融服务（包括政策、产品、服务）的需求端与供给端入手，了解不同地区各类新型农业经营主体金融服务和农业保险需求，总结金融支持新型农业经营主体的已有成功模式，识别农村金融服务制度和市场存在的问题和面临的挑战，探索金融支持新型农业经营主体模式，提出具有可操作性的政策建议。

一、研究背景

研究金融支持新型农业经营主体的模式，更好地推动新型主体高质量发展，具有现实背景。一是我国新型农业经营主体近年来取得了快速发展；二是新型农业经营主体高质量发展面临融资壁垒和保险困境；三是加大金融支持新型主体力度已经具备政策基础；四是各国已经积累了丰富的金融支持农业经营主体国际经验。

（一）新型农业经营主体快速发展

中国农村40多年改革发展，推动了传统农业向现代农业的转变，特别是进入21世纪后，农业结构调整、农业劳动力转移、工业化和城镇化程度不断提升，农业经营组织不断分化和成长，以农户家庭经营为基础、合作与联合为纽带、社会化服务为支撑的立体式复合型现代农业经营体系正在构建之中，农民合作与联合的组织载体不断强化，以种养大户、家庭农场、农民合作社、农业龙头企业为代表的新型农业经营主体不断涌现。根据农业农村部政策与改革司的数据，截至2019年7月底，全国依法登记的农民合作社达220.7万家，各类家庭农场60万家，各种产业化经营组织10万家，社会化服务组织115万家，合计约有400万新型农业经营主体，还有1 500万职业农民。

截至2020年6月底，家庭农场和农民合作社分别超过100万家和220万家①。新型农业经营主体，已经或正在成为我国实现农业农村现代化的微观基础和骨干力量，成为农村产业链条延伸、拓展服务领域、带动小农户融入现代农业和推进农村三产融合发展的中坚力量。

党中央、国务院高度重视“三农”工作，党的十九大报告做出了实施乡村振兴战略的重大决策部署，提出“发展多种形式适度规模经营，培育新型农业经营主体，建设现代农业”，新型农业经营主体成为实施乡村振兴战略的重要力量。因此，加快培育新型农业经营主体，加快形成以农户家庭经营为基础、合作与联合为纽带、社会化服务为支撑的立体式复合型现代农业经营体系，对于推进农业供给侧结构性改革、引领农业适度规模经营发展、带动农民就业增收、增强农业农村发展新动能具有十分重要的意义。我国各级政府和地方相关部门一直重视推动以种养大户、家庭农场、农民合作社和农业龙头企业为主体的新型农业经营主体发展，先后出台了一系列相关文件、意见和方案（见表1－1）。

表1－1　金融支持新型农业经营主体发展的部分相关文件

文件名称	主要内容
人民银行 银保监会《金融机构服务乡村振兴考核评估办法》(2021年6月)	金融机构服务乡村振兴考核评估指标分为定量和定性两类，其中定量指标权重75%，定性指标权重25%。 明确评估对象、评估指标和方法、评估程序、评估结果和运用等具体内容，强调对新型农业经营主体、小农户等的支持。 将把评估结果作为履行货币政策工具运用、市场准入管理、金融监管评级、机构审批设立、业务范围调整等宏观调控和金融监管职能的重要参考，督促引导金融机构加大对新型农业经营主体支持力度。
中国人民银行 中央农办 农业农村部 财政部 银保监会 证监会《关于金融支持新型农业经营主体发展的意见》(银发〔2021〕133号)(2021年5月)	加强新型农业经营主体信息共享，健全名单发布制度，加强银企融资对接。 加强信息共享、增强金融承载力、健全金融服务组织体系、推动发展信用贷款、拓宽抵押质押物范围、创新专属金融产品和服务、完善信贷风险监测分担补偿机制、拓宽多元化融资渠道、提升农业保险服务能力、强化政策激励，做好新型农业经营主体金融服务。 稳妥扩大农村普惠金融改革试点，依照程序建设金融服务乡村振兴试验区，将对新型农业经营主体的金融服务情况纳入金融机构服务乡村振兴考核评估，强化评估结果运用。

① 农业农村部政策与改革司. 对十三届全国人大三次会议第1544号建议的答复：农办议〔2020〕160号［A/OL］.（2020－09－07）［2021－06－15］. http://www.moa.gov.cn/govpublic/zcggs/202009/t20200911_6351892.htm.

续表

文件名称	主要内容
农业农村部 财政部 发布2020年重点强农惠农政策（2020年7月）	“第四部分新型经营主体培育”中第30项“农业信贷担保服务”： 重点服务家庭农场、农民合作社、农业社会化服务组织、小微农业企业等农业适度规模经营主体；突出对粮食、生猪等重要农产品生产的支持。 中央财政对政策性农担业务实行担保费用补助和业务奖补，支持省级农担公司降低担保费用和应对代偿风险，确保政策性农担业务贷款主体实际负担的担保费率不超过0.8%（政策性扶贫项目不超过0.5%）。
财政部《关于扩大中央财政对地方优势特色农产品保险以奖代补试点范围的通知》（2020年6月）	2020年起扩大中央财政对地方优势特色农产品保险的以奖代补试点范围至20个省份；各地区开展地方优势特色农产品保险，申请中央财政补贴支持，试点保险标的或保险产品由不超过三种。
银保监会《关于做好2020年银行业保险业服务“三农”领域重点工作的通知》（2020年4月）	银行保险机构要加强对标政策要求，支持“三农”领域补短板，保障重点农产品有效供给，促进各类农业经营主体发展，强化特殊群体金融服务，做好新冠肺炎疫情防控期间的涉农金融服务。 对受疫情影响较大的涉农主体不得盲目抽贷、断贷、压贷，对到期还款困难的适当予以展期、续贷或调整还款付息计划，下调贷款利率，减免手续费及提高不良贷款容忍度等。 发挥银行保险机构基层网点信息资源优势，为农业经营主体提供交易信息、创造交易机会，促进银企对接、企企合作，助力涉农主体渡过疫情灾害难关。 优化“三农”金融产品和服务模式，加大涉农信贷产品服务创新，依法合规拓宽涉农贷款抵质押物范围，畅通涉农贷款风险缓释渠道，推动涉农保险产品创新。
财政部 农业农村部 银保监会 人民银行《关于进一步做好全国农业信贷担保工作的通知》（2020年4月）	全国农担体系框架已经基本建立，服务能力不断提升，业务规模加快发展，但也存在业务发展不均衡、服务对象不精准、存在一定风险隐患等问题。
农业农村部《新型农业经营主体和服务主体高质量发展规划（2020—2022年）》（农政发〔2020〕2号）（2020年3月）	鼓励金融机构对新型农业经营主体和服务主体提供资金支持。 地方搭建投融资担保平台，引导社会力量参与新型农业经营主体培育。 推动农业信贷担保体系创新开发担保产品，加大担保服务力度。 发展新型农村合作金融，稳步开展农民合作社内部信用合作试点。 推动开展中央财政对地方优势特色农产品保险奖补试点、地方建立针对新型农业经营主体和服务主体的特色优势农产品保险制度，发展农业互助保险。 探索开展产量保险、气象指数保险、农产品价格和收入保险等品种。

续表

文件名称	主要内容
农业农村部办公厅《关于支持做好新型农业经营主体培育的通知》（农办计财〔2019〕44 号）	鼓励各地采取先建后补、以奖代补等方式，对新型农业经营主体实施政策措施给予适当支持。
国务院办公厅《关于有效发挥政府性融资担保基金作用切实支持小微企业和“三农”发展的指导意见》（国办发〔2019〕6 号）	引导各级政府性融资担保机构回归担保主业、降低费率水平、加大支农担保供给，带动更多金融资源更好服务“三农”。
中央办公厅《关于加快构建政策体系培育新型农业经营主体的意见》（中办发〔2017〕38 号）	信贷补贴方面、贷款担保方面、融资抵押方面。
国务院《关于开展农村承包土地的经营权和农民住房财产权抵押贷款试点的指导意见》（国发〔2015〕45 号）	提出规范推进农村“两权”抵押贷款试点，贷款人可因地制宜自主确定贷款抵押率，试点政府推进建立风险补偿基金。
五部委联合 11 家金融机构发布《金融支持新型农业经营主体共同行动计划》（2015）	政府出资为主、专门从事农业信贷担保业务的融资性担保机构和再担保机构，加快构建覆盖全国各省（区、市）的农业信贷担保服务网络。
银监会《关于做好家庭农场等新型农业经营主体金融服务的指导意见》（银发〔2014〕42 号）	纲领性文件，从多个方面提出政策支持建议。

（二）新型农业经营主体仍面临融资壁垒和保险困境

我国实施乡村振兴战略的核心内容是紧抓“人、地、钱”，然而“人”和“地”都离不开“钱”，即资金支持。资金支持客观上为金融助力实施乡村振兴战略提供了机会和条件。在现代农业生产要素组合持续变化的背景下，新型农业经营主体是激发各种要素组合发挥最大效率的重要力量。因此，新型农业经营主体的培育和发展离不开金融资本的支撑。一直以来，扎根于农村经济社会的金融活动，在支持农业农村发展方面取得了长足进步，具体表现为：农村金融机构体系逐步健全、农村金融服务覆盖面得以提升、农村金融基础设施日益完善、农村金融扶持政策逐步完善、政策性农业保险不断发展等。据统计，涉农贷款余额从 2007 年的 6.1 万亿元增长至 2018 年的 32.7 万亿元，所占比重从 22% 增长至 24%；农业保险保费收入从 2007 年的 51.8 亿元增长至 2018 年的 572.7 亿元，增长约 10.1 倍；参保农户人数从 2007 年的 4 981 万户次增长至 2018 年的 1.95 亿户次，增长约 2.9 倍。在金融衍生品市场方面，债券、股票等直接融资有较快发展，农产品期货市场从无到有，功能逐渐显现。

实施乡村振兴战略，建设现代农业，对新型农业经营主体规模化、产业化、集约化生产的要求不断提高，迫切需要规模化、集约化的资金等生产要素与之配套。大型国有龙头企业可综合利用股票和债券等多种直接融资工具进行融资，利用保险和金融衍生品市场进行风险管理，其金融可得性较高、融资约束程度较低。在传统农业模式下，小农户生产规模小、商品化程度低、信贷需求小，其资金需求基本上都可以满足。然而，课题组通过田野调研发现，新型农业经营主体所显示的金融新需求与当前农村金融体系供给存在较大差距，金融供求仍未有效匹配，集中表现为新型农业经营主体无法足额获得融资，一定程度上存在信贷配给行为，具体情况如下。

一是与传统“小农”经济相比，专业大户、家庭农场、农民专业合作社和中小农业企业的金融需求呈现新的特点，即需求更为丰富多样、需求量更大、需求周期更长、对资金成本更为敏感。其中，新型农业经营主体在土地流转费用、农资投入、雇工投入、农资投入和产品收购等方面的资金需求量不断增加。家庭农场、农民专业合作社和中小农业企业与传统小农类似，具有金融获得渠道较为单一、依靠银行信贷等间接金融工具、缺乏有效的担保抵押物、交易成本较高等典型问题。

二是农业保险能否为新型农业经营主体提供有效风险保障，仍面临诸多挑战。宏观上看，农业保险总体实力不强，保险深度和保险密度较低，保险保障不充分，品少、面窄、标准低；保障不均衡，品种区域差异大，很多地方特色产品没有纳入保险保障范围；中观上看，农业保险的市场环境仍未优化；微观上看，部分农户风险意识淡薄，保险覆盖广度拓展仍然面临瓶颈制约。因此，在农业弱质性、政府财政金融政策制约、金融机构量身定制金融产品和金融服务滞后等多重原因作用下，扶持新型农业经营主体的金融支农体系不完善，破解新型农业经营主体、探究金融运作模式是亟待解决的问题。

新型农业经营主体融资难和风险管理模式单一问题，有其自身发展原因，也与金融机构供给模式和方法密切相关。传统小农经济模式下，金融机构产品多为额度小、期限短的信贷产品，难以满足新型农业经营主体的大额、长期需求，同时“重抵押担保”，进一步加剧了金融服务的困境。新型农业经营主体作为规模生产者，在农业生产过程中面临着更严重的自然风险与市场风险，农业保险不应再仅局限于满足生产保障，而更应成为加快推进农业现代化的重要支撑（韩长赋，2016）。此外，金融支持新型农业经营主体面临着其他诸多挑战。比如，农民合作社内部信用合作、拓宽有效担保抵押物范围、农业产业链金融服务创新、城乡金融资源配置不平衡、“农村金融法”的颁布尚未提上日程等。

农业保险作为分散农业生产风险的重要手段，对保障我国粮食安全、稳定农民收入、推动现代农业发展等方面具有重要作用。然而，伴随我国土地流转和土地托管规模扩大，农业产业化发展程度不断提高，农业生产主体对农业保险需求呈现多元化趋势，新型农业经营主体依然面临农业保险的风险保障水平低、大部分农业保险产品仅保障基本的物化成本、覆盖险种范围窄、农业保险“不解渴”等困境。农业产业存在明显的弱质性，政府应当鼓励保险公司针对不同规模的生产经营主体，设计符合其风险特征的保险产品，推动我国农业保险从普惠制低保障向多层次精细化方向发展。从我国实践看，随着新型农业经营主体不断发展，农业生产风险随之增加，客观上对农业保险发展提出更高要求。

（三）金融支持新型农业经营主体已经具备政策基础

财政支持是国家治理的基础和重要支柱，在持续加大财政支农投入力度的同时，要注重发挥财政资金的引导作用，积极撬动金融资本和社会资本投向农业农村发展，提升金融支持的地位和作用。我国政府非常重视新型农业经营主体的金融服务水平和农业风险管理，出台了一系列支持性文件。特别是为推动农业保险体系的建立和完善，中央自2004年陆续在全国启动政策性农业保险试点后，连续18个中央“一号文件”都对发展农业保险提出了指导意见，先后出台了一系列政策文件，包括《国务院关于保险业改革发展的若干意见》（国发〔2006〕23号）、《农业保险条例》（国令第629号，2012年）、《国务院办公厅关于金融服务“三农”发展的若干意见》（国办发〔2014〕17号）、《国务院关于加快发展现代保险服务业的若干意见》（国发〔2014〕29号）、《农业保险条例》2016年修订版（国务院令第666号）、《中央财政农业保险保险费补贴管理办法》（财金〔2016〕123号）、《关于加快农业保险高质量发展的指导意见》（财金〔2019〕102号）等。农业保险已经成为中国农业风险管理体系和农业支持政策的重要组成部分，并逐步走到核心地位（吴东立、谢凤杰，2018）。

伴随着国家乡村振兴战略全面推进，中国农业发展进入了新的历史时期。作为更有效率的农业经营组织，新型农业经营主体被赋予了更高的期望和更大的责任。新型农业经营主体在“农业边缘化、农村空心化、农民老龄化”蔓延趋重等一系列新形势和新变化下，必须担负起“谁来种地”的历史职责，并且要与小农户长期共生，成为实现小农户和现代农业发展有机衔接的主体，承担乡村振兴中产业兴旺的建设重任，加速向现代农业转型。

（四）形成了金融支持农业经营主体国际经验

世界上许多国家和国际组织为解决农村金融问题，开展了丰富实践，积累了大量经验。一是发达国家通常建立了健全的农村金融体系，多元化金融机构相互合作、相互促进、相互竞争，保证了农业的稳定发展。二是发达国家采用多种方式对农业发展提供金融支持，比如税收优惠和补贴、为贷款提供便利条件，通过政策金融机构提供信贷资金等，向农业提供低利贷款，弥补农业信贷资金缺口等。三是发达国家政府大力扶植农村商业金融机构，通过补充资本金、税收返还等给予支持。四是发达国家有完善的农业金融法律体系，立法内容全面、标准和手段明确，使金融支农有法可依。五是发达国家引导社会资金回流农村，承担起作为政府支农的有效金融工具，促进农业、农村、农民持续稳步发展。

从需求端来看，我国新型农业经营主体获得金融支持的主要瓶颈包括：（1）宏观政策缺乏协调和体制管制所造成的金融排斥；（2）商业型金融机构趋利避害的经营理念不适应农业经营周期长、效益低、风险高的特点；（3）多数新型农业经营主体存在低资产、低担保、低信用缺陷，难以满足金融机构的信贷准入条件；（4）土地管理制度不完善，限制了通过规模化经营提升融资能力，也限制了经营主体以土地经营权作为抵押获得信贷；（5）农业保险体系相对落后，存在保险产品供给主体单一，商业型农业保险滞后、险种少、赔付流程复杂不及时、缺乏再保险机制、缺乏中介机构等困境；（6）系统性降低农业行业风险和成本、推动创新的农业社会化服务体系有待完善。

从供给端来看，银行等金融机构是新型农业经营主体的主要融资渠道，以专门服务农业的金融机构（各类农村商业银行农发行、中国农业银行和中国农业发展银行）为主，以中国邮储银行、各类村镇银行和地方股份制银行为辅。贷款规模较小的合作社和家庭农场主要依靠农村商业银行（农商行）和农业银行（农行），农业企业特别是龙头企业主要依靠农行和农业发展银行（农发行）。

因此，本报告首先分析我国新型农业经营主体的金融供给体系及存在的问题，根据调研数据分析新型农业经营主体的基本特征和融资需求特征，然后分析新型主体的农业供应链金融服务模式和农业保险服务模式，并且在分析国际经验的基础上，总结我国金融机构支持新型农业经营主体的多种模式，最后提出政策建议。

专栏1－1　2020年9月9日农业农村部发布《对十三届全国人大三次会议第1544号建议的答复》中有关“金融服务家庭农场、农民合作社”的部分

一是支持金融机构结合职能定位和业务范围提供金融支持。2020年4月，中国银保监会印发《关于做好2020年银行业保险业服务“三农”领域重点工作的通知》，明确要求金融机构加强对家庭农场适度规模经营和发展合作经营的金融支持。截至2020年6月底，普惠型涉农贷款余额7.2万亿元，较年初增长12.29%，高于各项贷款平均增速4.15个百分点。

二是支持农业信贷担保（农担）体系建设。中央财政大力支持全国农业信贷担保体系建立工作。除注入农担公司注册资本金外，中央财政还对各地政策性农担业务给予持续性支持。2020年中央财政拨付担保费用补助和业务奖补资金共28.65亿元。目前，全国农担机构框架基本搭建，政策体系不断完善，担保业务加快发展，取得了明显的阶段性成效。

三是加强扶贫领域金融支持。2019年，中国银保监会与财政部、中国人民银行、国务院扶贫办联合印发《关于进一步规范和完善扶贫小额信贷管理的通知》，提出在贫困户自愿和参与生产经营的前提下，可采取合作发展方式，将扶贫小额信贷资金用于有效带动贫困户脱贫致富的特色优势产业。《关于做好2020年银行业保险业服务“三农”领域重点工作的通知》提出，要努力提高脱贫质量，防止返贫，进一步加大对产业扶持的信贷支持，完善信贷支持与带动贫困户脱贫的挂钩机制。

四是推动农业保险高质量发展。近年来，财政部、中国银保监会、农业农村部等部门按照“扩面、增品、提标”的要求，不断加大对农业保险的支持力度，深入开展农业大灾保险、三大粮食作物完全成本保险和收入保险、中央财政对地方优势特色农产品保险以奖代补等试点工作，探索开展制种保险等新型农业保险产品，启动筹建中国农业再保险公司。2019年，农业保险为1.91亿户次农户提供风险保障，向4 918.25万户次农户支付赔款560.2亿元，承保和理赔户次均居全球第一。

五是探索构建信用评价体系。中国银保监会正与农业农村部研究推进银行业金融机构与农业农村部新型农业经营主体信息直报系统的信息共享，推动涉农信用信息整合，构建并完善信用评价体系，从而降低贷前信息收集和审核成本。

二、文献综述

针对我国新型农业经营主体的研究文献非常丰富。经过梳理，本部分针对以下内容进行综述：新型农业经营主体内涵与类型、发展状况、具备的优势、存在的问题及发展路径与对策；新型农业经营主体信贷需求状况、信贷需求影响因素、信贷融资难的成因；新型农业经营主体金融供给政策、金融服务模式、金融供给缺口；国内农业保险市场的运作、农户风险管理行为、农户参保行为影响因素、农业保险对农户生产行为的影响。

（一）新型农业经营主体研究

1. 新型农业经营主体内涵与类型

国内研究从演变格局、经营形式、概念内涵入手。对于新型农业经营主体的研究虽引自国外，其本身却是本土化的概念。我国自改革开放以来，农业经营主体已完成由相对同质性的家庭经营农户占主导的格局，向多类型经营主体并存格局转变的演变过程（黄祖辉，2010）。已有研究对于新型农业经营主体具有以下几种定义：陈锡文（2013）认为，新型农业经营主体是以家庭经营为基础发展起来的多种经营形式；陈晓华（2014）认为，新型农业经营主体是能够适应现代市场经济和农业生产力发展需要，具有专业化、集约化特点，组织化和社会化程度较高的一类现代农业生产经营组织形式；孔祥智（2014）认为，新型农业经营主体是近年来通过土地流转形成的、直接从事第一产业生产经营活动的农业经济组织。有学者从经营规模出发，认为新型农业经营主体应该具有较大的规模、较好的物质条件及拥有较高管理水平的经营者，其劳动生产、资源利用和土地产出率均较高（张照新等，2013）。

2. 新型农业经营主体发展状况

（1）新型农业经营主体发展迅猛。韩长赋（2013）认为，积极培育农业主体是改革农业经营体制的重要任务和必然要求。根据《新型农业经营主体发展指数调查报告》数据，当前我国新型农业经营主体在数量不断增长，其中部分新型农业经营主体经营状况良好，具有一定的营利性，逐渐发挥其社会效益。具有较高学历的高素质人才不断增加，开始具备创新意识。但“三品”认证比例偏低，农产品质量提升任务艰巨，金融服务供给尚显不足。在相关政策支持上，现有政策支持水平仍然不高（经济日报社调研组，2016—2017），且已有政策常出现落实不到位的情况（高丽萍，2016）。孟丽等（2015）分析了东、中、西三大地区 5 个省 178 个新型农业经营主体发现，总量将继续增加，且家庭农场和农民专业合作社数量增长最快。彭超等（2018）指出，我国加入各类合作社的农户数量已过亿，平均每个合作社有 60 个农户成员，占全国农户总数的 46. 8%。在地区分布上呈现不平衡状态。高鸣等（2018）发现，中部传统农业省份农业产业化龙头企业数量明显多于东部地区和西部地区，但规模相对较小；东部沿海地区龙头企业规模体量较大，营业收入超过 100 亿元的龙头企业数量远远高于中部和西部地区。

（2）新型农业经营主体发展模式。家庭农场出现了多元化的产业和经营模式趋势（张红宇等，2017）；各类合作社的生产经营活动涵盖了农业生产的各个阶段，连接了农业经营的收购、储运、营销等环节，融合了农村第一、二、三产业，克服了农户小规模经营的困难，提高了农业组织化与市场化程度。此外，大量学者对新型农业经营主体的现状、成效、典型模式和成功路径等进行了调查分析（崔宁波等，2015；郑风田等，2016；傅雪梅等，2016；赵伟峰等，2016；陈训波等，2017；苏振锋，2017），取得了不少研究结论，为进一步研究其经营模式及发展路径提供了启示和经验。

3. 新型农业经营主体具备的优势

（1）新型农业经营主体水平较高。从事社会化服务，规模经营水平和专业化集约化经营以及组织化程度较高，具有优化集成利用先进生产要素的特点，是现代农业的新发展方向（陈晓华，2014）。新型农业经营主体的出现提高了土地生产率、劳动生产率和资金生产率，延缓了农业“老龄化”进程，能够实现农业的市场化、品牌化、绿色化（孔祥智，2014）。

（2）新型农业经营主体有利于推进农业农村现代化。张晓山（2013）认为，新型农业经营主体重视以先进农业技术为指导，强调现代化机械操作，从而提高了劳动生产率以及土地生产率。黄祖辉、俞宁（2010）认为，新型农业经营主体在经营规模、资金来源、市场导向、产品认证、盈利水平以及品牌建设等方面具备的优势较为明显。楼栋等（2013）认为，培育多元化新型农业经营主体，是农产品产业价值链升级以及完善新型农业社会化服务体系的必然选择。陈春生（2007）在分析新型农业规模经济时，从专业规模角度进行探讨并发现，专业大户在适度规模经营方面具有显著优势，并且已经初步具备资本密集特征，在我国农业现代化发展中应该成为中坚力量。纪永茂等（2007）通过对福建省漳州市相关数据分析发现，当前农村基本经营制度下，积极培育新型农业经营主体有利于推进农业现代化、市场化以及专业化水平。陈纪平（2012）在分析家庭农场与实现农业规模化发展时认为，农业最佳规模效益可以通过培育特色家庭农场来实现，同时家庭农场能够提高农业劳动生产率，是实现农业现代化的重要途径。苏昕等（2014）发现家庭农场模式可以稳定家庭经营、完善家庭承包经营责任制，也可以提高农业经营的市场效率，进一步提高农业生产组织化水平，推动农业经营制度的创新和发展。张晓山（2009）认为现代农业发展依托于农民专业合作社的发展，推动农民合作社进一步完善，可以实现农业的规模化、专业化以及标准化，也可以加强农民之间的协同。总之，创新农业组织制度，加强农民合作，不仅可以化解农户和市场之间的矛盾，也是以专业农户带动周边农户，实现农业可持续发展的重要手段。

4. 新型农业经营主体发展存在的问题

（1）经营水平普遍较低。主要表现是：许多经营主体经营理念滞后、发展层次较低（刘昌龙，2017）；有些农民合作社内部管理机制混乱导致了龙头企业侵害农户利益等现象出现（杨叶峰，2014）；职业农民缺乏、人才诉求矛盾突出，后继人才缺乏（崔宁波等，2014），懂农业、爱农村、爱农民的高素质人才往往引不进、留不住；内部章程不规范、运行效率低下等（商一星，2015）；组织化程度较低导致发展能力普遍较弱（苏振锋，2017）。

（2）土地与资金约束。缺失配套因素限制了新型经营主体的发展与扩张，用地需求长期得不到满足，资金受限，如土地管理制度不完善、土地流转不畅、流转期限短与租期不稳定、租金成本逐年上涨等造成了规模化进程缓慢（苏振锋，2017）。张海鹏等（2014）认为，能否获得农地经营权是培育和发展新型农业经营主体的关键问题。一方面农民惜地，土地流转要价高；另一方面，土地细碎分散，难以流转，而且经营者担心农民不履行合同，不敢贸然投入设施。

（3）金融排斥与农业保险保障水平落后。华中昱等（2016）认为农村金融等资本要素是发展壮大新型农业经营主体的重要经济来源。新型农业经营主体的低担保、低资产、低信用缺陷，加之金融机构高收益、低成本约束以及宏观政策管制等，导致融资难、融资贵的信贷约束，提高了资金成本，扩大生产经营资金缺口。此外，农业保险制度不健全、险种范围与惠及区域覆盖面小、补贴比例与赔付水平低、农民参保积极性低沉等问题突出（张照新等，2013；谭洪业，2018），加之自然风险显性化、勘察成本高，导致保险公司利润少，甚至亏损，不愿涉足农业保险（闵继胜等，2016）。

（4）支农政策执行体系不健全。城乡分治与“双二元”格局下社会保障制度非均衡发展，一定程度上减缓了农村土地流转的进程，增加了新型农业经营主体开展适度规模经营的难度（王国敏等，2014）。各项扶持政策存在脱节现象，不利于新型农业经营主体发展。

5. 新型农业经营主体发展路径与对策研究

（1）新型农业经营主体发展模式。现有研究包括单一经营与多元经营两类观点，并针对上述两种发展模式的优劣做出阐释。王文龙（2017）认为专业大户在政策规制与市场变化中有更大的选择自由度、未来会较快发展，而中农会不断分化萎缩，家庭农场、专业合作社将缓慢发展。谷小勇等（2016）认为应大力培育具有规模经济效应的种养大户，以应对未来因大量农民进城而导致的土地大规模撂荒问题，以及应恢复工商资本的主体培育地位、消减或调整对农民合作社的专项扶持。姜长云（2018）阐释了家庭农场作为农业经营主导形式的必要性，认为家庭农场作为新型农业经营体系的骨干力量，代表着我国未来农户结构演变的方向。张红宇（2015）则认为家庭经营类主体在配置效率、经营绩效以及保障农民利益方面表现更优，应把其作为未来重点扶持的新型农业经营主体。

（2）积极推进专业合作社和综合性合作社共同发展。张红宇（2018）认为，未来新型农业经营主体应呈现主体分层化、生产专业化、经营规模化与企业化、发展协同化、管理规范化的发展取向。原因是，未来我国将保持规模农场与兼业小农并存的局面，其对农业社会化服务有着强烈需求（马彦丽，2018）。同时，中国农业多形态和农产品多类型决定了新型农业经营主体的多元化特性（黄祖辉等，2015）。对多个区域案例的分析表明：培育以专业大户、家庭农场为重点，农民合作社为载体，龙头企业为补充的多元化新型农业经营主体，是构建我国集约化、专业化、组织化、社会化农业经营体系的关键（翁贞林等，2015），新型农业经营主体相互融合与多元化发展才是未来趋势。政策层面上，中央出台《关于完善农村土地所有权承包权经营权分置办法的意见》亦指出，“支持新型经营主体相互融合，鼓励家庭农场、农民专业合作社、农业产业化龙头企业等联合与合作，依法组建行业组织或联盟”。

（3）加大对新型农业经营主体政策支持。高丽萍等（2016）提出主管部门应该积极制定并落实政策，加快打造良好市场环境、加强农业保险的保障作用；严格把关农业扶持项目资金去向（汪发元，2015），加强对相关扶持政策的落实，完善土地经营制度，鼓励长期投资，创新适宜农保项目，规范农产品市场供求关系，加快推进其大步向前发展。

（二）新型农业经营主体金融需求研究

1. 新型农业经营主体信贷需求状况

国内对新型农业经营主体的信贷需求的研究较多，主要分析新型农业经营主体是否存在信贷需求，满足需求的渠道，需求额度大小、期限等。黄祖辉、陈龙（2010）通过对浙江省 186 个农业专业大户、102 家农民专业合作社和 44 家农业企业的调查数据的分析，自有资金（内源融资）是新型农业经营主体的主要生产资金来源，但各类新型农业经营主体的主要融资渠道存在差异，并呈现多元化格局。中国农业银行战略规划部课题组（2015）对 151 个家庭农场进行调查的基础上，得出家庭农场的融资额度普遍偏大，对融资需求期限和用途更体现产业化经营趋势；对存取汇兑等基础金融服务的需求也很强烈；融资需求的满足度较低，有 48% 的家庭农场存在资金缺口，缺乏足够的抵押物是其获得银行贷款的最大障碍。阚立娜等（2016）研究认为，大部分新型农业经营主体信贷需求强烈，且不同经营主体的信贷需求满足程度不同，农业合作社和农业企业满足程度高于种植大户和家庭农场。华中昱等（2016）通过研究贫困地区新型农业经营主体信贷需求发现，当地新型农业经营主体担保类信贷需求旺盛、需求规模大、用途多元化，但融资服务满意度低，融资需求难以得到全部满足。王蕾等（2017）通过对四川省新型农业经营主体信贷需求调研发现，新型农业经营主体信贷需求意愿强烈，其中69%被访者近期存在借贷意愿，且融资需求具有融资额度大、借贷期限长、融资渠道单一的特点。罗振军等（2018）通过研究黑龙江省种粮大户借贷需求及差异表明，不同规模种粮大户在借贷需求金额、融资期限、借贷利率等方面存在显著差异，且经营规模越大，其融资需求额度越高。

2. 新型农业经营主体信贷需求影响因素

中国人民银行宣城市中心支行课题组（2015）在对安徽省宣城市111家专业大户、134家家庭农场、87家农民专业合作社和102家农业产业化龙头企业抽样调查的基础上，利用Biprobit模型研究后认为：新型农业经营主体融资成本相对较高，过高的融资成本抑制了信贷需求；主体类型、农场主受教育程度、资金短缺程度、负债结构、民间借贷与资金需求正相关，贷款成本与资金需求负相关。此外，他们还采用李锐、朱喜（2007）的估计方法，测算出新型农业经营主体的资金缺口为62.45%。林乐芬，法宁（2015）利用江苏省31个乡镇的460家新型农业经营主体的调研数据，运用Logistic模型实证研究得出新型农业经营主体的自身经营规模、融资的金额要求和期限要求、银行信贷产品和服务情况等均影响其信贷可获得性。张应良、高静、张建峰（2015）基于939份创业农户（包括扩大农业生产规模的新型农业经营主体）调查的基础上，利用Logistic和Probit模型实证研究，得出创业农户正规金融需求意愿强烈、60%以上群体受到正规金融约束，创业初期阶段主要受到需求型金融约束、处于创业发展阶段主要受到供给型约束等结论。阚立娜等（2016）根据对陕西杨凌农业示范区新型农业经营主体的实证研究得出：家庭农业劳动力占比、流转土地面积、主体类型、农业支出、正规贷款程序复杂程度等与信贷需求有明显的相关关系；主体的文化程度、农业收入，当地金融网点数，是否具有抵押担保物与其信贷约束负相关，并发现受到金融机构供给不足、市场信息不对称、交易成本过高及抵押物缺失等原因的影响，新型农业经营主体正规信贷约束较为严重。

3. 新型农业经营主体信贷融资难成因

林乐芬、法宁（2015）在阐述新型农业经营主体信贷需求现状的基础上，从新型农业经营主体自身因素、银行等金融机构因素、财政金融政策环境因素三方面分析了新型农业经营主体融资难的深层原因。王吉鹏等（2018）研究了新型农业经营主体融资困境的原因，认为融资成本过高、贷款门槛偏高、贷款担保和风险分担机制不健全等是造成新型农业经营主体融资困境的主要原因，应从确定合理利率水平、降低贷款门槛、完善担保和风险分散机制、扩大财政支持等角度出发寻求具体的解决路径。

综上所述，现有研究存在一定的偏差。一是这些研究基于局部观察和局部区域样本，缺少科学抽样基础上的大样本研究，研究结论难免存在以偏概全之嫌；二是没有深入讨论互联网金融发展对新型经营主体信贷约束的影响；三是新型农业经营主体发展对农户收入影响的研究不足；四是政府促进新型农业经营主体发展政策和措施的绩效评估不足。

（三）新型农业经营主体金融供给研究

1. 新型农业经营主体金融供给状况

长期以来，政府补贴政策承担起保护和扶持农业农村的责任。在信贷担保方面，政府财政部门、农村信用担保机构、合作社和金融机构共同参与的融资信用弥补方案得到了有效的实践（王曙光，2010）。政府对合作社给予贷款贴息以及部分信用担保费，农村信用机构为合作社提供信用担保，金融机构授予合作社信贷额度，激励合作社进行生产融资，降低信用担保机构和金融机构的营运风险（孟召将，2011）。但也有学者认为，目前的支农政策在实施过程中存在脱节和落实效率不高的现象。不少支农政策是通过部门条条下达，政策之间缺乏整合和衔接，中间层次和环节过多，导致政策执行中的寻租现象，造成实施成本较高，具有明显时滞性，政策效率不高（黄祖辉等，2010）。此外，在我国强势政府全面治理的情境中，新型农业经营主体与政府之间存在不对称的相互赋权关系，政府拥有较大的干预优势与作用空间，容易造成不当的支持与错误的激励，从而限制了新型农业经营主体发展（徐旭初，2014）。

学者们提出了有关支农效率的建议。首先，陈晓华（2014）、江维国等（2015）和申云（2019）指出，新型农业经营主体融资，需要政府部门不断健全支农补贴及担保体系，降低信贷融资过程中的信用不足，同时积极探索多种形式的融资担保模式和信用体系建设，特别是创新产权制度结构，提升新型农业经营主体整体信用，完善第三方融资增信机构评估系统。其次，政府支持农民合作组织发展应积极转变职能，从“直接参与”转变为“从外部积极进行适度引导”。应瑞瑶（2002）持同样观点，认为政府作用主要在于政策扶持（资金政策、税收政策、信贷政策）和管理监督，政府角色的合理定位和农户的政治参与水平，将影响农民合作组织的发展，政府应做到“全力扶持，适当干预”，提升政策落实效率（卓成霞，2009；王艺琼，2010）。

2. 新型农业经营主体金融服务模式

（1）关于合作金融的研究。合作性金融作为与商业性金融、政策性金融功能互补的一类金融组织，被认为是组织弱势群体以及实现金融普惠的重要手段（洪正，2011）。2006 年，为推动新农村建设，中国开始尝试发展农村新型合作金融。从目前发展状况看，成功案例是少数，理由如下。首先，合作金融组织成员异质性明显。相比于普通成员，核心成员拥有绝大部分治理权（黄胜忠等，2014），使合作金融组织民主管理特性难以发挥，一定程度上影响资金互助合作目标实现（陈东平、钱卓林，2015）。其次，合作金融组织自身存在治理缺陷。资金互助的地域范围不合理、互助社人员过多、资金规模边界模糊是主要问题，过度扩大资金互助规模，将超越当前互助社人员管理能力，人员过多出现“搭便车”现象，从而导致偏离农村合作金融目标，互助资金风险增加（蓝虹等，2017）。此外，政府对合作金融的不当干预，是制约其发展的重要因素。王刚贞（2015）指出，服务新型农业经营主体的资金互助社，政府监管难以到位。对正规资金互助社监管过严限制了其发展；未得到正规牌照的资金互助社发展势头虽好，但缺乏监管导致风险事件时常发生。因此，为适应我国新型农业经营主体发展，合作金融需进一步规范与调整。

（2）关于商业金融的研究。商业金融供给服务呈现外生金融与内生金融相结合的特点。村镇银行、贷款公司由现有商业银行发起组建，属于外生金融；小额贷款公司来源于农村民间资本，资金互助社是农民基于生产目的而进行的资金合作，属于内生金融（张杰，2003），二者结合共同为新型农业经营主体创造融资便利。随着新型农业经营主体融资需求逐渐旺盛，商业金融暴露出一些问题：一是目前农村金融供给市场割据特征明显，缺乏必要的组织协调。齐成喜等（2005）、中国社会科学院农村金融研究课题组（2000）的研究指出，中国农业银行主要支持信用级别较高但数量极少的大型产业化龙头企业，农村信用社在为农户提供服务时严格按行政区划分服务区域，导致市场被严重分割，降低信贷满足率，同时农村信用社与中国农业银行缺乏业务互补与协调。二是随着新型农业经营主体发展，金融机构可融资渠道尚未跟进。王睿等（2019）认为，我国新型农业经营主体缺乏进行股权融资的高效率渠道，其融资主要来源于自有资金以及向银行等金融机构举债融资，对公司化程度较高的新型农业经营主体发展造成障碍。三是金融机构产品服务滞后。新型农业经营主体在融资额度、期限、范围、抵押类型等方面呈现异质性，传统的小额信贷金融产品不能满足从事适度规模经营的新型农业经营主体融资需求（林乐芬等，2015；洪名勇，2017）。由此可见，商业金融机构存在较大的发展空间。

3. 新型农业经营主体金融供给缺口

（1）金融供给无法满足其融资需求的现象较为突出。钱克明等（2016）总结了新型农业经营主体获得金融服务的现状，指出新型农业经营主体由于经营规模扩大，其资金需求远大于传统农业经营户。一是大多数新型农业经营主体缺乏有效担保抵押物，加上申请手续复杂、隐形交易费高等问题，很难达到接受金融服务的门槛，难以从正规金融机构获得信贷支持，而小额信贷等扶持贷款规模小，远不能满足其资金需求（张照新等，2013）。毛政等（2016）指出，新型农业经营主体金融供给缺失，反映了信贷条件苛刻、信息不对称等问题，建议多方位着手推进金融市场供给服务的完善。其二是缺乏有针对性的金融服务。董玉华（2007）通过研究农村金融体系发现，金融供给同质性较为严重。相比对农户的信贷支持，对农村中小企业和农村基础设施建设的金融供给不够且没有针对性，建议安排相应制度，调节金融供给的合理分配。目前金融机构所提供的金融服务，虽然贯穿新型农业经营主体生命周期的各个阶段以及生产的不同环节，但缺少量身定制的金融产品和服务（边秀丽，2018）。因此，满足新型农业经营主体融资需求，是目前金融供给面临的首要挑战。

（2）测度金融供需缺口是学者们关注的问题。目前主要有两种测度方法。一是通过问卷调查等描述金融缺口。何广文等（1999）发现，农户贷款需求中金融资金满足率不到25%，资金缺口75%以上要靠民间借贷；周立（2005）发现，20世纪90年代我国农户借贷的60.96%来自私人借贷，正规金融供给只占很少的一部分。以上数据均反映出当时我国农村金融供给不能满足需求的现实。二是运用宏观统计数据进行分析。部分学者整理了国家及地方宏观金融统计数据，利用理论模型，针对农村金融资金供求展开分析，田力等（2004）、周世军等（2009）、李盼盼等（2012）和李德荃（2017）在研究我国农村信贷缺口时，通过运用公开发表的宏观统计数据，基于戈德史密斯（Raymond W. Goldsmith）的金融融量理论模型和ARMA模型，分析测算了我国农村金融融量缺口，得出我国农村金融供给不足的判断。部分学者从制度因素等角度分析农村金融缺口问题，如张杰（2005）和曹冰玉（2008）从制度因素角度考察金融缺口，并提出我国农村金融存在巨大结构性缺口的结论，并指出了形成缺口的制度性原因。

（四）农业保险及农户风险管理研究

本部分主要涉及农业保险和农业生产两大领域。结合研究内容，综述重点围绕农业保险市场的运作、农户风险管理行为、农户参保行为影响因素、农业保险对农户生产行为的影响研究 4 个方面展开。

1. 国内农业保险市场运作

20 世纪 80 年代以来，在论述农业保险准公共品性质基础上（李军，1996；庹国柱、王国军，2002），国内大量研究分别从理论和实践两个角度论证并回答了政府为农业保险提供补贴的必要性，并达成了共识（庹国柱等，2002；冯文丽等，2003；庹国柱等，2005；张跃华等，2007；张祖荣，2009）。在补贴存在必要性的假设下，大量研究分别从补贴对象、方式、原则、比例和重点等不同角度，回答了怎么补的问题。

（1）在补贴对象和方式方面，一些研究主张补贴对象主要针对参保的农户和经营农业保险的商业保险公司，政府可以对农险保费、经营管理费、再保险和税收优惠等多方面进行补贴（张晓云，2004；费友海，2006；田甜，2006）；一些研究者则主张以保费补贴为主（王海青，2005），或者建议减少对保险公司的直接补贴，尽量通过再保险、保费补贴等方法来分担保险公司经营风险，从而提高补贴效率（邢鹂等，2007；郑伟等，2019）。为提高补贴效率，一些研究者提出需要依据风险分区结果给予补贴（庹国柱等，2005；张跃华等，2006；王薇等，2011），以及将补贴集中在某些优势农产品和重点产业上（邢鹂等，2007；庹国柱，2011）。

（2）在补贴原则、比例和重点方面，有的学者提出，我国保险费补贴额和补贴比例主要取决于保险纯费率、保险保障水平高低、政府的政策目标和财力、农民对保险产品的接受或购买能力、区域地方财政（庹国柱等，2002；王海青，2005；田甜，2006）。庹国柱等（2007）提出，补贴金额应综合考虑边际补贴成本、参与率与补贴成本的动态关系、补贴与农民的参保意愿的关系。还有学者指出，中国应该结合各地的经济发达程度、产业结构等因素对不同地区采取差别补贴（王韧，2011；郑军等，2017；何小伟等，2019）。

（3）有些研究模拟匡算了财政补贴的总量（庹国柱等，2002；王海青，2005；田甜，2006；庹国柱等，2007）。针对农业保险制度的构建和完善，一些研究分别从经营主体、经营机构（龙文军等，2003；杜正茂等，2009）、发展模式（谢家智，2004）和参保激励（姜岩，2010）等角度做了分析。

尽管补贴的存在具有很强的合理性，但其对整个行业创新所产生的负面影响不容忽视。吕开宇等（2013）调查发现，补贴可能会影响保险公司的创新性，从而导致产品研发无法与农户有效需求形成对接，影响政策性农业保险的发展。

2. 农户风险管理行为

对于农业风险分类及管理策略，国内外很多学者进行了研究。经济合作与发展组织（OECD，2009）将农业风险管理策略总结为预防策略、缓解策略和应对策略三类。Miller 等（2004）在将农业风险分为经营风险和战略风险后，提出控制风险的一般程序，即避免、减少、保留、转移。史清华等（1994）将我国农业风险管理措施分为农业自然类管理措施、农业市场类风险管理措施、其他类风险管理措施（如信息提供、信贷支持、基础设施建设等）三类。栾敬东等（2007）将农业风险管理模式分为产前、产中、产后三类。根据风险管理技术的不同，曾玉珍等（2011）将农业风险管理工具分为控制型和融资型两类。熊存开（1997）认为自然风险管理要转变为以农业保险为主，灾害救济为辅，并完善农产品价格保护制度和期货市场。农业保险被认为是比较有效的风险管理工具（Cole 等，2014）。在中国，由于实行政策性农业保险的成本居高不下，保险赔偿金在很大程度上不能弥补农户受灾损失，传统农业保险的风险管理功能的实现效果不尽如人意（钟甫宁，2016）。尽管近期从粮食种植户实践看，气象指数保险的风险管理作用十分有限（刘亚洲等，2019），但从长远看，指数保险可能是一种有效的风险管理工具，对传统农业保险形成补充（吕开宇等，2014）。

从微观主体的具体农业风险管理实践看，早在 20 世纪六七十年代，外国学者就对农户或农场的风险管理行为进行了研究，常使用基于预期效用理论的二次规划模型解决风险决策问题（西爱琴，2006）。Lien 等（2006）的研究发现专业农户和兼职农户风险认知、农业生产目标、风险管理策略选择方面存在明显差异。Piotr 等（2014）的研究结果表明，经济规模与风险厌恶负相关，并且策略使用水平越高，其风险厌恶水平越高。西爱琴、吕品（2010）通过农户数据实证研究发现，有效实施农业保险或事先签订生产合约，均有助于农户降低农业风险水平，不同的保险费率影响农户的农业生产收益水平，得出在一个更高层次保险费率水平上，农户最大化收益水平要有所减少的结论。

3. 农户参保行为影响因素研究

国内外农业保险发展过程中均曾遇到有效需求不足的问题。然而，在政府补贴大量存在的情况下，农户参保形势并不乐观，农户参保的影响因素进而得到大量关注。农户保险购买决策受众多因素影响，个人与家庭特征、经营规模、生产方式、收入水平、农险产品特征等均会影响农户的保险购买决策。Sherrick 等（2004）、Hill 等（2011）、张崇尚等（2015）研究发现，年龄、风险认知和预期收益、较高风险管理意识会影响保险产品的选择。农户经营规模越大、专业化生产程度越高，其购买农业保险购的概率也会提升（Calvin，1992；Goodwin，1993；Sherrick 等，2004；张崇尚等，2015）。在中国，与传统小农户相比，新型农业经营主体生产规模更大、专业化程度更高、产出更多，但是面临的农业风险也更为集中，而且新型农业经营主体已逐步成为未来我国农业可持续性发展的核心力量，因此有学者专门对比分析了新型农业经营主体和小农户在农险购买方面的差异。研究发现，新型农业经营主体普遍意识到，农业保险是灾后风险融资的重要方式，对农业保险购买意愿和愿意支付的保费水平显著高于传统小农户（叶明华等，2018）。

收入因素是购买保险产品的约束条件之一，因而会对农户参保行为产生影响，非农收入、产量预期以及每亩的期望收入都会显著降低农户的保险购买意愿（Barnett 等，1990；Serra 等，2003；Shaik 等，2005）。柏正杰（2012）通过分析调查数据发现，随着家庭年人均收入的提高，农户购买农业保险的意愿增强，但随着收入水平的进一步提高，农户购买农业保险的意愿开始下降。在保险产品方面，Goodwin 等（1993）研究发现，保险费率会对保险覆盖水平产生负面影响。Barnett 等（1990）将保险收益作为变量研究其对农户购买意愿的影响，发现保险收益对参保意愿有显著正向影响。Ginder 等（2006）和姜岩等（2012）均发现保费补贴会影响农民的保险购买决策。刘冬姣等（2011）研究认为保费补贴能改变农户的边际保险倾向，对农业保险需求具有较大促进作用，但是自然灾害损失、农户收入增长、农户文化水平等因素与农业保险需求的关系并不大。此外，一些研究综合考察了多种因素对参保行为的影响，播种面积，借贷行为，农户文化教育程度、年龄、风险抵抗能力，灾害损失对参保行为均有显著影响（宁满秀等，2005；Kwadzo 等，2013；姜岩等，2012；Falola 等，2013；杜鹏，2011）。

保险购买是一个复杂的决策过程，除上述因素以外，还有受到很多其他因素的影响。彭可茂等（2012）在分析农户的保险支付意愿时，发现产量变异系数、风险损失频率也会影响农户的参保决策。此外，保险购买历史、社会关系等因素对参保行为的影响也得到了分析（Lyu 等，2013；Cai，2013）。还有一些学者专门针对西部地区（孔荣等，2010）和小规模经营农户（张文武，2010）的参保行为特征进行研究，他们发现，年龄、社会阅历、耕地面积以及有无债务都会影响农户的参保意愿。

4. 农业保险对农户生产行为的影响研究

农业保险参保行为对农业生产投入行为的影响得到国内外学者的广泛关注与探讨。诸多学者从理论层面分析了参保行为对投入行为的影响（Ahsan 等，1982；Quiggin，1992；Ramaswami，1993）。Ahsan 等（1982）指出，在理性经济人假设下，农户追求预期利益最大化，使得购买全保障水平农业保险的农户对风险的偏好更强，从而增加“风险增加型”要素的投入，减少“风险减少型”要素的投入。Quiggin（1992）的研究表明，在购买农业保险条件下，风险厌恶的农户倾向于减少使用风险减少型和风险恒定型投入，增加强风险增加型要素投入，并且与风险中性农户相比，风险厌恶农户的投入要素使用量偏低；对于风险中性农户，购买农业保险会使其增加施用强风险增加型要素，减少其他类型要素投入。Ramaswami（1993）理论上证明，风险减少效应促使投入更少的风险减少型要素，投入更多的风险增加型要素，而道德风险效应导致所有类型的生产要素投入均减少。

实证研究方面，由于农户农业生产自然社会条件、农业保险条款以及农户个体特征等方面的差异，相关已有研究并未得出一致结论，Horowitz 等（1993）认为化肥和农药是风险增加型要素，购买作物保险促进以上两种要素的投入，实证结果表明，购买作物保险农户比未购买农户施用更多氮肥和农药。Smith 等（1996）对 Horowitz 等（1993）的研究提出质疑，认为多风险作物保险（MPCI）降低农户对化学要素的投入。Mishra 等（2005）研究了收入保险对美国小麦种植户化学投入品的影响，实证结果表明购买收入保险农户往往施用较少的肥料，但对农药支出的改变并不明显。钟甫宁等（2007）研究发现，农户化学要素的使用决策受到农业保险购买决策的影响，购买农业保险的棉农施用较少的农药，但会增加化肥、地膜等的投入。张哲晰等（2018）基于黄淮海地区与环渤海设施蔬菜优势产区蔬菜专业村农户调查数据的研究则发现，投保后农户亩均化肥投入有所下降。针对我国粮食保险的实证研究则发现，农户参保行为显著降低了有机肥施用概率和农药的施用次数（张驰等，2017、2019）。

综上所述，已有研究成果对于本书的研究无疑具有重要的启示作用和指导意义，不仅提供了翔实的背景资料，而且提供了进一步研究的思路方向。然而，上述研究仍有进一步完善的空间：一是研究视角上，对新型农业经营主体的关注仍然不够聚焦，未能充分结合新型经营主体的特质推动农业保险的改革；二是研究资料上，与农业产业发展的最新变化联系得不够紧密，保障层次和保障范围没有得到有效改变；三是研究方法上，往往将农业保险的需求和供给分开调研，未能将不同主体凑在一起有效缩小供需差距。对于如何结合中国不同地区的农业定位以及不同农业生产所应追求的不同政策目标设定基于不同新型农业经营主体的差异化农业保险政策目标，进一步提高农业保险的支持效果和补贴资金效率，是本书的研究重点，也是对已有研究的深化。

（五）国际经验

世界银行（World Bank）、国际金融公司（IFC）、亚洲开发银行（ADB）、非洲开发银行集团（AfDB）、联合国粮食及农业组织（FAO）、国际农业发展基金（IFAD）、国际食物政策研究所（IFPRI）、经济合作与发展组织（OECD）、欧洲政策研究中心（CEPS）、农村金融与投资学习中心（RFIL）、农业网站链接服务网（Agrilinks）、法国开发署（AfD）、技术服务组织（Technoserve）、德国国际合作组织（GIZ）、国际可持续发展研究所（IISD）和荷兰合作银行（RBN）等国际机构，在农村金融支持农业经营主体的模式上有许多成功经验和实践，例如：

（1）FAO 对加纳“橡胶承包种植农场项目”进行研究发现（FAO Sustainable Food and Agriculture，2019），该项目基于金融机构（农业发展银行/国家投资银行）、农业技术服务公司（加纳橡胶产业有限公司 GREL）和农民协会的三方协议。在协议基础上，种植户获得缔约金融机构优惠贷款用于发展生产，同时承诺使用 GREL 提供技术支持和咨询服务，生产的橡胶由 GREL 负责收购、加工和销售。研究显示，该模式完成了整个农产品价值链，在解决农业经营主体融资的同时，提高了生产效率和农产品质量。

（2）经合组织全球农业吸纳私营部门投资的调查发现（OECD /High Quest Partners，2010），大型机构投资者更倾向于与农户或农场通过承包种植或订单农业（outgrower schemes or contract farming）方式建立长期的伙伴关系。世界银行对印度 Pradesh 省承包种植经营的案例分析显示，承包种植有利于农户或农场获得包括信贷和保险在内的农业金融服务。

（3）世界银行对金融合作社（Financial Cooperatives）的研究发现（World Bank，2018），来自哥伦比亚、印度、墨西哥、菲律宾、肯尼亚等国的经验表明，合作金融的管理、监督和机构能力得到强化。

（4）世界银行与荷兰合作银行（Rabobank）开展基金合作，对巴西、荷兰和肯尼亚的农村合作金融组织进行合并与扩大规模的同时，加强专业性和监管，使其成为正式金融体系的一部分，从而更好地服务于农户和农村中小企业。

综上所述，关于新型农业经营主体金融供给的研究很多，主要集中在理论层面分析农村金融服务目前的政策安排、服务模式以及出现的问题。在金融供给问题方面，相关扶持政策的实践情况和效果并没有得到进一步分析，针对新型农业经营主体面临的金融服务供求缺口测算没有得到更深入的研究，以及对新型农业经营主体面临的金融供给问题缺乏实际论证。随着社会发展，对产业链金融、数字化金融服务创新供给模式的应用研究也较少。因此，本书从新型经营主体发展现状出发，通过调研对供给方及新型农业经营主体目前面临的金融供给问题进行分析，给出有针对性的政策建议，具有十分重要的现实意义。

三、新型农业经营主体金融服务供给体系分析

作为现代农业的主力军，新型农业经营主体在保障国家粮食安全、带动小农户脱贫致富、促进农业供给侧结构性改革方面发挥了重要作用。但新型农业经营主体的融资困境一直难以化解。其集中表现在于各类新型经营主体融资难问题突出。研究显示，其中龙头企业、家庭农场、农民合作社的信贷资金需求与银行实际提供的资金缺口一般在30%—40%。一项关于860个国家级产业化龙头企业的调查显示，国家级龙头企业的贷款满足度仅约70%。

新型农业经营主体融资难的问题有其自身发展的原因，但也与金融机构的供给模式和方法密切相关，在传统的小农经济下，金融机构的产品多为额度小、期限短的信贷产品，难以满足新型农业经营主体大额、长期的需求，同时重抵押和担保，更是加剧了金融服务的困境。因此，如何在商业化金融为主的时代，让银行在追求收益的同时能够真正扎根农村，找到合适的服务路径，主动提升服务新型农业经营主体的金融服务能力，是值得思考的问题。

（一）服务新型农业经营主体的金融组织与体系发展情况

自金融监管部门出台多项政策措施，积极引导金融资源更多投向农业领域后，各金融机构也针对新型农业经营主体的实际需求，扩大其业务的覆盖面，设计有针对性的创新产品，增强服务能力，成效显著。

2021 年 5 月 31 日，中国人民银行和银保监会正式发布《金融机构服务乡村振兴考核评估办法》，明确列出定量指标中贷款结构的第 4 项为“新型农业经营主体贷款”，为金融机构发放“新型农业经营主体”贷款统计打下基础。鉴于尚无相关统计数据，本部分内容将通过涉农贷款等大口径项目进行分析。

从供给端来看，我国农村金融机构体系较为完备，形成了政策性金融、商业性金融、合作性金融并存的农村金融格局。在商业性金融方面，以“四大行”为代表的大型金融机构、以农村商业银行和村镇银行为代表的中小型金融机构，在服务新型农业经营主体方面均发挥了重要作用，形成了多层次、以银行为主体的金融服务体系。

1. 农业信贷市场规模不断扩大，农业新型经营主体信贷支持有待提升

近年来，中国人民银行和有关部门引导金融机构加大对“三农”的支持力度，农业信贷市场规模不断扩大，确保农业生产和农村经济发展的有效需求得到满足，根据中国人民银行门户网站公布的统计数据，涉农贷款余额从 2013 年到 2018 年一直处于每年持续增长的态势。截至 2018 年末，中国金融机构全口径涉农贷款余额 32.7 万亿元，占各项贷款余额的比重为 24%，同比增长 5.6%（见表 3－1）。截至 2020 年末，全部金融机构合计有 38.95 万亿元的涉农贷款余额，同比增长 10.7%，占各项贷款比重达到 22.5%，其中农户贷款余额 11.81 万亿元，农业贷款余额 4.27 万亿元①。2020 年全国农业保险共计实现 815 亿元保费收入，同比增长 21.3%，农业保险成为财险领域保费增速第二的险种②。在农村金融体系方面，截至 2018 年末，农村中小银行机构从业人员 95.9 万余人，营业网点 8.45 万个③，总体实现了每个农村居民均有银行账户，每个乡镇均有自助取款机，每个村庄均有商业收款机。

虽然没有直接统计农业新型经营主体的贷款额度指标，但仍可以通过农村企业及各类组织贷款余额进行分析，农村企业及各类组织贷款中包括对农民专业合作社、农业龙头企业发放的贷款，但是针对隶属新型农业经营主体的家庭农场贷款发放不在其中，

---

① 中华人民共和国中央人民政府. 2020 年金融机构贷款投向统计报告［R/OL］.（2021－01－29）［2021－06－15］. http://www.gov.cn/xinwen/2021－01/29/content_5583670.htm.

② 中华人民共和国中央人民政府. 2020 年四季度银行业保险业主要监管指标数据情况［EB/OL］.（2021－02－09）［2021－06－15］. http://www.gov.cn/xinwen/2021－02/09/content_5586432.htm.

③ 中国人民银行. 中国农村金融服务报告（2018）［R/OL］.（2019－09－20）［2021－06－15］. http://www.pbc.gov.cn/goutongjiaoliu/113456/113469/3892519/index.html.

同时农村企业及各类组织贷款还包括了其他组织。从数据来看，2013 年到 2018 年期间，5 年内农村企业及各类组织贷款一直呈现增长态势，增长了 135.93%，但增速低于涉农贷款的平均增速。

表 3－1　　2013—2018 年全国金融机构涉农贷款发展情况　　单位：万亿元

项目	2013 年	2014 年	2015 年	2016 年	2017 年	2018 年
涉农贷款余额	20.9	23.6	26.4	28.2	31.0	32.7
其中：农户贷款余额	4.6	5.4	6.1	7.1	8.1	9.2
农村企业及各类组织贷款	12.8	14.1	15.5	15.9	17.0	17.4
城市企业及各类组织贷款	3.5	4.0	4.6	5.0	5.6	5.8

数据来源：中国人民银行网站。

从具体机构来看，无论是农业银行、邮储银行等商业性金融机构，还是农业发展银行、国家开发银行等政策性金融机构，其涉农贷款余额在 2013—2018 年一直呈现增长态势。从增长程度来看，邮储银行增速最为明显，涉农贷款余额从 2013 年的 3 881.55 亿元，增长到 2018 年的 12 007.03 亿元，实现了将近 4 倍的增长。从总整体份额来看，农业银行一直保持其涉农贷款余额在商业银行中的主导地位，虽然邮储增长迅速，2018 年末从涉农贷款余额来看，农业银行的涉农贷款依旧是邮储银行的 2.8 倍。

农业发展银行是服务“三农”的政策性银行，一直坚持服务“三农”的市场地位，不断加大政策性涉农贷款信贷投放力度，涉农贷款余额稳步增加，国家开发银行也有部分涉及（见表 3－2）。

表 3－2　　2013—2018 年主要涉农银行业金融机构涉农贷款余额　　单位：亿元

机构名称	2013 年	2014 年	2015 年	2016 年	2017 年	2018 年
农业银行	21 361.36	23 809.60	25 818.84	27 515.92	30 762.19	33 671.05
邮储银行	3 881.55	5 902.21	7 478.92	9 112.11	10 542.08	12 007.03
农业发展银行	24 658.22	27 424.30	33 884.75	40 143.39	45 427.85	48 343.35
国家开发银行（本外币合计）	8 821.68	9 976.95	11 045.68	12 572.19	15 566.73	16 902.43

数据来源：中国人民银行网站。

2. 农村金融服务覆盖率不断提升，布局日臻完善

农村地区，特别是偏远山区、贫困地区，是金融服务覆盖的“最后一公里”，也是

金融供给、需求结构不平衡问题在区域层面的表现。截至2018年末，全国已有1 286个县（市）核准设立村镇银行，县（市）覆盖率为70%（见表3-3）。截至2019年6月，我国乡镇银行机构在农村的覆盖率达到95.65%，行政村基础金融服务覆盖率为99.20%①。

表3-3　2018年农村中小银行机构从业人员、法人机构和营业网点情况　单位：个

机构名称	从业人员数	法人机构数	营业网点数
农村信用社	210 383	812	19 468
农村商业银行	645 492	1 397	58 246
农村合作银行	9 369	30	918
村镇银行	93 465	1 616	5 764
贷款公司	104	13	13
农村资金互助社	345	45	45
合计	959 158	3 913	84 454

数据来源：中国农村金融服务报告（2018）。

近年来，除设置机构网点外，部分地区借助电子机具等终端、移动互联技术以及便民服务点、流动服务站、助农取款服务点等代理模式扩大基础金融服务覆盖面。截至2019年6月，银行卡助农取款服务点已达82.30万个②，多数地区已基本实现村村有服务。与此同时，金融机构也在精准对接农村电商等特色产业的金融服务需求，2018年，银行业金融机构为农村地区电子商务共提供收款服务4.95亿笔、金额5 783.43亿元③。

3. 农村金融机构经营状况有待进一步改善

（1）盈利能力较为稳定。根据银保监会数据，2018年底农村金融机构方面（含农商行、农合行、农信社和新型农村金融机构），总资产34.58万亿元，比2017年同期增长5.36%，总负债31.88万亿元，比2017年同期增长4.89%。

在经济下行的大背景下，农村金融机构的资产利润率和资本利润率虽处于下降趋

① 中华人民共和国中央人民政府.2019年中国普惠金融发展报告［R/OL］.（2019-09-30）［2021-06-15］. http://www.gov.cn/xinwen/2019-09/30/content_ 5435247.htm.

② 中华人民共和国中央人民政府.2019年中国普惠金融发展报告［R/OL］.（2019-09-30）［2021-06-15］. http://www.gov.cn/xinwen/2019-09/30/content_ 5435247.htm.

③ 中华人民共和国中央人民政府.央行发布报告显示金融机构涉农贷款余额稳步增长［EB/OL］.（2019-09-23）［2021-06-15］. http://www.gov.cn/gnownynan/2019-09/23/content-5432226.htm.

势，但下降幅度较小，总体盈利能力较为稳定，农村商业银行的盈利能力最强，农村信用社和新型农业经营主体次之，最有待提升的是农村合作银行（见表3－4）。

表3－4　　2013—2018年主要涉农金融机构盈利水平情况　　单位:%

机构名称	指标	2013年	2014年	2015年	2016年	2017年	2018年
农村商业银行	资产利润率	1.26	1.38	1.11	1.01	0.87	0.82
	资本利润率	15.91	17.23	13.95	13.14	11.67	10.61
农村合作银行	资产利润率	1.32	1.15	0.96	0.63	0.62	0.48
	资本利润率	14.87	13.00	10.93	7.27	7.73	5.97
农村信用社	资产利润率	0.85	0.95	0.80	0.69	0.64	0.61
	资本利润率	16.14	17.37	14.07	11.83	10.80	10.17
新型农金机构	资产利润率	—	1.42	1.28	0.96	0.82	0.66
	资本利润率	—	10.10	9.38	7.64	6.93	5.62

数据来源：中国农村金融服务报告（2018）。

（2）不良贷款率偏高。通过分析2018年涉农不良贷款的余额和比率，可以看出农村金融机构涉农不良贷款增长速度显著高于其他类型金融机构，可能与农村金融机构发放涉农贷款占比较高有关（见表3－5）。在农村金融机构中，农村信用社是重要的金融服务参与者，其各项贷款余额的至少60%投向涉农领域，提供了全国30%的涉农贷款和55%的农户贷款，对提升农村金融服务能力发挥了重要作用。

表3－5　　2018年金融机构涉农不良贷款

机构	涉农不良贷款			
	余额		比率	
	本期（亿元）	同比增长（%）	本期（%）	同比增长（%）
全部金融机构	11 625	19.3	3.6	0.4
中资全国性大型银行	3 088	－2.2	2.6	－0.2
中资中型银行	1 690	13.0	2.2	0.2
中资小型银行	4 779	54.4	4.4	1.1
其中：农村商业银行	3 663	53.9	4.9	1.2
农村合作银行	157	109.7	13.3	8.2
村镇银行	232	46.8	3.3	0.8
农村信用合作社	2 066	3.7	10.0	1.7

数据来源：中国农村金融服务报告（2018）。

由于目前信用风险管理体系不够完善，与其他商业银行相比，农村信用合作社的涉农不良贷款率一直是偏高的（见表3－6）。

表3－6　2013—2018年我国金融机构涉农不良贷款率　单位：%

年份	全部金融机构	中资全国性大型银行	中资中型银行	中资小型银行	农村信用合作社
2013	2.3	1.4	0.9	1.5	7.3
2014	2.4	1.7	1.2	1.8	7.0
2015	3.1	2.6	1.7	2.5	8.2
2016	3.1	2.9	2.0	2.6	8.0
2017	3.2	2.8	2.0	3.3	8.3
2018	3.6	2.6	2.2	4.4	10.0

数据来源：金伟斌．农信社涉农不良贷款风险防范［J］．合作经济与科技，2020（07）：62－64。

4. 涉农直接融资渠道进一步多元化

涉农类企业也积极利用了资本市场开展直接融资。从数据来看，2019年—2020年10月，首发上市涉农企业（包括农林牧渔业、农产品加工业）5家，首发募集资金37.60亿元①；截至2018年末，“新三板”挂牌的涉农企业累计达418家，上述企业2018年共完成55次股票定向发行，累计融资25.06亿元②。

在债券融资方面，截至2020年10月，累计有68家涉农企业（包括农林牧渔业、农产品加工业）发行195只信用债，发行总额为1 082.75亿元，品种包括中期票据、短期融资券、超短期融资券、定向债务融资工具等多种产品。2019年—2020年10月，涉农企业发行信用债券85只，融资616.60亿元③。

（二）新型经营主体金融供给存在的不足

以家庭农场、农民专业合作社、农业产业化龙头企业等为代表的新型农业经营主体快速涌现，其农业经营面临时间长、投入大的问题，对资金需求较大，且新型经营主体融资需求不同于传统小农户，具有单户融资需求额度高、整体融资需求规模大、建设资金需求突出、融资需求结构多元化的特点。但是，由于经营主体个人财富积累

① 同花顺 iFinD［DB/OL］．（2021－01－20）［2021－06－15］．http：//ft.10jqka.com.cn.

② 中国人民银行．中国农村金融服务报告（2018）［R/OL］．（2019－09－20）［2021－06－15］．http：//www.pbc.gov.cn/goutongjiaoliu/113456/113469/3892519/index.html.

③ 同花顺 iFinD［DB/OL］．（2021－01－20）［2021－06－15］．http：//ft.10jqka.com.cn.

在数量上和时间上难以满足其规模化经营对于资金的需求，金融机构特别是银行的信贷支持显得更具不可或缺性，需要新的金融支持方式和技术。因此，新型经营主体金融供给目前存在如下问题。

1. 金融机构尚未建立完善的支持新型经营主体的服务体系

虽然各家涉农金融机构均表示新型农业经营主体是其重要的服务对象，但诸多银行未针对其特点出台有针对性的产品和服务，大部分采用传统的资产抵押和第三方担保模式，将家庭农场划归为农户贷款，将龙头企业划归为小微企业类，而合作社等多针对理事长等发放个人贷款，缺乏对新型农业经营主体的针对性金融服务。已有的供应链金融、金融科技等多种信贷支持技术还有待大范围开展。

新型农业经营主体金融服务难也存在其自身的原因，一些新型农业经营规范性不足，多采取粗放式的经营管理模式，生产规模普遍小，产业链条短，容易受到市场波动的冲击，市场风险大，财务信息透明度差，虽开立结算账户但无结算往来，金融机构很难判断其经营情况。不少新型农业经营主体处于初创阶段，平均寿命短。

同时，整体金融环境和金融基础设施建设也制约金融机构信贷投入。诸如农村土地、财产等流转所需的评估、登记、交易等服务缺失，依法可抵押的土地承包经营权面临抵押、变现难，难以满足金融机构信贷门槛等问题。

2. 融资担保机构和体系的建设有待提升

目前存在的融资担保机制与新型农业经营主体不甚匹配，许多家庭农场及其农业经营主体难以找到融资担保的渠道。一是因为目前存在的新型农业经营主体融资担保机构参差不齐，许多机构不愿意服务农村市场，有的机构虽然有服务的意愿，但是制度不够完善。二是融资担保机构普遍实力小，银行处于业务合作的主导位置，需要融资担保机构缴存准入保证金，担保全部风险由担保机构承担，致使银担合作不够顺畅，纠纷案件时有发生。三是与制造业等其他类型的企业相比，新型农业经营主体融资担保业务缺乏竞争优势，担保规模小，风险系数大，补偿能力弱。四是虽然在大力发展政策性担保，各省已经成立了政策性农业担保公司，但是各省的机构完备情况、业务开展规模、人员素质存在较大差异，全国性的政策性农担体系还有待完善。

尤其是在政策性融资担保体系方面，机构面临着多重且相互冲突的政策管理目标，一方面财政部对担保规模提出要求，希望担保公司扩大经营规模，支持更多的新型经营主体，但是另一方面政策性担保公司的运营完全按照商业性担保公司的风险管理原则和标准，市场化的运营强调的是商业的可持续性，那么大规模、自身实力强的客户会受到欢迎，相对弱势客户的融资难问题无法解决，难以达到设置初始的政策性目标。

3. 金融机构对农地抵押模式等参与热情不高

各地在试点过程中单纯依赖土地承包经营权等抵押方式的贷款，不同程度出现了不良率高、处置难、风险较大等问题。由此可见，农村土地抵押贷款需要相配套的农地金融服务体系。难点一是农村土地承包经营权估值难。因流通市场不足，故几乎都是评估公司，或者金融机构自行开展评估，难以对市场价值进行准确估计，过低的估值降低农民贷款积极性，过高的估值增加金融机构经营风险。难点二是可抵押资产非常有限，虽然多地已经开展生物资产抵押等新试点，但是绝大多数地区还是以房产抵押为主，新型农业经营主体的资产，譬如农资仓库、农机库房、生产管理用房等农业生产配套设施仍无法作为抵押进行贷款。难点三是处置难，农村产权抵押物流动性相对较差、处置不易等问题长期存在，是金融机构对农地抵押模式创新参与度不高的重要原因，缺乏完善的农村金融市场基础建设导致难以形成有效的农地抵押模式。

虽然全国各地省、市、县（市区）、镇、村都成立了农村产权交易所或者相应的机构，但数据表明成交量较少，尽管近几年有所好转，但成交量依然清淡，而且不少项目仍然是私下定向成交。神州土地研究院发布的《中国农村产权流转交易市场发展报告（2017）》显示，很多农村产权交易中心成立后交易流转其实并不活跃。由于部分农村产权进入市场以及农村产权确权不到位、赋权不充分等，主要交易品种只停留在农村土地承包经营权以及集体资产资源的租赁发包，且随着时间推移，主要的土地流转完成之后，还呈现交易额和交易量逐年减少的态势，即使偶尔成交，也容易因为是寡头市场，形成合谋，导致成交价格与初始预估价值相差甚远，那么一旦新型农业经营主体无法按时偿还贷款，在土地承包经营权变现出现困难时，金融机构就面临无法收回贷款的资金压力，相应的贷款成功率就会降低，贷款积极性也会随之降低，持续的抵押贷款也就不容易实现（田剑英，2019）。

4. 直接融资模式对新型经营主体的发展水平具有较高要求

我国新型农业经营主体资金来源渠道较为单一，缺乏多元化的投资途径。在我国间接金融为主的体制下，较为常见的融资方式主要是银行借款，然后通过民间金融等方式给予补充，缺乏针对新型经营主体的有效直接融资渠道。虽然已经有不少成功的通过多轮直接融资，最终公司发展为上市公司的案例，但这些被投企业在被投资之前，几乎都已经拥有了完整销售渠道和产业链，具备一定的社会认可度，已是地区知名品牌，很容易进入风险投资机构的视线，获得其青睐。这类农业龙头企业并不是比比皆是，更多的新型农业经营主体是家庭农场、专业大户等，拥有一定的发展潜力，但社会认知程度不高，难以达到直接融资的要求，缺乏寻找风险投资的渠道。

造成这种现象的原因是多方面的。其一，与我国金融市场现状有关，我国是以间接融资为主的市场，新型农业经营主体的融资大部分资金来源于银行，股票和债券等资本市场的发展不甚完善，针对新型农业经营主体的风险投资极为有限，多层次资本市场尚未惠及大多数新型农业经营主体，导致直接融资模式与新型经营主体距离较远。其二，从新型经营主体的自身发展水平来看，总体新型经营主体的发展水平参差不齐，虽然有一些优秀的企业，但更多企业经营规模较小、发展处于初期阶段、盈利水平不足的状态，所以与直接融资的大规模、较高水平的生产状态有一定的差距，直接融资往往需要较为规范的财务信息，如提供多年经过审计的财务报告、完善的项目预算和计划书等资料，这些对金融人才匮乏的新型经营主体来说，均有一定的难度。其三，新型农业经营主体与直接融资工具之间缺乏有效对接，新型农业经营主体的生产和经营主要处在农村，而金融服务主要在大中型城市，两者缺乏可以直接联系的渠道，存在一定程度的“二元”市场割裂。

四、新型农业经营主体基本特征分析

为充分了解中国不同区域的各类新型农业经营主体的融资需求特征及其满足程度、满足需求的方式渠道，以及满足需求的条件等，本部分利用 1 044 份有效问卷数据，分析新型农业经营主体的基本特征。

（一）新型农业经营主体管理人员

1. 新型农业经营主体管理人员大多为男性且趋向年轻化

受访的新型农业经营主体管理人员中，男性占比 84.64%，女性占比 15.36%。男性所从事工作通常是家庭主要收入来源。男性管理人员较多，一定程度上说明新型农业经营主体的经营收入是农户重要收入来源，而非仅是非农收入的兼业补充。

新型农业经营主体管理人员中，年龄在 30 岁及以下的占 5.99%；年龄在 30—40 岁的占 22.51%，41—50 岁的占 39.42%，51—60 岁的占 27.92%，60 岁以上的占 4.15%（见图 4－1）。

我国农业生产通常具有老龄化趋势，但是新型农业经营主体管理人员年龄呈年轻化状态，管理人员平均年龄低于小规模农户的平均年龄，为现有新型农业经营主体的

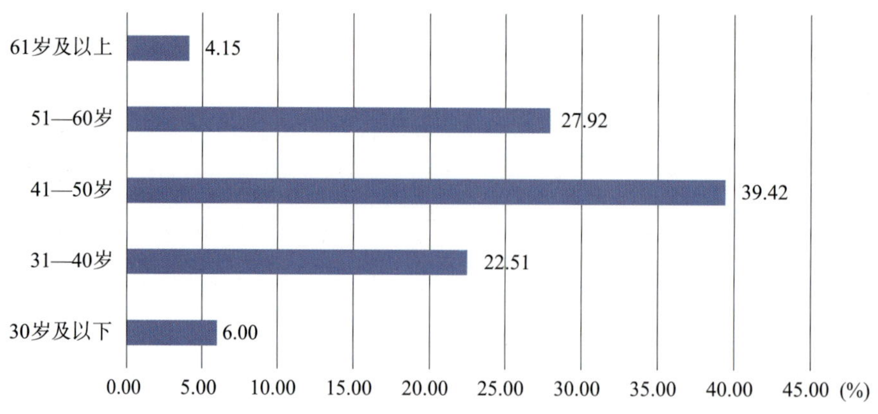

图 4－1　新型农业经营主体管理人员年龄占比

发展壮大提供了人力保障。

2. 新型农业经营主体管理人员受教育年限存在差异

专业大户、家庭农场、农民合作社、农业企业、多主体联合经营管理人员受教育年限在 9 年及以下的在全样本中占比分别为 9.77%、22.17%、11.04%、3.71% 及 1.66%。受教育年限 12 年以上的在全样本中占比分别为 1.27%、5.18%、4.69%、8.40% 及 0.68%。

由图 4－2 可知，家庭农场受教育程度在 9 年及以下的人数占比明显高于农民合作社、农业企业和多主体联合经营者，而受教育程度在 12 年以上的人数农业企业最多。这与我们的普遍认知相符，农业企业、多主体联合经营体涉及的经营管理活动更加复杂，对文化水平的要求较高。

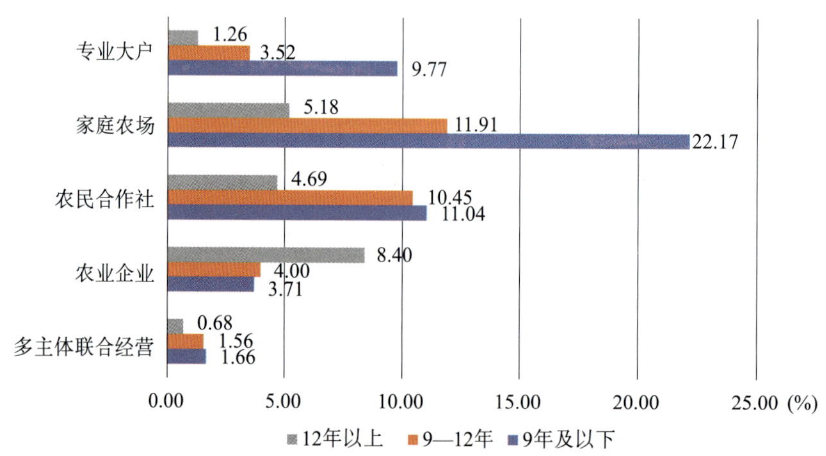

图 4－2　新型农业经营主体管理人员受教育年限占比

3. 新型农业经营主体管理人员数量存在一定差异

如图4－3所示，家庭农场、专业大户、农民合作社经营管理人员数量的平均值分别是4.41、3.90、7.23，中位数分别是3、2、5。由平均数和中位数可知，农民合作社所需经营管理人员的数量最多，一般高于家庭农场，而家庭农场经营管理人员的数量一般高于专业大户，这与实际情况吻合。一般来说，专业大户在经营形式上更接近传统农户，没有形成一定的规模，所需经营管理人员不多；而家庭农场是在形成一定规模后注册成立的，规模一般要大于专业大户。农民合作社涵盖的业务更广，范围更大，专业化程度高，所以相对来说，需要的经营管理人员也更多。

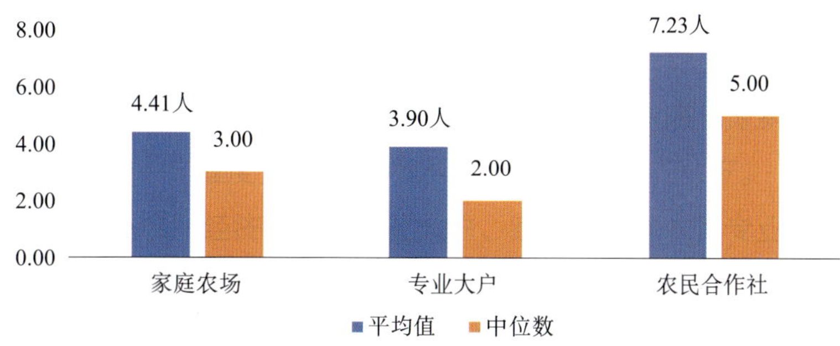

图4－3 新型农业经营主体管理人员数量

4. 新型农业经营主体管理人员社会关系网络较为薄弱

访谈时设置了家庭中是否有人从事相关行业的题目。选项有：（1）在本地或外地企业长期就业；（2）个体工商户；（3）教师或医生；（4）县乡政府公务员；（5）村干部。此题旨在衡量管理人员社会关系网络的丰富程度。按照经营主体各类关系人从事职业数量的多少排序，45.11%的受访者表示其家庭中无人从事上述职业（见图4－4）。

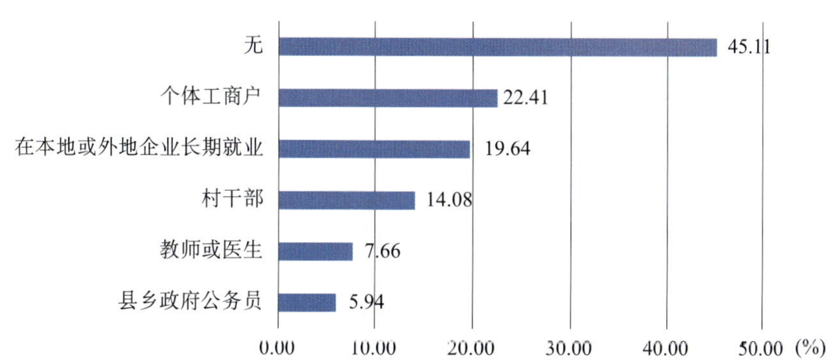

图4－4 新型农业经营主体家庭成员从事职业类型占比

在上述职业中，家庭成员从事职业类型占比前两名为在个体工商户与本地或外地企业长期就业，这类社会关系对主体经营的帮助可能相对较小，而对生产经营可能有重要帮助的社会关系，如教师或医生、县乡政府公务员、村干部等，数量相对较少，分别占7.66%、5.94%和14.08%，可见新型农业经营主体管理人员社会关系网络较为简单。

（二）新型农业经营主体发展现状

1. “单一主体独立经营”和“多主体联合经营”并存

根据各类新型农业经营主体的样本占比情况（见图4－5）可知，新型农业经营主体的发展模式表现为“单一主体独立经营”和“多主体联合经营”并存。其中，4%的受访者同时经营不同类别的新型农业经营主体，超过96%的受访者只经营其中一种经营主体。采取单一主体独立经营方式的受访者以经营家庭农场和农民合作社居多。

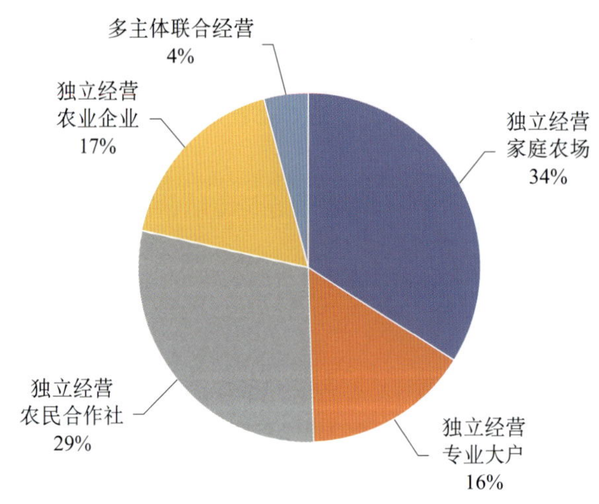

图4－5 各类新型农业经营主体的样本占比

2. 新型农业经营主体的经营管理规模存在差异

新型农业经营主体的平均固定资产、平均总资产由高到低排序，依次均为农业企业、农民合作社、家庭农场/专业大户。其中，农业企业的固定资产平均为8 388.83万元，总资产平均为15 195.16万元，分别约是家庭农场的65倍和61倍。

相较于家庭农场、专业大户和农民合作社，农业企业的经营主体总资产规模较大，资金实力更加雄厚。考虑到中位值受极端值影响较小，更加接近数据真实的平均水平，采用各类新型农业经营主体固定资产和总资产的中位值做进一步比较分析。由图4－6可知，不同新型主体的固定资产和总资产排序均未发生改变，其中专业大户的固定资产和总资产的中位值最小，分别为18万元和50万元。

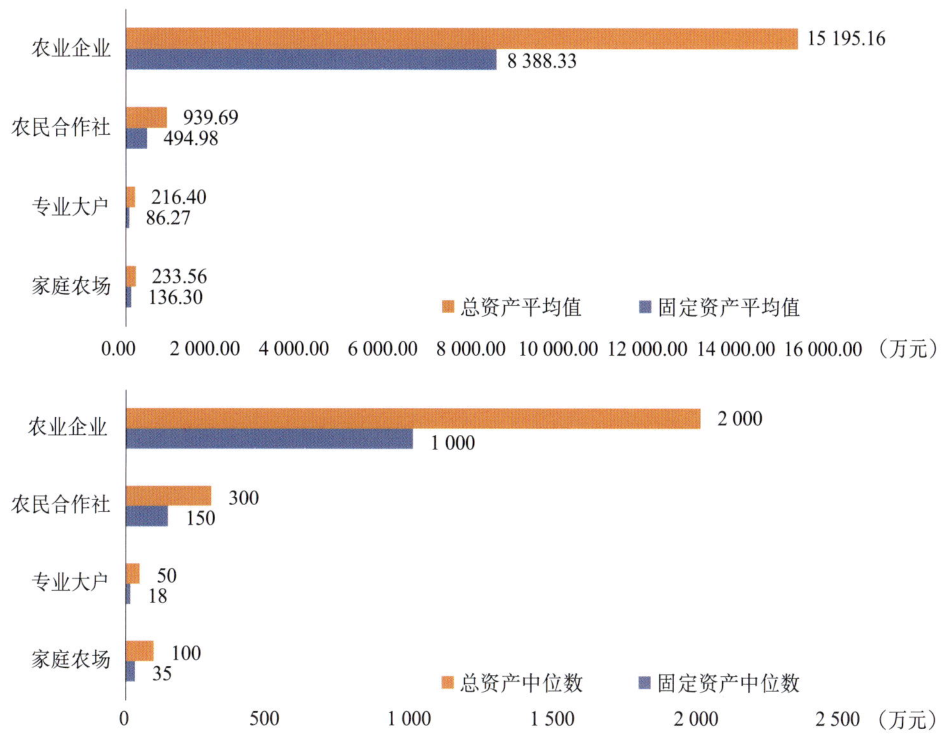

图4－6　各类新型农业经营主体的总资产和固定资产

流转入土地面积方面，农业企业（涉及种养殖的）、多主体联合经营主体、农民合作社、家庭农场和专业大户的平均流转入土地面积依次递减。其中，涉及种养殖的农业企业流转入规模最大，平均达到1 418亩，略高于联合经营主体。其原因在于涉及种养殖能力较强，往往处于其经营较为成熟，且抗风险能力较强的阶段，扩大规模的能力和意愿都比较强。

从流转入土地面积中位值来看（见图4－7），农业企业及联合经营主体、农民合作社、家庭农场和专业大户流转入土地面积中位值依次递减。当剔除部分大规模流转入土地的经营主体对平均水平的影响，采用中位值进行分析时，可以发现虽然规模上排序没有发生变化，但中位值显得更加平均，一方面反映出（从经营土地规模这一指标来看）联合经营主体和农业企业经营规模差异很大，另一方面反映出对于调研样本中数量最多家庭农场，规模差距较小，说明家庭农场的发展水平较为均衡。

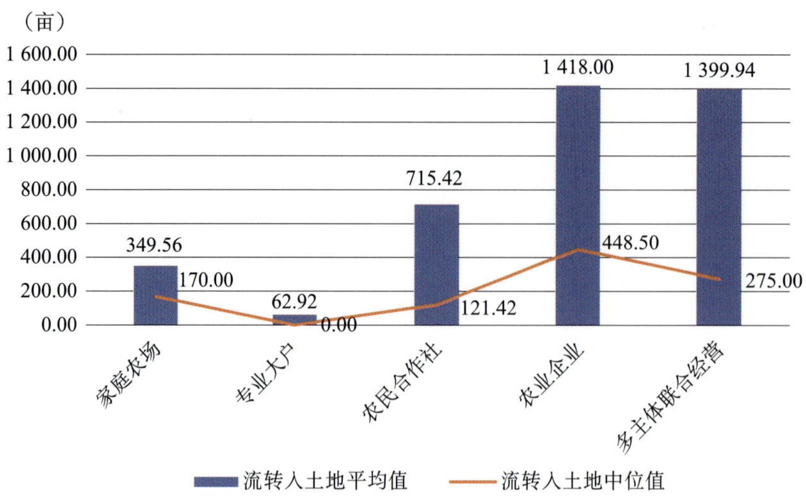

图 4－7　各类新型农业经营主体的土地流转面积

3. 新型农业经营主体的经营状况

对比独立经营的四类新型农业经营主体盈利状况（见图 4－8）发现，在营业收入平均值方面，农业企业、联合经营主体、农民合作社、家庭农场和专业大户的平均营业收入依次递减。农民合作社平均营业收入较低表明在现阶段，农民合作社对组织农民增收的作用仍然十分有限，尚未发挥区域及农业产业规模经济效应。

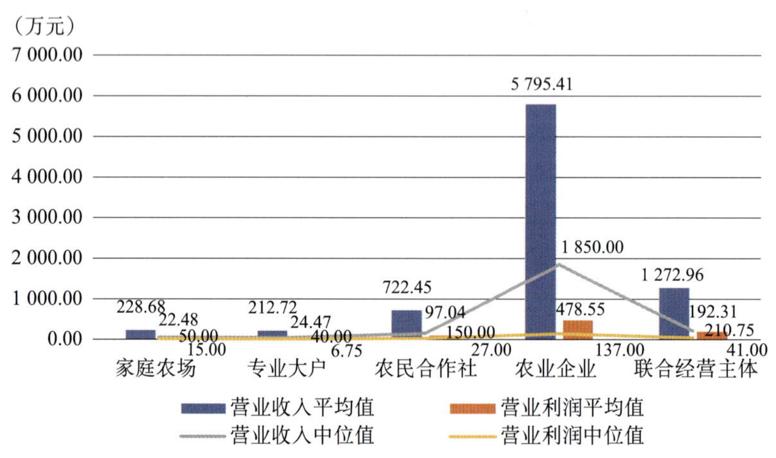

图 4－8　新型农业经营主体的营业收入与营业利润（平均值）

（1）农业企业的平均营业收入为 5 795.41 万元，是家庭农场的 25.34 倍；在营业利润方面，独立经营的农业企业的平均营业利润领先于其他独立经营的经营主体，其平均营业利润为 478.55 万元，远高于其他各类主体。

（2）多主体联合经营模式的主体收入与利润水平在农业企业之后，远高于家庭农场、专业大户及农民合作社。在联合经营主体中不乏合作社和家庭农场的联合体，表明农场/大户这类传统经营主体在通过合作社联合之后能产生更高经营绩效。

（三）新型农业经营主体资金来源

依据各类新型农业经营主体的资金来源情况，可以发现自有资金依然是新型农业经营主体最为主要的资金来源，其次为金融机构、政府补贴、民间借贷和互联网金融（见图4－9）。其中，自有资金的平均规模为 151.35 万元，而通过互联网金融进行的平均融资额仅为 0.13 万元，说明当前互联网金融对新型农业经营主体的支持仍然十分有限。

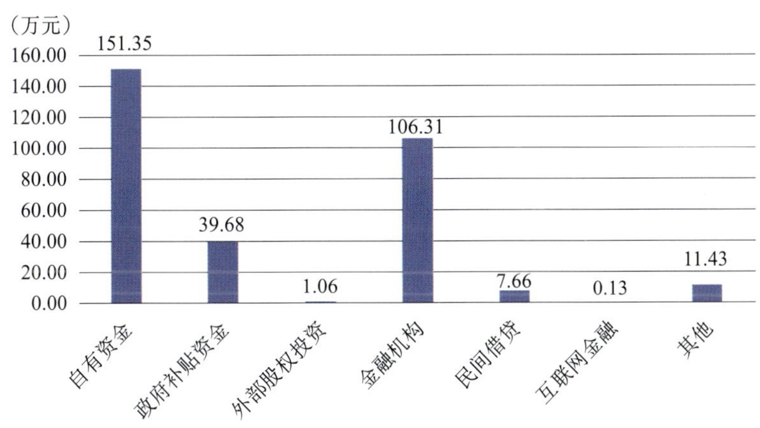

图 4－9　新型农业经营主体资金来源情况（平均值）

由图 4－10 可知，在新型农业经营主体的各类融资来源中，自有资金占 47.65%，金融机构占 33.47%，而互联网金融占比仅为 0.04%。基于融资规模的中位值进行观察同样可以发现新型农业经营主体融资难的尴尬处境，有必要进一步增加政府对新型农业经营主体的支持力度、降低金融机构的融资门槛、提升互联网金融的普惠性。

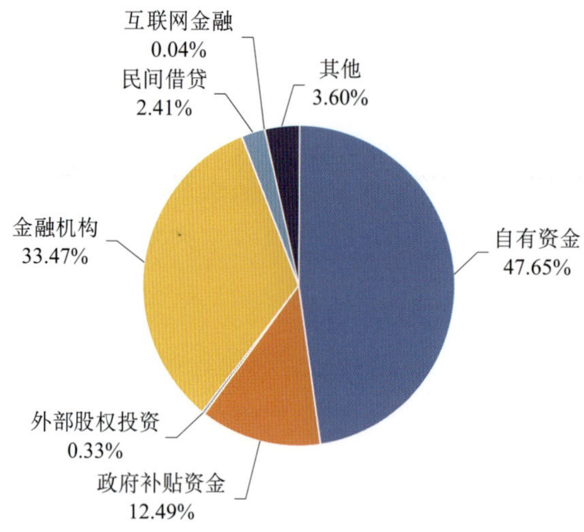

图 4－10　新型农业经营主体各类资金来源的占比情况

（四）新型农业经营主体面临困难

由图 4－11 可知，经营困难依次为缺乏经营资金、产品销路不稳定或缺乏销路、政府对新型农业经营主体的支持力度有限等。其中，缺乏经营资金成为新型农业经营主体面临的主要难题，调研过程中全部新型农业经营主体都表现出了对资金的需求。其次是部分新型农业经营主体面临销售问题，受制于初级农产品的易变质等特性，部分不具备加工及保存能力的新型农业经营主体的主营产品面临跨季节的存货调配能力考验，这在一定程度上限制了其盈利能力。另外，相较于受到政府的行政干预，更多被访对象表示需要政府加大支持力度，后一种经营困难的发生率是前者的 4.57 倍。此外，有 141 家受访者还在经营过程中遇到了诸如雇工难、极端天气等其他类型的经营困难。

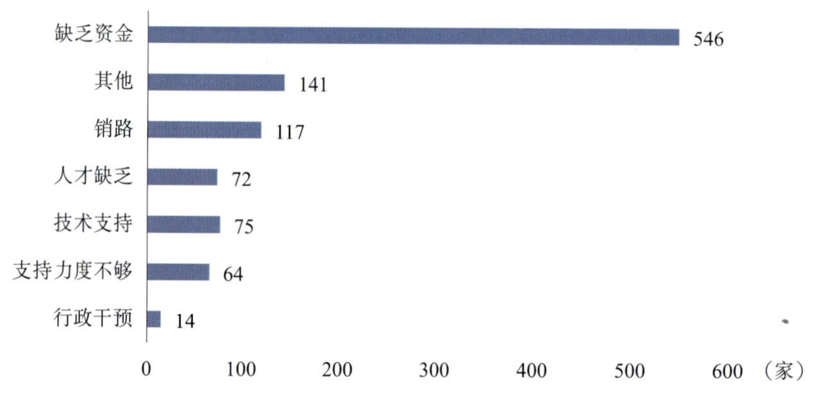

图 4－11　新型农业经营主体面临的经营困难（按排序第一的选择）

（五）新型农业经营主体金融素养

金融素养是指在使用和管理资金上所表现出来的、能够做出明智判断和有效决策的能力（Noctor 等，1992），而对金融知识的掌握程度是金融素养高低的重要体现。本书课题组借鉴 Agnew 和 Szykman（2005）的做法，将金融知识分为主观金融知识和客观金融知识。其中，主观金融知识的掌握程度通过以下问题衡量：

• 问题：对银行放款的条件和程序了解吗？

选项：（1）了解；（2）不了解。

• 问题：最初从什么途径得知能通过非银行互联网平台借款________？是否知道可以通过互联网平台借款？

选项：（1）是；（2）否。

客观金融知识的掌握程度通过以下问题衡量：

• 问题：若银行存款利率为10%，通货膨胀率为12%，那么1年后我们将钱取出，可以买到________？

选项：（1）更多东西；（2）一样多的东西；（3）更少东西；（4）不知道。

• 问题：您知道在哪个机构查询个人信用报告吗？

选项：（1）人民银行征信管理部门；（2）公安局；（3）商业银行；（4）居委会；（5）不知道。

上述问题，每回答正确一个得1分。

根据受访者的回答情况发现，35.88%的新型农业经营主体对银行放款业务的条件和流程不了解，35.27%的经营主体不知道可以通过互联网平台进行借款，42.3%的经营主体对利率、通货膨胀率题目回答错误，以及26.35%的经营主体不知道在哪个机构查询信用报告，说明新型农业经营主体的金融素养还有待提高，特别需要重视和强化客观金融知识学习。

对比各类新型农业经营主体的主观金融知识、客观金融知识和综合金融知识掌握情况发现，除农民合作社以外，其他类型经营主体掌握主观金融知识得分均高于客观金融知识得分。独立经营专业大户的综合金融知识平均分、主观金融知识平均分和客观金融知识平均分都最低，独立经营农业企业的综合金融知识平均分最高，为3.03分，独立经营农业企业的主观金融知识得分和客观金融知识得分均最高，分别为1.42分和1.53分。

（六）新型农业经营主体贷款与金融政策满意程度

为了解新型农业经营主体对贷款情况、金融政策的满意状况，本书课题组根据李克特量表（Likert scale），对每个问题根据“非常同意、同意、不一定、不同意、非常不同意”5种选择，分别设定5、4、3、2、1的分值。整体而言，新型农业经营主体对贷款金额、贷款利率、贷款期限和贷款担保方式的满意状况的平均评价均在3分左右，表示低于一般水平，其中对贷款利率的满意度最低（见图4-12）。对比各类新型农业经营主体对贷款要素的评价情况发现，所有主体的评价中对贷款利率的评价最低且分值一致，表明现阶段农业生产投资回报率相对较，低且周期较长，导致各类经营主体对资金价格的敏感程度高，且承受能力低，未来需要在产品设计上做更加深入的探索才有可能满足资金的需求，最终提升农业生产的整体水平，提高产业价值。

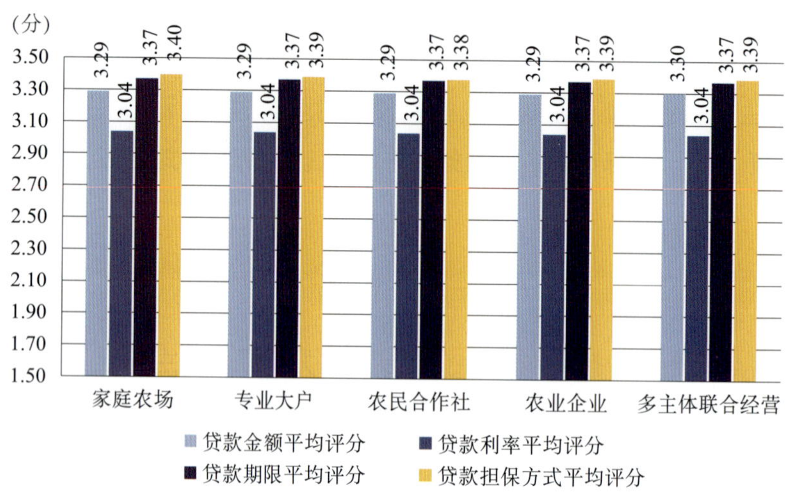

图4-12　各类新型农业经营主体对贷款要素的评价情况

五、新型农业经营主体融资需求特征分析

2012 年，党的十八大报告正式将多种类型的规模经营主体统一到“新型农业经营主体”概念下（黄祖辉、傅琳琳，2015）。新型农业经营主体的“新”是相较于传统农业和传统体制而言的，既要与现代农业发展相适应，也要求与中国农村家庭经营制度和市场经济体制相适应（郭庆海，2013），以解决农业劳动力非农化转移背景下“谁来种地，地怎么种”以及分散的小农户如何对接大市场的现实难题（李宁等，2020）。专业大户、家庭农场、农民合作社和农业企业这四种新型农业经营主体，在经营规模、组织特征、生产经营、法律地位等方面均存在差异，已有研究将其分别归结为自发型“职业农民”、家庭经营型“职业农民”、合作经营型“职业农民”和企业经营型“职业农民”（徐晓鹏，2020；周腰华和成丽娜，2019）。不同类型的新型农业经营主体在助推农业现代化发展过程中扮演着不同的角色，但其功能与作用的实现均离不开资本要素，特别是生产性资本，因此，在发展与增长过程中，不可避免会产生融资需求。

（一）大部分主体存在长期资金融资需求且借款用途多元化情况

绝大多数新型农业经营主体有借款需求，且绝大多数借款需求期限在 1 年以上，占总有效样本数 64.18% 的新型农业经营主体均存在外部融资需求，且期限在一年及以上的资金需求者占比高达86.02%，最长的期望借款期限长达10年，其中需求期限为3年者占比较高，达34.00%。

仅有35.82%的经营主体因自有资金能满足发展需要、欠缺好项目和无借钱习惯等原因不需要外部融资支持，而融资需求用途多元化，但主要与生产有关。融资需求以扩大生产规模需要租或流转土地/水田等为主要用途，占比达68.3%；其次是满足流动资金需求和基础设施建设、购买农机设备（见表5－1），分别达44.9%和40.9%。

表5－1　新型农业经营主体外部融资需求情况

类别	有外部融资需求					无外部融资需求			
原因	扩大生产规模需要租或流转土地/水田等	基建和购置农机设备	满足流动资金需求（季节性农资、种苗、幼畜等）	归还其他借款	其他（如扩大经营范围、支付员工工资等）	自有资金已能满足发展需要	没有好项目，不需要借款	没有借钱的习惯，有多少钱办多大事	其他
样本量（个）	458	274	301	25	21	207	96	35	32
占比（%）	68.3	40.9	44.9	3.73	3.1	55.3	25.7	9.4	8.6
总数	670人，占有效总样本的64.18%					374人，占总有效样本的35.82%			

（二）各类新型农业经营主体需求特征显著

不论是独立经营的四类新型经营主体，还是多主体联合经营者，期望融资要素存在差异，但是其需求特征显著。

（1）期望借款规模相对较大

家庭农场、专业大户、农民合作社平均期望借款规模处于同等水平区间内，而农业企业的平均期望借款规模远高于前三者，其期望借款金额为1 124.36万元，约为家庭农场的将近11.03倍（见图5－1a）。

（2）可以承担的借款利率不高，利率承担能力有限。家庭农场可承担的年利率平均最高，为6.13%，而农业企业可承担的年利率仅为5.78%。

（3）期望的借款期限均较长。平均而言，所有类型农业经营主体的期望融资年限均在2—3年（见图5－1b）。

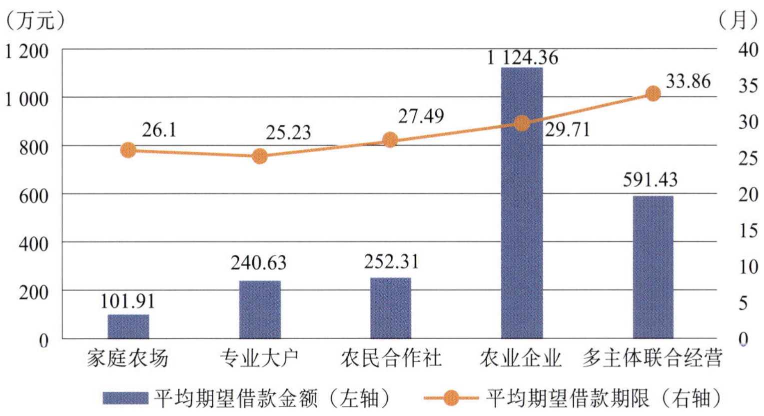

图 5－1a　各类新型农业经营主体的期望融资规模与期限情况

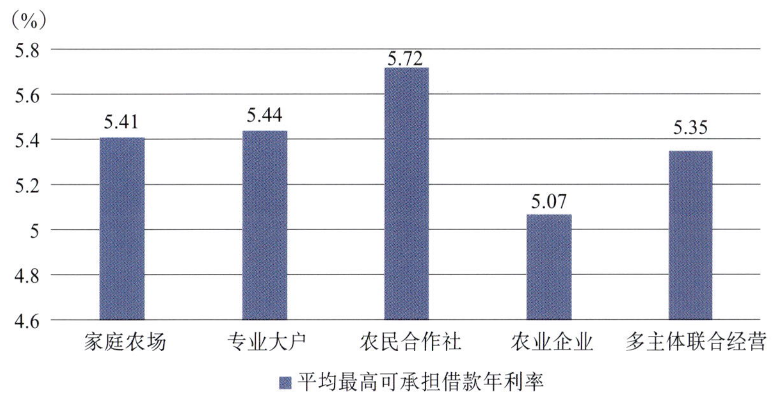

图 5－1b　各类新型农业经营主体的可承担利率情况

多主体联合经营的受访者所期望的融资规模为 591.43 万元，平均期望借款期限约为 33.86 个月，明显比四种独立经营主体的期望期限长，但是平均可承担的年利率低于独立经营家庭农场农业企业和农民合作社的经营主体。

（三）正规金融机构为主但贷款需求未得到充分满足

1. 新型农业经营主体最主要的外部融资渠道偏好选择是农村商业银行（农信社）

新型农业经营主体的外部融资渠道偏好由高到低排序前三种借款渠道依次为：农村商业银行、国营商业银行和邮政储蓄银行（见图 5－2），均为正规金融机构。亲朋有息和无息借款也是较多新型农业经营主体的选择。

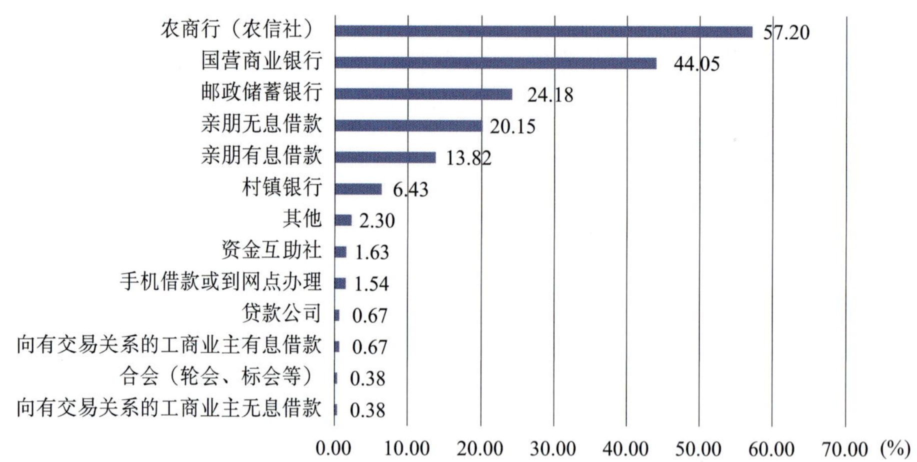

图5－2　新型农业经营主体在急需资金时借款渠道偏好

2. 向正规金融机构申请过借款者占比较高，且申贷成功率较高

65.26%的受访者表示曾经申请过正规金融机构借款，申贷成功率高达91.62%，其中申请贷款成功者中95.99%是曾获得银行授信的客户，一般情况下，获得银行授信的新型农业经营主体的信用状况均较好，这也说明了银行对新型农业经营主体在信用评价基础上授信对于提高新型农业经营主体信贷可获得性的重要性。

3. 农村商业银行（农信社）是满足新型农业经营主体融资需求的最主要渠道

申贷成功的新型农业经营主体贷款来源于农村商业银行（农信社）的占比高达71.43%，其次是来源于农业银行，占23.76%，再次是邮政储蓄银行，占22.15%，然后是其他国有银行，占9.63%。

4. 缺乏合格的抵押品是新型农业经营主体贷款失败的主要原因

那些申请过借款，但是没有得到者，贷款失败的原因按照主要程度由主到次排序依次为：欠缺合格的抵押担保，包括土地经营权抵押不受认可、缺乏人缘关系以及难以获得农业担保公司担保。

5. 新型农业经营主体信贷需求没有得到充分满足者占比较高，信贷约束较严重

成功获得正规金融机构贷款的经营主体中，约有59.56%的经营主体表示融资需求

未得到充分满足（见图5－3），说明资金缺口仍然较大。其中，农业企业的融资需求满足率最低，约有39.78%的农业企业表示所获得的贷款金额低于需求额度。

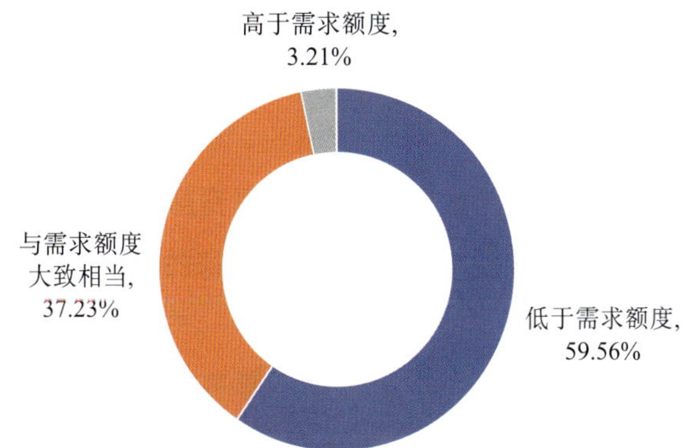

图5－3　获得银行贷款的经营主体的贷款需求满足程度

（四）新型主体抵押物价值较低并且担保方式较为单一

新型农业经营主体在借款时可以提供的抵押物种类多样，但是，正规金融机构借款需求没有得到完全满足者的主要抵押物不足。按照各类抵押物可提供的经营主体数量占比由大到小排序，前三名依次为土地经营权、地上附着物和村宅基地（见图5－4），难以为足额贷款需求提供足值抵押，仅有34.26%的经营主体拥有价值较高的城镇房产。在贷款担保方式方面，经营主体可提供的担保方式主要集中在“其他人担保”（占样本总量的44.82%），而能提供担保公司、联保、有交易关系的企业担保（产业链融资）等方式担保的经营主体占比分别为22.65%、13.72%和9.60%，占比严重不足。

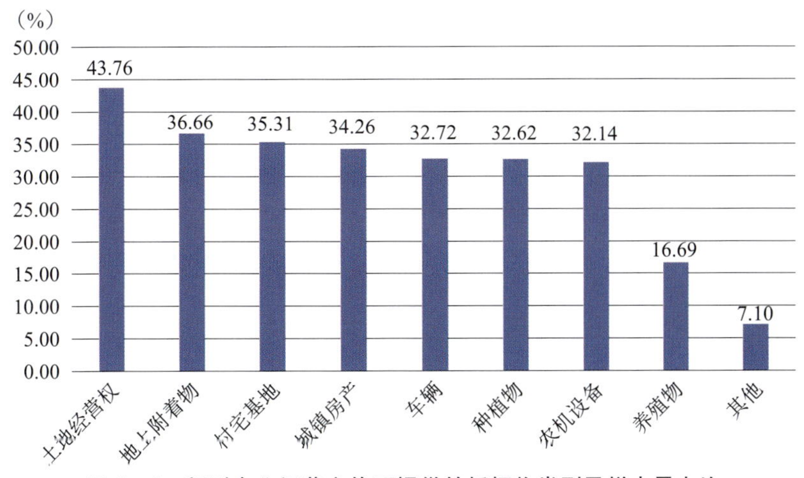

图5－4　新型农业经营主体可提供的抵押物类型及样本量占比

（五）存在传统正规信贷与互联网信贷双排斥现象

新型农业经营主体使用非银行互联网信贷占比较低。只有77家新型农业经营主体使用过非银行互联网信贷，占比仅为7.38%，主要是通过纯信用的风险保障方式，且均为已获得正规金融机构贷款的经营主体。

申请过正规金融机构借款，但未获得正规金融机构借款的经营主体96.30%均未使用过非银行互联网信贷。

已获得正规金融机构贷款但贷款金额低于需求额度的经营主体，绝大部分主体（占89.19%）未使用过非银行互联网信贷（见表5－2）。

表5－2　　新型农业经营主体正规信贷需求满足程度与互联网信贷需求

贷款金额与生产经营借款需求相比较	主体数量（家）	使用过非银行互联网信贷的经营主体占比（%）	未使用过非银行互联网信贷的经营主体占比（%）
1. 低于需求额度	342	10.81	89.19
2. 与需求额度大致相当	232	7.76	92.24
3. 高于需求额度	20	5.00	95.00

由此可以得出结论认为，新型农业经营主体在贷款可获得性上存在明显的“传统正规信贷与互联网信贷双排斥”[①] 情况。

从各类新型农业经营主体的互联网信贷情况对比分析可知（见图5－5），独立经营的专业大户中未使用过互联网信贷的经营主体占比最高（为95.97%），多主体联合经营的经营主体面临的“双排斥”现象最为严重（占比为35.90%）。

1. 新型农业经营主体互联网信贷需求严重不足的主要原因为担忧其不安全以及对其不了解

虽然非银行互联网信贷相较于传统正规信贷具有方便快捷、借款手续简单、灵活性高等优势，但是新型农业经营主体的互联网信贷需求严重不足（见图5－6）。按照未使用过互联网信贷的经营主体的评价，互联网信贷需求严重不足的首要原因是担心非

① “传统正规信贷与互联网信贷双排斥”指正规信贷需求未得到充分满足，同时未使用过非银行互联网信贷。

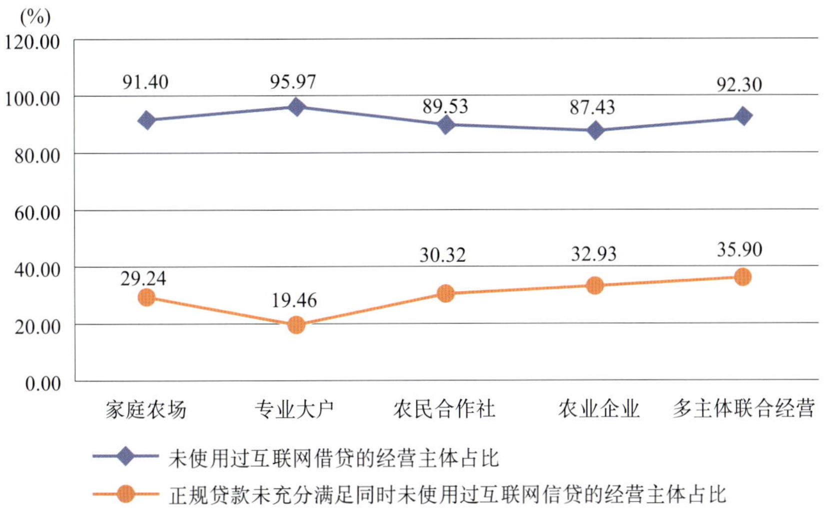

图5－5　各类新型农业经营主体的互联网信贷使用情况

银行互联网信贷不安全、不可靠，其次是没接触过和不了解非银行互联网信贷。

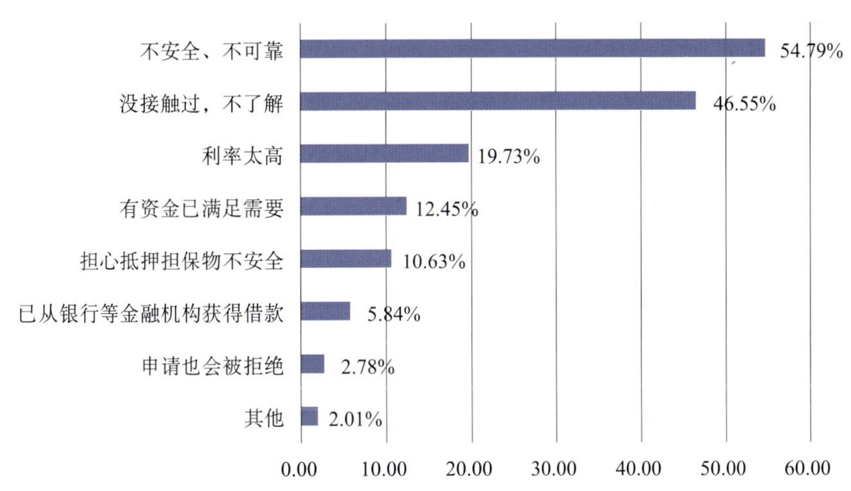

图5－6　新型农业经营主体未使用过互联网信贷的原因排序占比

2. 新型农业经营主体总体面临的需求型正规信贷约束高于供给型正规信贷约束，区域差异性明显

根据9个省份的正规信贷参与率、正规信贷申请率和正规信贷申请成功率指标可知（见图5－7），总体而言，新型农业经营主体的正规信贷申请成功率较高（大部分均高于80%），供给型信贷约束不严峻，但需求型信贷约束较为明显。对比不同省份的情况发现，不同省份间需求型信贷约束的差异比供给型信贷约束的差异更明显。其中，

位于安徽省的新型经营主体正规信贷需求最旺盛，正规信贷申请率也最高，但是申请成功率明显较低，说明需求型信贷约束较低，而供给型信贷约束较高。位于辽宁省的新型农业经营主体对正规信贷的需求率和申请率均最低，但申请成功率最高，达97.01%，说明其主要面临需求型信贷约束。位于河南省的新型农业经营主体面临的供给型信贷约束最明显，正规信贷申请成功率最低，为63.50%。

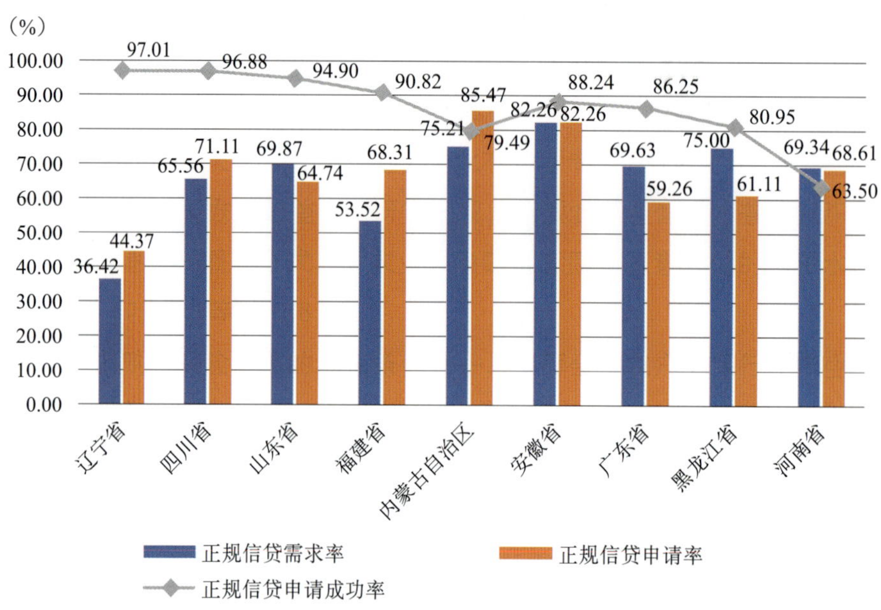

图5-7　各省份新型农业经营主体的正规信贷需求和可获得性情况

3. 互联网信贷需求普遍不足，安徽省新型农业经营主体面临“双排斥”现象最严重

由图5-8可知，调研地区中除内蒙古自治区及河南省以外，其他省份的新型农业经营主体互联网信贷需求率低于10%，互联网信贷需求普遍不足。其中，辽宁省的互联网信贷需求率最低，仅为2.67%，但是其面临“双排斥”的概率较低，说明其互联网信贷约束比正规信贷约束明显。观察各省份的“双排斥”现象发现，位于安徽省的新型农业经营主体受到双排斥的概率最高，约为50%，而位于黑龙江省的新型农业经营主体面临的双排斥概率最低。

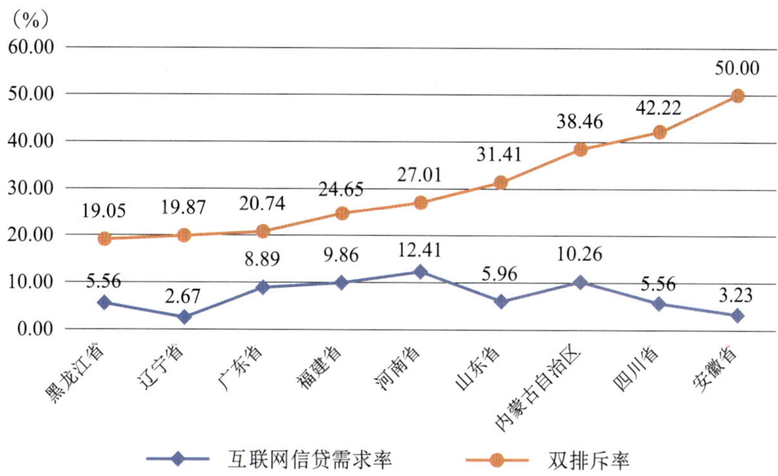

图 5-8　各省份新型农业经营主体互联网信贷需求和“双排斥”现象情况

4. 西部地区新型农业经营主体贷款需求未得到充分满足的情况较明显，东部地区新型农业经营主体更易于获得足额和超额信贷支持

纵观东、中、西部地区新型农业经营主体的贷款需求满足程度（见图5-9）可知，各地区均有超过一半的经营主体面临信贷需求未得到充分满足的问题，但该问题在西部地区尤为突出。对比分析发现，东部地区的新型农业经营主体信贷需求的满足程度明显高于中西部地区，说明中西部地区新型农业经营主体面临的供给型正规信贷约束更明显。

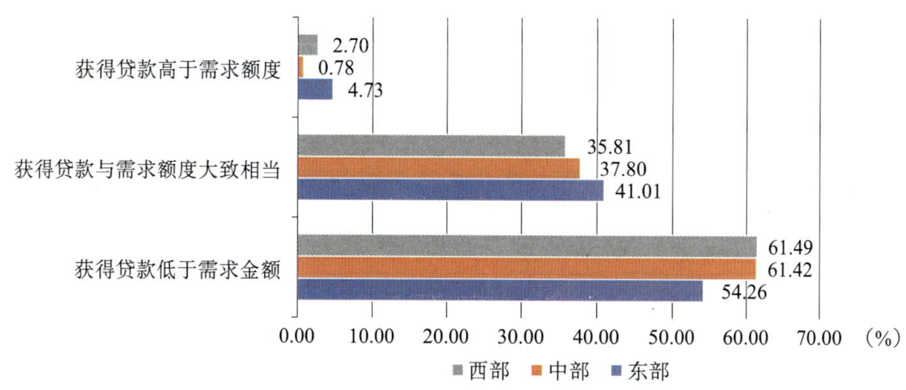

图 5-9　东中西部地区不同融资需求满足程度占比

（六）基于新型农业经营主体金融需求分析的政策建议

新型农业经营主体是乡村振兴的推动力，也是中国农业、农村的未来，但是，新型农业经营主体与传统“小农”有较大的区别，传统小农属于生计小农，其农事耕作、农业生产的目的不是获取利润，而是维持生计，因而耕种是其生活方式，其情感、传统等是与土地结合在一起的；新型农业经营主体则是以实现盈余和获取利润为目标的，土地是生产要素，在发展和增长过程中，投资行为不可避免，因而自然而然将产生对于信贷资金的需求。同时，根据调研样本的分析，有2/3的新型农业经营主体存在外部融资需求，但“双排斥”现象较为严重，因此关注和分析新型农业经营主体的金融需求，并从其金融需求特征出发，设计和创新金融服务供给政策，对于促进其发展和增长意义重大。

根据新型农业经营主体金融需求特征分析，提出如下政策建议：

1. 关注新型主体的长期信贷需求和农业产业链发展的信贷需求

新型农业经营主体是企业化经营的法人主体，农业经营具有特殊性，投资较大，而投资利润率较低，投资回收期较长，因而对于长期的信贷资金需求突出，这一点应该引起金融部门和政策决策部门足够的重视。

同时，在调研中发现，特别是那些有一定规模的新型农业经营主体，在发展过程中延伸产业链和完善产业链，例如从事农技农资服务的合作社、从事农产品购销的合作社，随着服务农户的增加，需要投资建设更大仓库，就会产生信贷需求；经营较好的设施农业合作社，有扩大经营规模、加工、增大库容、建设冷库等的需求，也会产生信贷需求。

2. 完善新型农业经营主体信贷支持政策

根据新型农业经营主体信贷需求的分析，我们已经得出结论，新型农业经营主体，一是抵押担保能力严重不足，因而建议进一步完善针对新型农业经营主体的政策性担保机制，或者是激励金融机构针对新型农业经营主体创新抵押担保方式；二是信贷利率承担能力有限，因此建议中央银行加大针对涉农金融机构新型农业经营主体信贷低利率再贷款支持力度，激励金融机构增加对于新型农业经营主体的信贷支持，或者是建立健全对于新型农业经营主体信贷利息补贴制度。

3. 强化新型农业经营主体信用体系建设

新型农业经营主体借款需求较高，因而曾经申请过借款者所占比例较高，申贷者也有较高的申贷成功率，但这一点依赖于银行的授信行为，因而在农村信用体系建设过程中，强化新型农业经营主体的评级授信，对于缓解其融资难问题非常重要。

4. 提升新型农业经营主体经营管理者的数字普惠金融素养

强化推动新型农业经营主体数字化进程。新型农业经营主体对非银行互联网信贷的认知严重不到位，因而存在严重的互联网信贷自我排斥现象，而数字普惠金融是发展方向，建议大力新型农业经营主体数字普惠金融教育，提升新型农业经营主体的数字普惠金融素养，并大力推进新型农业经营主体生产经营数字化、农业产业链数字化，为数字普惠金融服务供给提供数据基础。

5. 构建新型农业经营主体自我金融服务的机制

一是对于那些资产规模较大、产业链完善、成员规模较大和经营规范的合作社，可以响应2004—2021年期间多个中央“一号文件”的号召，发展合作社内部的信用合作，逐渐构建起生产、供销、信用“三位一体”的共生和利益共享机制。二是对于产业基础较好、产品标准化程度较高、经营规范的新型农业经营主体，可以探索农产品销售众筹模式筹资。农产品销售众筹，是参与众筹者在农产品生产周期的初期，出资获得在农产品收获季节获得一定数量的农产品的权益，或者是获得以低于市场价格一定程度的价格购买农产品的资格。三是基于那些资产规模较大、产业链完善和经营规范的合作社、农业产业化龙头企业，也可以探索产业链融资。

六、新型农业经营主体农业保险需求分析

新的历史时期，农业保险如何真正为新型农业经营主体的生产经营和转型升级保驾护航显得越发重要。农业保险不应再仅局限于满足生产保障，更应成为加快推进农业现代化的重要支撑（韩长赋，2016）。2019 年 10 月，财政部、农业农村部、银保监会、林草局等四部门联合印发的《关于加快农业保险高质量发展的指导意见》（以下简称《意见》），开宗明义总结到，“农业保险作为分散农业生产经营风险的重要手段，对推进现代农业发展、促进乡村产业振兴、改进农村社会治理、保障农民收益等具有重要作用”。这既是对 2004 年以来农业保险对中国“三农”事业贡献的总结，更是对农业保险未来发挥更大作用的期望。

（一）推动农业保险高质量发展的背景

2004 年，农业保险与其他重要支农惠农政策一并列入了中央“一号文件”。一批专业性农业保险股份制公司相继成立，预示着新一轮农业保险经营体制改革已经启动。2007 年，国家正式启动政策性农业保险全国试点工作，中央财政拨出 10 亿元专项补贴资金，在内蒙古、新疆、四川、湖南、江苏、吉林等 6 省（区）分别开展了水稻、玉米、小麦、大豆、棉花 5 个主要粮食作物品种的农业保险试点。经过多年发展，从供给视角来看，农业保险覆盖率显著提高，全国主要大宗农产品实现了农业保险全覆盖。

尽管农业保险已成为稳定农业生产和增加农民收入、助力乡村振兴必不可少的政策工具，但事实上，由于农业弱质性、政府财政金融政策制约、金融机构量身定制金融产品和金融服务滞后等多重原因，农业保险仍然面临着保障水平偏低、特色险种较少等瓶颈，在扶持新型农业经营主体应对自然和市场的双重风险方面力有不逮。展望未来，对农业保险如何高质量支持和服务新型农业经营主体进行深入研究，无论对于为现代农业保驾护航，还是对于农业保险自身的高质量发展，都显得迫切而重要。

为此，本书课题组于 2020 年 8 月至 2021 年 5 月开展了新型农业经营主体的农业保险需求调查，共收集有效问卷 818 份。下面将在简单回顾我国农业保险市场发展基础上，紧紧围绕新型农业经营主体的农业保险参保现状、认知与评价、需求与意愿三个方面，分析调研结果。

（二）我国农业保险市场发展情况

农业保险作为现代农业风险规避的有效工具，对世界很多国家稳定农业生产、支持农业经济发展发挥了重要作用。经过多年发展，在中央财政保费补贴政策的支持下，中国农业保险支持政策不断完善，发展模式不断创新，产品和服务不断升级，逐渐形成了“政府引导、市场运作、自主自愿、协同推进”的农业保险发展模式，构建了“中央支持保基本，地方支持保特色”的农业保险保费补贴政策框架，建立了覆盖全国所有省份、涵盖主要大宗农产品的农业保险市场体系。

1. 形成“种、养、林”三大类共 16 个品种的农业保险中央补贴险种体系

2007 年，中央财政补贴试点品种仅限于种植业，包括小麦、水稻、玉米、棉花、大豆 5 种农作物。现有中央财政给予保费补贴的品种已经覆盖到全国大部分的重要农产品。中央补贴险种范围覆盖种养林 3 大类共 16 个品种，包括种植业中的水稻、小麦、玉米、棉花、马铃薯、油料作物、糖料作物；养殖业中的能繁母猪、奶牛、育肥猪；森林产品中的公益林和商品林，以及青稞、牦牛、藏系羊、天然橡胶等。此外，还包括水稻、小麦、玉米制种保险。同时，国家鼓励各地结合本地实际和财力状况，对特色险种给予一定的保险费补贴支持。截至 2018 年底，全国已投保的地方优势特色农产品品种超过 200 个，保险机构开发的各类保险产品超过 800 个，部分省份还出台了省级

财政对市县特色农产品保险的以奖代补政策（人民日报海外版，2019①）。

2. 形成了较为稳定的保费补贴中央、地方和经营主体分担机制

2007年4月，财政部对中央确定的5个试点保费补贴品种，统一按照省级财政补贴25%、中央财政补贴25%，经营主体分担剩余执行。此后，中央财政对农业保险的补贴比例逐步提高，与此同时，还结合农户所在区域、参保险种的不同，实施差异化补贴政策。2016年12月，财政部对种植业、养殖业、森林及其他品种保费补贴做出明确规定，其中：种植业补贴，省级财政补贴25%，中央财政对中西部地区补贴40%、对东部地区补贴35%；养殖业补贴，地方财政补贴30%，中央财政对中西部地区补贴50%、对东部地区补贴40%；森林补贴，地方财政补贴40%，中央财政补贴50%；对藏区品种、天然橡胶补贴，省级财政补贴25%，中央财政补贴40%。财政部数据显示，2018年中央财政农业保险保费补贴资金达199.34亿元，比2017年增长11.3%。为充分发挥农业保险政策助推贫困地区精准扶贫功能，2018年3月，保监会下发通知，在深度贫困地区，贫困户农业保险的保费率已降低20%的基础上再降低10%—30%。

3. 为中国农业现代化发展提供了强有力的风险保障支撑

2007年，中国农业保险保费收入为51.8亿元，到2020年，实现原保险保费收入815亿元；农业保险服务的农户数也从2007年的4 981万户次增长到2019年的1.8亿户次。目前，全国农业保险承保的农作物品种为270余种，基本覆盖了各个领域。2008年以来，农业保险累计向3.6亿户次支付保险赔款2 400多亿元。提供的风险保障从2007年的1 126亿元增加到2019年的3.6万亿元。农业保险保障水平也平稳上升，由2007年的3.54%上升到2019年的23.61%。农业保险简单赔付率基本呈高位运行状态，除2011年农业保险简单赔付率为51.2%以外，其他年份均在60%以上，2016年农业保险简单赔付率更是高达83.4%②。

4. 覆盖面与保障额稳步增加，但保险保障程度还远远不够

从保险保障的广度指标看，种植业产品相对较高，特别是三大主粮作物和棉花保

---

① 人民日报海外版．特色农产品保障再加码［EB/OL］．(2019－07－09)［2021－06－07］．http：//www.gov.cn/zhengce/2019－07/09/content_5407459.htm.

② 刘汉成，陶建平．中国政策性农业保险：发展趋势、国际比较与路径优化［J］．华中农业大学学报（社会科学版），2020，4（06）：67－75＋163－164.

险保障的广度均达到较高水平，2017 年水稻、小麦、玉米、棉花投保面积比例分别为 76.8%、65.9%、69.4%和64.7%；养殖业即使是投保比例较高的奶牛保险和生猪保险，保险保障的广度也仅有35%和42.8%。从保险深度指标看，目前我国农业保险深度只有0.73%，不仅低于全球平均0.8%的水平①，与多数发达国家2%的平均水平差距更大（美国高达7%）。一旦发生灾害，保险赔付对农业损失、生产经营者收入的补偿能力有限。

5. 围绕保障水平和产业发展不断推动产品和模式创新

创新的重点是有效解决农业保险覆盖不全、低保障等问题。第一，针对农作物保险金额仅覆盖物质成本与服务费用未涵盖人工和土地两项重要成本的问题，2018 年，财政部选择在内蒙古、辽宁、安徽、湖北、山东、河北6个粮食主产省（区）的24个县开展水稻、玉米、小麦完全成本保险和收入保险试点，旨在提升农业保险的保障水平。第二，为解决增产不增收问题，中央开始试点收入保险，收入保险的保险金额由农产品价格和产量综合来体现，覆盖农业生产产值。完全成本保险的保障水平由原来的400元/亩提高至约1 200元/亩。第三，为配合各地农业产业结构调整，逐步形成地方优势特色产业发展，2019 年，中央财政又开展地方优势特色农产品保险奖补试点，2020 年试点扩大至20个省，形成了“大宗农产品 + 地方优势特色品种”的完整农业保险保费补贴品种体系，满足不同种植农户的风险保障需求。

2020 年，中央继续在13个粮食主产省面向适度规模经营农户开展农业大灾保险试点，保障水平覆盖“直接物化成本 + 地租”；继续在内蒙古、辽宁、安徽、山东、河南、湖北等6个省（区），面向规模经营农户和小农户开展三大粮食作物完全成本保险和收入保险试点，保障水平覆盖农业生产总成本或农业生产产值；在20个省份开展中央财政对地方优势特色农产品保险奖补试点。

（三）新型农业经营主体参保状况

1. 农业保险已在各省全面铺开，总体覆盖率较高，但地区存在差异

截至2020年底，调研九省均已全面实施农业保险，以当地市场能否买到农业保险

① 《关于加快农业保险高质量发展的指导意见》提出，到2022年，我国农业保险深度（保费/第一产业增加值）达到1%，农业保险密度（保费/农业从业人口）达到500元/人。

作为农业保险覆盖率指标，如表 6 - 1 所示，九省农业保险覆盖率达到 81.2%，覆盖率最低的广东省也达到 64.4%。2019 年 10 月出台的《关于加快农业保险高质量发展的指导意见》（以下简称《意见》）设定的目标是，到 2022 年三大主粮作物农业保险覆盖率达到 70% 以上①，这与粮食主产区黑龙江的结果较为一致，其他各省调研地区除了种植粮食，还生产经营其他农产品，因此农业保险覆盖率反而更高。

从地区看，农业保险覆盖率最高的安徽省，其覆盖率达到 95.2%，辽宁、黑龙江、山东、四川、河南、内蒙古和福建的覆盖率集中在 73.8%—90.0%，广东省农业保险覆盖率只有 64.4%。这表明，地区覆盖率的差异与印象中的东、中、西部地区划分关系较弱，反而与非主粮的生产经营多元化程度有关。9 省中，广东之所以农业保险覆盖率最低，一是可能广东不以大宗农产品生产为主，保险公司提供的合适农业保险产品较少；二是可能因为地方财政难以配套而没有覆盖到（吕开宇、张崇尚，2013）。但进一步结合受访经营主体的历史参保率和 2020 年参保率，辽宁分别达到了 81.9% 和 77.2%，参保剩余空间最小，这意味着辽宁经营主体的参保积极性很高，因此覆盖率相对低的原因很可能与合适险种较少有关。

2. 农业保险参保率超过一半，但各地差异很大，当年参保受历史影响大

调研结果表明（见表 6 - 1），即使不考虑当地能不能买到农业保险，也至少有 60.1% 的新型农业经营主体买过农险产品，至少有 52.6% 的经营主体在 2020 年买过农险产品；如果进一步只考虑本地市场能够买到农业保险的人群，那么有 70.0% 的经营主体之前购买过农险产品，64.7% 的经营主体在 2020 年买过农险产品。同时看到，各省（区）之间差异很大，从历史参保率看，辽宁新型农业经营主体的参保率最高达到 81.9%，安徽第二（80.6%）、四川第三（73.0%）、山东第四（71.6%）、内蒙古第五（66.7%）、黑龙江第六（64.3%）、河南第七（60.8%），福建和广东分别排在了第八（34.0%）和第九（25.2%）。从 2020 年的参保率看，辽宁、黑龙江、河南、福建和广东的排名与历史参保率一致，第二到第五名依次变为山东、内蒙古、四川和安徽。

---

① 《意见》提到，稻谷、小麦、玉米 3 大主粮作物农业保险覆盖率达到 70%。

表 6－1　　样本地区农业保险覆盖率和参保率

省（区）	总样本（个）	能买到农险样本（个）	2020 年覆盖率（%）	历史参保率（%）	2020 年参保率（%）	历史参保剩余空间（%）	2020 年参保剩余空间（%）
	(1)	(2)	(3)	(4)	(5)	(6)＝(4)/(3)	(7)＝(5)/(3)
内蒙古	117	97	82.9	66.7	64.1	80.4	77.3
四川	89	80	89.9	73.0	64.0	81.3	71.3
安徽	62	59	95.2	80.6	61.3	84.7	64.4
山东	155	131	84.5	71.6	65.2	84.7	77.1
广东	135	87	64.4	25.2	22.2	39.1	34.5
河南	130	100	76.9	60.8	50.0	79.0	65.0
福建	144	112	77.8	34.0	23.6	43.8	30.4
辽宁	149	134	89.9	81.9	77.2	91.0	85.8
黑龙江	42	31	73.8	64.3	54.8	87.1	74.2
总体	1 023	831	81.2	60.1	52.6	74.0	64.7

注：(1) 农业保险覆盖率是指，在某地样本户中，回答能够从当地市场买到农业保险的户数占比。(2) 农业保险参保率是指，在某地样本户中，回答购买农业保险的户数占比。

应当注意，河南、黑龙江、广东和福建农险覆盖率排在后四位，与此同时，无论是历史参保率还是2020 年参保率，都排在九省（区）的后四位，因此未来参保空间很大①。黑龙江尽管农业保险覆盖率较低，但历史参保率排在九省的第六位，因此未来参保空间不大，要打破上述格局，未来提高农险覆盖率是关键。同时，历史参保经历也会影响 2020 年参保决策，总体来看，各省（区）2020 年参保剩余空间比历史参保剩余空间普遍要低（一般低 14% 以内）。

3. 新型农业经营主体的农险参保率与市场发育完善程度有关

尽管没有详细了解调研地区农业保险的发育程度，但从新型农业经营主体最早购买农业保险的时间点看（见表 6－2），安徽和福建出现最早（1980 年），其次是辽宁（1986 年），并列第三的是内蒙古和广东（1995 年），第四是山东（2003 年），第五是四川（2004 年），河南（2007 年）和黑龙江（2009 年）排在后两位。如果不考虑极端值，而采用排在最早的五分位数，那么排名顺序是内蒙古（1995 年）、安徽和广东（2000 年）、辽宁和福建（2004 年）、山东（2006 年）、河南和四川（2010 年）以及黑

① 这意味着参保人数达到农业保险覆盖的人数，可以用 100 减去参保剩余空间来表示，因此参保剩余空间系数越高，剩余空间越小，反之亦然。

龙江（2011 年）。结合各省（区）2020 年参保率，结果表明，除了内蒙古、福建和广东，其余 6 个省（区）开办农业保险时间越早，新型农业经营主体的参保率相对越高。一般情况下，开办越早的市场发育越完善，因此新型经营主体是否参保与该地的市场发育状况紧密相关。内蒙古、福建和广东三省不少新型农业经营主体从事的并非主粮生产，因为缺少合适的农业保险品种，新型农业经营主体的参保率普遍偏低。

表 6－2　　样本地区农业保险市场发育程度与参保率

省（区）	总样本（个）	最早购买年份（年）	前 5%的最早购买年份（年）	历史参保率（%）	2020 年参保率（%）
内蒙古	117	1995	2008	66.7	64.1
四川	89	2004	2010	73.0	64.0
安徽	62	1980	2000	80.6	61.3
山东	155	2003	2006	71.6	65.2
广东	135	1995	2000	25.2	22.2
河南	130	2007	2010	60.8	50.0
福建	144	1980	2004	34.0	23.6
辽宁	149	1986	2004	81.9	77.2
黑龙江	42	2009	2011	64.3	54.8
总体	1 023	—	—	60.1	52.6

（四）新型农业经营主体对农业保险的认知与评价

1. 新型农业经营主体对农业保险认知较好，但对农业保险新产品认知不高

如表 6－3 所示，对农业保险非常了解、了解和较了解的受访主体户数占 60.7%，也就是说有 2/3 的新型农业经营主体较为熟悉农业保险，与农业保险的历史参保率接近，但仍有 32.2% 的新型经营主体不太了解农业保险，6.7% 的很不了解农业保险，结合 81.2% 的 2020 年覆盖率，表明约有 20.5%①的新型农业经营主体知道但没有实质性

① 81.2% 的人回答当地能够买到农业保险，60.7% 的人对农业保险了解程度较高，因此约有 20% 的人知道当地能够买到农业保险，但仍回答不太了解农业保险。

地了解农业保险的具体细节。

表 6－3　　新型农业经营主体对农业保险的认知

农业保险认知	总样本（个）	占比（%）	占比累计（%）
非常了解	76	7.4	7.4
了解	375	36.7	44.1
较了解	170	16.6	60.7
不太了解	333	32.6	93.3
很不了解	69	6.7	100.0
总体	1 023	100.0	—

这意味着，如果未来要进一步提高农业保险的参保率，那么可以针对该 20.5% 人群，搞好农业保险宣传和培训工作。与此同时，《关于加快农业保险高质量发展的指导意见》（财金〔2019〕102 号）提到，未来将推动收入保险、指数保险等新产品。然而，从受访主体认知来看，大致有 11% 的受访主体听说过天气指数保险或收入保险（见表 6－4），89% 左右的主体并没有听说过这些农业保险新产品。因此，未来为推动收入保险和指数保险的市场覆盖率，提高各类主体的认知水平是基础也是关键。

表 6－4　　新型农业经营主体对农业保险新产品的认知

认知结果	天气指数保险		农业收入保险	
	频数（个）	比重（%）	频数（个）	比重（%）
没听说过	885	89.2	879	88.2
听说过	107	10.8	118	11.8
合计	992	100.0	997	100.0

注：因部分主体没有填写农业保险新产品的认知，故该处样本数与总样本不同。

2. 灾情将强化新型农业经营主体购买农业保险意愿，潜在参保率将大幅提升

尽管截至调研时全国新型农业经营主体 2020 年平均参保率为 52.6%（见表 6－5），但疫情加灾情在一定程度上促成更多受访经营主体愿意购买农业保险，使得潜在参保率提高到 75.9%。分省看，黑龙江和安徽潜在的参保率增长幅度最高，分别从 54.8% 和 61.3% 增加到 97.6% 和 87.1%，分别增加了 43% 和 26%。如果能够将未买想

买的人群纳入潜在参保率，那么9个省（区）除了福建省的参保率是45.8%，其余八省的潜在参保率最少为70.4%，最高达到97.6%。调研中，一些新型农业经营主体针对灾情，明确希望购买农业保险来提升自身的风险管理能力，这与上述结论完全吻合。

表6－5　新型农业经营主体2020年潜在参保率

省（区）	2020年参保率（%）	2020年未参保，现在不想参保，样本数（个）	2020年未参保，现在想参保，样本数（个）	潜在参保率（%）
内蒙古	64.1	27	18	79.5
四川	64.0	22	10	75.3
安徽	61.3	8	16	87.1
山东	65.2	29	25	81.3
广东	22.2	40	65	70.4
河南	50.0	20	43	83.1
福建	23.6	78	32	45.8
辽宁	77.2	22	11	84.6
黑龙江	54.8	1	18	97.6
总体	52.6	247	238	75.9

注：潜在参保率是指2020年已经购买农业保险的户数与尽管截至调研时没有购买农业保险，但现在想买农业保险的户数占所有总样本的比重。

3. 农业保险支持与服务新型农业经营主体的作用得到高度认可，但仍有提升空间

如表6－6所示，认为农业保险有用的受访经营主体达到79.3%，如果进一步考虑购买过农业保险的群体，那么认为农业保险有用的受访经营主体人数比例高达97.6%。特别是对于广东和黑龙江地区，尽管一些新型农业经营主体没办法从当地市场购买到农业保险，但他们对农业保险支持服务的积极作用仍然十分认可。需要注意的是，安徽尽管农业保险覆盖率较高且开办较早，但仍有20.3%的新型农业经营主体对农业保险的支持服务作用并不认可。与此同时，辽宁约有14.2%、四川约有11.2%的新型农业经营主体也不认可农业保险的作用效果。

表 6－6　农业保险支持新型农业经营主体作用的评价

省（区）	总样本（个）	购买过农险样本数（个）	评价有用样本数（个）	评价有用比重（%）	评价有用占能买到的样本比重（%）
内蒙古	117	97	98	83.8	101.0
四川	89	80	71	79.8	88.8
安徽	62	59	47	75.8	79.7
山东	155	131	127	81.9	96.9
广东	135	87	108	80.0	124.1
河南	130	100	101	77.7	101.0
福建	144	112	105	72.9	93.8
辽宁	149	134	115	77.2	85.8
黑龙江	42	31	39	92.9	125.8
总体	1 023	831	811	79.3	97.6

上述结果与表 6－7 中安徽、辽宁和四川各自 21.1%、12.4%和 10.5%的潜在退出率结果一致。

表 6－7　主体对农业保险不满意状况

省（区）	2020 年购买农险样本数（个）	认为没有用样本数（个）	评价没有用比重（%）	潜在退出率（%）
内蒙古	75	15	20.0	8.0
四川	57	18	31.6	10.5
安徽	38	15	39.5	21.1
山东	101	11	10.9	5.9
广东	30	27	90.0	6.7
河南	65	11	16.9	6.2
福建	34	34	100.0	8.8
辽宁	115	26	22.6	12.4
黑龙江	23	2	8.7	4.3
总体	538	159	29.6	9.3

注：潜在退出率是指，2020 年已经购买农业保险的户数中，认为农业保险没有用的户数所占比重。

4. 赔付金额和赔付速度是新型农业经营主体对农业保险不满意的两个重要方面

目前来看，有 35.0% 的受访经营主体对农业保险赔付金额不满意见表 6－8，25.4% 的受访经营主体对赔付速度不满意。其中，安徽和山东的新型农业经营主体更加在乎赔付金额，四川的经营主体则对赔付金额和赔付速度都很在乎。

表 6－8　主体对农业保险不满意状况

省（区）	保险赔付金额			保险赔付速度		
	评价的样本数（个）	不满意样本数（个）	不满意比重（%）	评价的样本数（个）	不满意样本数（个）	不满意比重（%）
内蒙古	66	20	30.3	66	16	24.2
四川	58	33	56.9	58	25	43.1
安徽	42	12	28.6	42	3	7.1
山东	88	30	34.1	88	23	26.1
广东	28	5	17.9	28	5	17.9
河南	60	21	35.0	60	14	23.3
福建	27	2	7.4	27	2	7.4
辽宁	108	45	41.7	108	33	30.6
黑龙江	20	6	30.0	20	5	25.0
总体	497	174	35.0	497	126	25.4

（五）新型农业经营主体的农险需求与意愿分析

第一，未来新型农业经营主体的农业保险参保率仍将进一步提高。如表 6－9 所示，未来新型农业经营主体的农业参保率将明显高于 2020 年的参保率 52.6%，同时高于历史参保率 60.1%，也高于 2020 年末潜在参保率 75.9%，达到 83.1%。从地区看，未来需求增长点重点来自两个地区——黑龙江和安徽，两者参保率将达到 92.9% 和 93.5%。结合上面的分析，黑龙江要重点扩大农业保险的覆盖率，有效解决地方财政配套资金问题，从而借助疫情灾情做好农业保险的推广宣传，有效满足主体多元化需求。

表 6－9　　　　未来新型农业经营主体的农业保险参保率

省（区）	未来买农险样本数（个）	总样本（个）	未来参保率（%）
内蒙古	101	117	86.3
四川	71	89	79.8
安徽	58	62	93.5
山东	135	155	87.1
广东	108	135	80.0
河南	110	130	84.6
福建	104	144	72.2
辽宁	124	149	83.2
黑龙江	39	42	92.9
总体	850	1 023	83.1

第二，对于从来没有参加农业保险的新型农业经营主体，缺少合适的险种和赔付金额少是其没有参保的主要原因。在 1 023 户受访的新型农业经营主体样本中，有 396 户以前从未参加农业保险（见表 6－10），究其主要原因，154 户是因为缺乏合适的险种，68 户是因为赔付太低，66 户是因为不需要，54 户是因为不了解，另有 28 户是因为保费太高。从地区看，未参加农业保险的情况地区间差异较大，安徽最少，有 12 户，未参保数最高的广东达到了 102 户，福建也有 98 户，其余 4 省这样的户数约有 14—46 户。河南、四川、安徽、山东、广东和辽宁 6 省未参保原因比较集中，缺乏合适险种是其主要原因；内蒙古和福建未参保原因分散，除了"真不需要"外，赔付太低和缺乏合适险种是主因；黑龙江原因较为集中，赔付太低是主因。

第三，未来新型农业经营主体购买农业保险新产品的意愿较高，未来重点是通过宣传和培训争取更多的中间人群购买新产品。如表 6－11 和表 6－12 所示，在与当前农业保险费率相同的情况下，有 59.8% 和 59.6% 的受访经营主体表示，未来愿意购买天气指数保险和收入保险，明确表示不愿意购买两种新产品的比例分别为 15.6% 和 17.4%，"目前没想好"的经营主体户数多于明确"不愿意"的户数，因此一旦争取到更多的购买意向不明确的经营主体，那么未来推广农业保险新产品将十分容易。

政府的支持力度是促进新型农业保险新产品发展的有效支撑。在保费由自己出的情况下，受访经营主体未来愿意购买天气指数保险和收入保险的意愿，分别从 59.8% 和 59.6% 下降到 30.3% 和 32.3%，因此新型农业保险新产品的发展离不开政府在保费补贴方面的大力支持。

表 6-10　　没参加农业保险的原因频数　　单位：个

省（区）	样本数	赔付太慢	赔付太低	保费太高	没钱买	不了解	不需要	手续烦琐	无合适险种	其他
内蒙古	34	0	10	1	0	2	10	2	13	1
四川	19	1	1	0	0	2	1	0	14	0
安徽	12	0	1	2	1	0	1	1	6	0
山东	42	1	3	1	1	4	11	1	19	2
广东	102	8	12	10	10	25	5	0	43	1
河南	46	2	6	1	2	5	5	0	24	1
福建	98	8	18	7	2	12	31	2	21	3
辽宁	29	1	10	2	2	3	2	0	11	0
黑龙江	14	1	7	4	1	1	0	0	3	1
总体	396	22	68	28	19	54	66	6	154	9

表 6-11　　未来天气指数保险购买意愿　　单位:%

省（区）	费率和现在农业保险一样的购买意愿			农户承担全部保费的购买意愿		
	愿意	不愿意	没想好	愿意	不愿意	没想好
内蒙古	60.9	20.0	19.1	32.2	20.9	47.0
四川	66.3	15.7	18.0	30.3	33.7	36.0
安徽	67.7	6.5	25.8	40.3	14.5	45.2
山东	60.1	15.4	24.5	40.6	22.4	37.1
广东	49.6	11.1	39.3	18.5	15.6	65.9
河南	67.4	12.4	20.2	37.2	14.0	48.8
福建	47.2	27.1	25.7	24.3	34.0	41.7
辽宁	57.9	15.9	26.2	22.8	28.3	49.0
黑龙江	88.1	2.4	9.5	38.1	21.4	40.5
总体	59.8	15.6	24.6	30.3	23.2	46.5

从地区来看，对于天气指数保险，在保持现有费率情况下，黑龙江的认可度极高，愿意购买比例高达88.1%，内蒙古、河南、四川、安徽和山东5省愿意购买比例均超过60%，福建不愿意购买天气指数保险的比例较高，超过了1/4，这有可能与福建农业保险整体市场有关。对于收入保险，各地购买意愿普遍稍低，内蒙古和四川不愿意购买的比例明显比天气指数保险要高，黑龙江和四川“没想好”的比例也明显要高，河

表 6－12　　未来收入保险购买意愿　　单位：%

省（区）	费率和现在农业保险一样的购买意愿			农户承担全部保费的购买意愿		
	愿意	不愿意	没想好	愿意	不愿意	没想好
内蒙古	60.9	22.6	16.5	28.7	19.1	52.2
四川	52.8	25.8	21.3	33.7	29.2	37.1
安徽	64.5	8.1	27.4	33.9	16.1	50.0
山东	62.2	16.1	21.7	42.7	19.6	37.8
广东	48.1	11.9	40.0	21.5	13.3	65.2
河南	69.0	14.0	17.1	41.9	16.3	41.9
福建	52.8	27.1	20.1	27.8	27.1	45.1
辽宁	64.8	17.2	17.9	29.0	22.1	49.0
黑龙江	66.7	0.0	33.3	33.3	16.7	50.0
总体	59.6	17.4	23.0	32.3	20.2	47.5

南、山东和广东购买意愿变化不大。这一方面可能与调查员调研时进一步介绍新产品后，天气指数保险更容易理解也更容易被接受有关，另一方面可能与农业生产遇到的灾害灾情特点有关。相对天气指数保险各地多有试点且容易设计，收入保险少有试点且产品设计更加复杂，因此推广宣传时，需要充分结合灾害风险类别，同时考虑保险产品的设计要简单、通俗易懂。

（六）主要结论

通过调研数据分析，我们可以得到以下结论：

第一，农业保险参保率总体较高，但地区差异明显。2020 年全国新型农业经营主体的农业保险参保率超过了 52.6%，但各地参保率存在很大差别，辽宁最高，内蒙古、山东、四川和安徽也较高，但广东和福建参保率要差些。福建较低的参保率，可能与其农业保险市场发展较晚、发育程度较低有关；而广东尽管试点很早，但后期农业保险市场很可能因为区位产业等因素而发育不快，导致参保率不高。

第二，农业保险覆盖率明显拓宽，但仍有薄弱地区。目前，农业保险已基本覆盖中国各省及其主要农作物品种，仅有个别地区因地方财政紧张或没有需求而未覆盖到。作为粮食主产区，河南与黑龙江农业保险覆盖率偏低，很可能与地方财政吃紧有关。

第三，新型农业经营主体的农业保险认知水平明显不足。目前，有近 2/3 的新型农业经营主体对农业保险较为熟悉，有 20% 的受访经营主体尽管知道当地有农业保险销售，但往往因为宣传推广不到位，对农业保险不甚了解。对于新产品，只有 11% 左右的受访主体听说过天气指数保险或收入保险。经过调查员介绍，有 59. 8% 和 59. 6% 的受访主体未来愿意购买这两款新产品。因此，宣传和推广工作是提升农业保险认知水平、提高新型农业经营主体参保积极性的重要途径。

第四，灾情对新型农业经营主体的参保意愿具有积极作用。面对灾情疫情，受访的新型农业经营主体普遍调高了参保意愿，因此在做好宣传推广工作的同时，要高度重视在灾区做好农业保险推广工作，顺势而为。

七、新型农业经营主体供应链金融分析

（一）农业供应链金融的政策支持和发展现状

1. 供应链金融定义及规模

2017年国务院办公厅发布的《关于积极推进供应链创新与应用的指导意见》（国办发〔2017〕84号）指出了供应链的定义，即以客户需求为导向，以提高质量和效率为目标，以整合资源为手段，实现产品设计、采购、生产、销售、服务等全过程高效协同的组织形态。供应链金融是基于供应链及管理之上，针对客户需求的延伸式服务，金融机构利用应收账款、存货或应付账款等帮助企业优化融资结构，提升现金流动的金融和技术融合的现代金融服务模式。2019年《中国供应链金融行业发展报告》[①] 则认为供应链金融（Supply Chain Finance，SCF）是指以金融平台为基础，以客户需求为导向，以真实性交易信息为依据，形成的服务于实体产业上下游中小企业的链组式组

① 鲸准研究院.2019中国供应链金融行业发展报告［R/OL］.（2019－07－30）［2021－06－21］. https：//www. jingdata. com/report/397. html.

织形态，为企业提供包括动产抵押、货权抵押、供应链整体信用担保等一系列的综合性金融产品服务。

供应链金融服务以供应链上下游真实贸易为基础（而不仅以企业整体状况为依据），以企业贸易行为所产生的确定的未来现金流为直接还款来源，为供应链上企业提供金融解决方案，从而达到优化现金流继而提高供应链整体效率的目的。在供应链上，往往会出现地位相对强势的核心企业，是目前开展供应链金融的核心。在理想的情况下，供应链金融服务商贯通供应链起点至终点各个环节的信用，有效控制供应链上的物流、资金流、信息流，使融通资金的使用限制在可控范围内。但值得注意的一点是，信息流只是供应链的反映，供应链金融业务需要的还是对物流和资金流的把控，单纯把握信息流的轻模式并不适应现阶段的发展环境。

在产融结合、脱虚向实政策环境下，供应链金融以其对实体经济的强大支撑及赋能作用，迅速成为振兴实体经济、推动产业升级的重要抓手。目前，影响我国供应链金融市场规模的关键主体是核心企业。银行与非银金融机构作为资金方切入供应链金融领域，其业务场景以应收账款融资为主，存货类融资和预付账款融资为辅，为供应链上下游企业提供融资服务。一般而言，应收账款融资或预付账款融资的额度是账款总额的70%—80%，库存融资额度是货物价值的30%—50%。

结合上市公司应收账款、预付账款和存货三个供应链业务场景进行测算可知，2020年中国供应链金融市场规模将达15.86万亿元。随着现有参与者及新加入者深度渗透市场，未来供应链金融将迎来快速发展期，预计2022年有望达到19.19万亿元规模（见图7－1）。

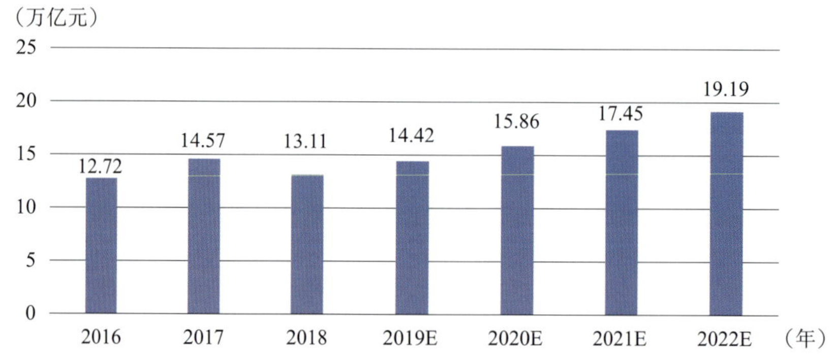

图7－1　2016—2022年中国供应链金融市场规模

注：数据范围只包括我国设供应链金融上市公司的应收账款，存货与预付账款为基础数据进行规模测算。

2. 农业供应链金融发展现状

具体到农业领域，农业供应链金融是指商业银行等金融机构从农业产业链出发，以产业链上的核心企业或组织为支撑点，利用农业龙头企业的信用为农户和小微企业的信用增级，通过设计科学的信贷协议和产品，将单个主体的不可控风险转变为供应链整体的可控风险，并用来满足产业链各环节融资需求的一种系统性融资安排。农业供应链金融既突破商业银行传统的评级授信要求，也不需另行提供抵押质押担保，将供应链上各企业的利益“捆绑”得更牢固，同时为中小企业融资“松绑”。

在农业产业化发展的过程中，金融起着决定性作用。供应链金融的出现颠覆了传统商业银行金融模式，供应链金融可以在研究农业供应链的基础上，利用供应链上核心企业的信用优势，以核心企业向产业链上下游延伸，打通整个链条的物流、资金流、信息流，将分散孤立、高风险、低收益的农户和小微企业与实力雄厚的大型企业捆绑在一起，实现利益共享、风险共担的效果，改变传统金融机构与农户“一对一”的授信模式，解决借贷双方信息不对称的问题[①]。根据《中国供应链创新与应用报告 2018》测算，到 2020 年与农业供应链金融密切相关的农林牧副渔的生产与服务、农副产品加工、农资生产制造与流通领域的“三融”金融需求总量预计超过 13 万亿元。

3. 我国农业供应链金融的政策支持

近年来政府出台了一些供应链金融政策，但还缺乏对小微企业量身定制的供应链金融政策，尤其是缺乏推动流程化、快捷化和批量化小微企业供应链金融服务的相关政策。无论是中央、地方有关部门还是绝大多数银行，还没有考虑如何把对众多小微企业的供应链金融服务加以流程化、快捷化和批量化，还没有考虑将这种供应链金融服务提升到缓解小微企业“融资难、融资贵”问题、化解相关“三角债”的战略高度。同时，也缺乏地、市、县政府在协调管理供应链金融（尤其是小微企业供应链金融）方面的积极参与。此外，银行对小微企业的供应链金融服务仍然少而分散，多数银行缺乏组织提供供应链金融服务的主动性。

---

① CiciGuelph. 2019 农业供应链趋势解析（二）农业供应链金融［EB/OL］.（2019 - 02 - 19）［2021 - 06 - 17］. https：//www. sohu. com/a/295571651_100093760.

（二）新型农业经营主体供应链金融的主要模式

不同金融机构在开展农业供应链金融业务的实践中形成了多种不同的模式，按照参与主体进行划分可以分为“农户＋经销商＋金融机构”“农户＋农业龙头企业＋金融机构”“农户＋合作社＋金融机构和农户＋电子商务＋金融机构”等不同模式；按照融资方式进行划分，可以分为“动产质押融资”“应收账款融资”和“保兑仓融资”模式等。

1. 经销商为核心的农业供应链金融模式

以农机经销商为核心的农业供应链金融业务，是建立在真实的农机购销关系的基础之上，由金融机构为购买农机的农户提供贷款服务的农业供应链金融模式。主要参与主体包括农户、农机经销商和商业银行，其中农户是资金需求主体，农机经销商是信息拥有主体，商业银行是金融服务提供主体。

模式运行的具体流程如图7－2所示：（1）经销商通过填写推荐表，将资信水平良好且欲购农机享受农机补贴的购机农户推荐给商业银行。（2）商业银行审查购机农户信息，以农机购置补贴款为额度为其授信，农户申请贷款，以政府补贴和农户家庭收入为主要还款来源，经销商为农户提供担保，承担共同还款义务。（3）贷款发放。（4）农户提取贷款从经销商处购置农机，办理农机手续后向政府申请农机购置补贴款，发放至贷款农户在商业银行开立的专门还款账户。（5）商业银行从还款账户扣除贷款本息。

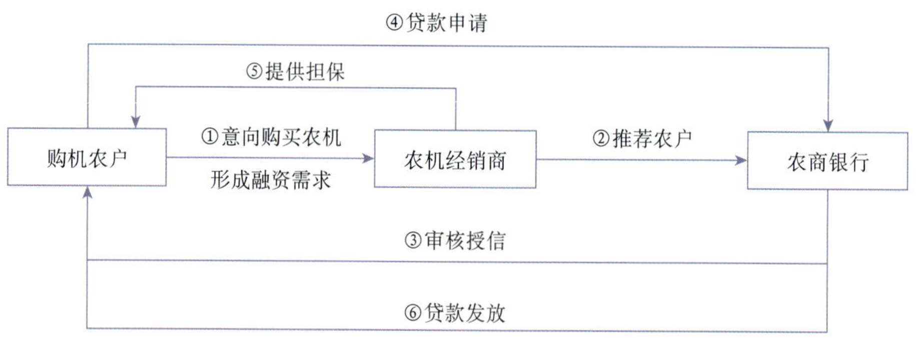

图7－2　农机经销商为核心的农业供应链金融模式流程

农机经销商作为农业供应链金融的核心企业，起到提供信息、提供担保等作用，对其资质的筛选从以下几个方面进行：代理农机品牌、在本地从事农机经销的年限、资产负债情况、信用等级水平等。在代理品牌和经营年限方面的筛选主要是考虑农机经销商对农机和农户信息的了解情况，在本地区从事农机经销 3 年以上且代理的农机品牌知名度高、市场影响力大的经销商，能够更加熟悉农机市场和农机购置补贴政策，同时拥有稳定的购机客户群体，且对购机农户履约情况和资信情况较为了解；对农机经销商自身资产和信用情况的筛选主要考虑经销商经营的稳定性和信用水平，选取资产覆盖率 40%—60%、经营情况良好、业务量较高且相对平稳、信用等级“A 级”以上的农机经销商。

该模式适用于在农业生产经营活动中需要大量农机设备，而自身资金无法满足购置要求的经营主体。由当地知名度高、影响力大、拥有稳定购机客群的农机经销商作为农业供应链融资模式中的核心企业，利用其对供应链上购机农户的资信情况和履约可能性的了解度形成信用屏障，为可靠的购机农户提供担保，能有效缓解部分购机农户融资难困境。但该模式运用范围较窄，仅限于缓解农业供应链经营主体“农机购买难”问题，无法解决农业经营主体其他环节的融资需求。

2. 农业龙头企业为核心的供应链金融模式

“公司 + 农户”是农村市场中一条稳定的、重要的农业供应链链条，以农业龙头企业为核心的订单农业模式是最为普遍的经营模式。具体运作过程从农业龙头企业与农户签订订单合同开始，建立在真实的订单农业合同基础上。在整个资金供应链中，农业龙头企业为上游农户起反担保作用。农业龙头企业与商业银行达成合作协议，筛选合作关系固定、信用水平良好、订单农业生产过程中有短期资金需求的农户，自愿为其订单融资活动承担反担保。农户与农业龙头企业签订真实有效的农业生产订单，约定农产品收购价款，以订单合同为基础向商业银行申请贷款，以订单项下的预期销货价款作为主要还款来源。银行根据农业龙头企业提供的农户信息选定农户，按照农业订单的价款额度提供贷款，为农户发放贷款用于农业生产活动。农业生产活动完成，农户将农产品按合同规定交付农业龙头企业，农业龙头企业将合同规定价款打至农户在商业银行的专用账户，商业银行在扣除贷款利率和本金后，将剩余价款交付至农户（见图 7－3）。

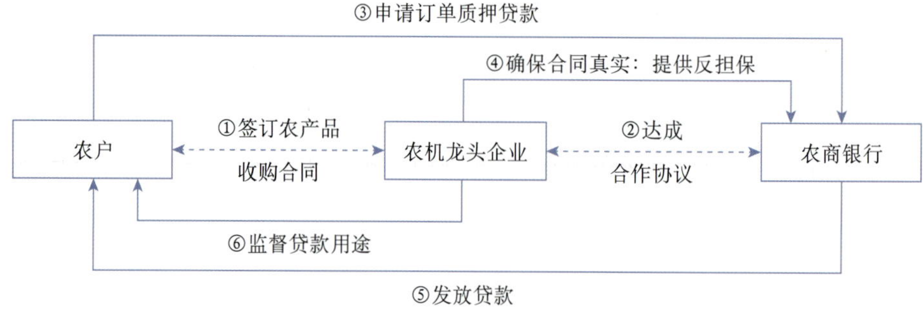

图 7－3　农业企业为核心的供应链金融模式流程

该融资模式将农业供应链的上游种植户和下游市场进行了有效连接，缓解了上游种植户流动性资金不足的困境，但提高了对农业龙头企业风险鉴别、现金流动性、资产的要求，降低了农业龙头企业参与供应链融资的意愿。此外，受农产品市场价格风险影响，订单农业本身具有一定的风险性，农户受农产品市场价格波动的影响，其违约性大大增加，龙头企业担保风险大，处于农业供应链融资的被动地位。

3. 农民专业合作社为核心的供应链金融模式

如图 7－4 所示，以农民专业合作社为核心的农业供应链金融模式与以农业龙头企业为核心的农业供应链金融模式的运行流程相似，不同之处体现在农民专业合作社为核心的农业供应链金融模式中农民专业合作社是贷款主体，其规模效应能够减少签订合同的次数，降低交易成本；且农民专业合作社相比农业龙头而言与农户的联系更加紧密，对农户的资信情况和信用水平更加了解，进一步降低了信息不对称风险。

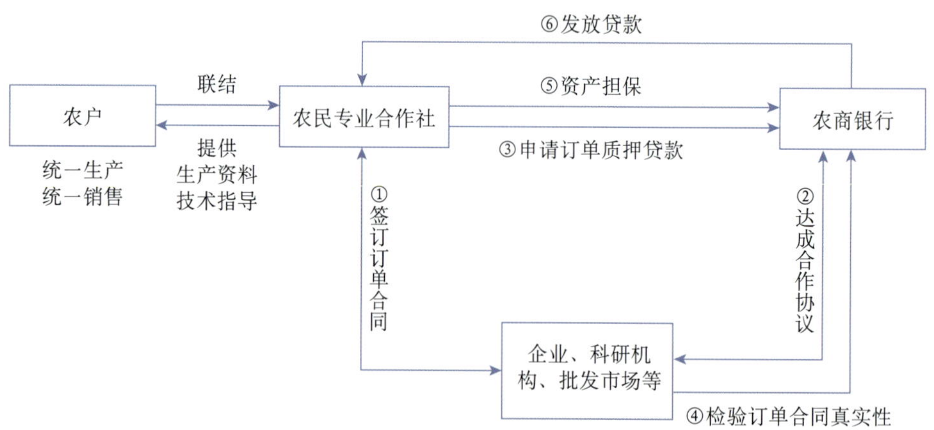

图 7－4　农民专业合作社为核心的供应链金融模式流程

该模式存在的主要问题在于：一是由于农民专业合作社的资金需求量较大，商业银行往往要求合作社进行一定的资产抵押担保，而大部分农民专业合作社无法提供有效抵押品，使得融资无法顺利进行。二是农户和农民专业合作社之间的财务产权划分并不清晰，存在财务权责不明确的问题，部分商业银行担心发生贷款追缴相互推诿的情况，"不敢贷"现象严重。

4. 电子商务企业为融资主体的供应链金融

电子商务企业为融资主体具备信息（大数据）优势和线上融资的成本优势，同时又具备对巨量农业产业的极强的整合能力、渗透能力、延展能力，可以说以电子商务企业为融资主体的供应链金融是一种全产业链的、全功能的供应链金融，既可以独立进行供应链金融的运作，也可以与其他种类的融资主体合作进行供应链金融服务（见图 7 –5）。

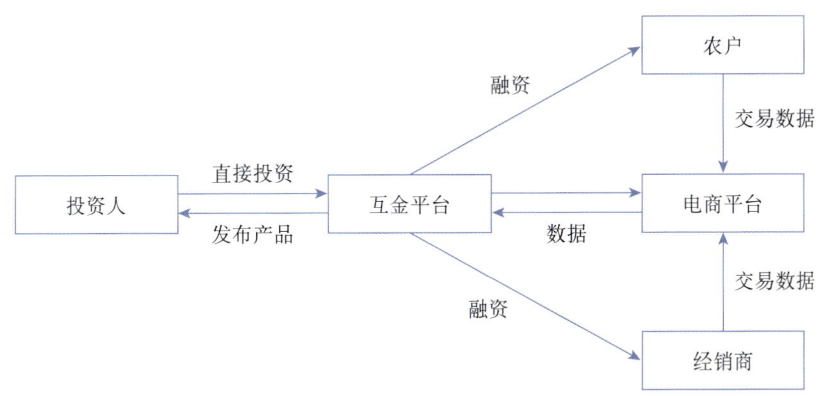

图 7 –5　电子商务企业为融资主体的供应链金融模式流程

该融资模式下，借款企业可以用极小的成本获得资金，有效缓解其流动性风险。由于信用融资的额度与企业本身的信用程度、经营状况有着直接联系，可以有效促进企业诚信经营、可持续经营，并以此来积累信用数据，电商平台的客户黏性大大增强，有利于电商平台获得商户对平台的反哺。目前，该模式已经成为供应链金融融资模式的发展趋势。

5. 动产质押融资模式（仓单质押模式）

根据《中华人民共和国担保法》的规定，动产质押融资模式是指企业将动产（包括商品、原材料等）存放在银行指定或认可的仓库作为质押物，质押物在银行监控下流动，据此向银行申请贷款的融资方式。商业银行开展的动产质押的农业供应链金融业务的具体运行流程分为贷款前贷款资格和贷款额度的确认、贷款发放与还款以及贷款违约处理等过程。（1）在贷款发放前，商业银行选定符合要求的仓储企业作为指定仓储机构，由仓储企业推荐与之合作关系稳定、有贷款需求的收购商，银行根据仓储企业的推荐对收购商进行统一授信，抵押品入库后，收购商向商业银行提出动产质押贷款申请。（2）商业银行委托仓储企业对贷款申请主体的抵押品存货进行资产评估，提供评估证明，银行、仓储企业和贷款申请主体共同进行核对，核对完成后银行根据实际仓储抵押品的评估价值，在其授信额度内为收购商发放贷款。（3）贷款发放后，仓储企业发挥监督职能，对存储于仓库内的抵押品存货进行监管，严格管控存货进出，定时与银行进行沟通，保持银行对质押物情况的了解，直至收购商还清贷款（见图 7－6）。

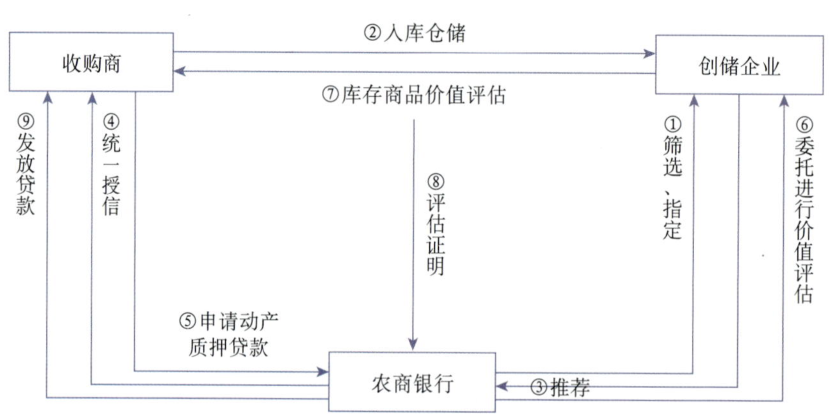

图 7－6　动产质押的农业供应链金融模式流程

相比传统的动产质押业务，在商业银行开展的动产质押的农业供应链金融业务中，仓储企业不仅起到协助银行监管质押物的作用，还借助农业供应链管理中的数据共享的优势，在贷前资格审查环节协助商业银行筛选收购商，商业银行根据仓储企业提供的信息进行统一授信，能够缩减审核流程。仓储企业发挥提供经销商信息、价值评估、存储和监管质押物等重要作用，因此在仓储企业的筛选至关重要。仓储企业的选择具体条件：在企业经营方面，选择生产经营合法合规、经营年限较长且经营稳定、资产负债率小于 70% 的仓储企业，在企业信用水平方面，选择没有逾期、欠息或抵押物查封等违约情况且信用等级“A 级”及以上的仓储企业。

该模式在一定程度上缓解了农业经营主体缺乏合规质押物、流动性资金周转困难的问题，但对农业资产评估公司和第三方仓储公司提出了较高的要求。由于农产品具有易腐性和非标准性，目前市场上对农产品资产价格的评估还没有统一标准，加之农业动产的变现能力较弱，仓储公司面临较大的质押物财产损坏风险及变现风险。

6. 应收账款模式

上游的中小企业将核心企业给它的赊账凭证（对中小企业来说是应收账款）转让给金融机构融资来进行自身的运营，若到还款期限中小企业不能还款，则金融机构可凭应收账款向核心企业收款。对于金融机构来说，还款来源相当于从中小企业转为核心企业，即第一还款来源是核心企业，第二还款来源才是中小企业运营所获利润，这就大大降低了贷款风险。在这种模式下，因为核心企业到期必须付款，对它来说付给中小企业和付给金融机构并没有什么差别，而它帮助了中小企业完成融资问题，提高供应链资金统筹效率（见图 7 -7）。

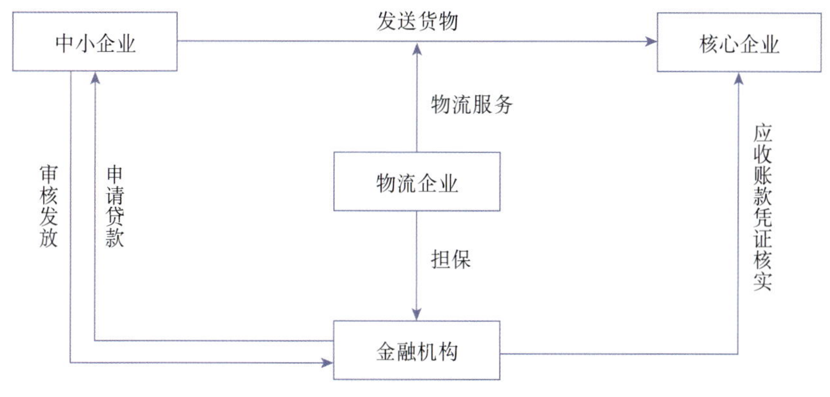

图 7 -7　应收账款融资模式流程

该模式的优势在于：一是引入第三方物流公司，能实时监督产品变动情况。二是如果经营主体发生违约，第一还款来源是供应链核心企业，银行贷款风险得到有效降低。但该模式对核心企业的还款能力具有较高要求，存在部分核心企业参与积极性不高的问题。

7. 保兑仓融资模式（预付款项融资模式）

下游的中小企业向金融机构上缴一定押金并凭借核心企业的信用向金融机构贷款，所获贷款即可向核心企业进货。为了确保中小企业融资是用于进货，金融机构引入第三方监管企业（一般来说是物流企业）对核心企业的货物进行监管，根据中小企业上缴的押金数目和核心企业的信用等维度考量对中小企业发放对应数量的货物，当中小企业将对应货物卖出获得销售额，便可向银行申请下一阶段要卖的货物，以此循环，直到第三方监管公司的货物储存量为零或者下游的中小企业不再提出进货需求（见图7-8）。在这个模式中，如果中小企业经营或信用出现问题，放在第三方监管企业的货物将由核心企业承担回收的责任。

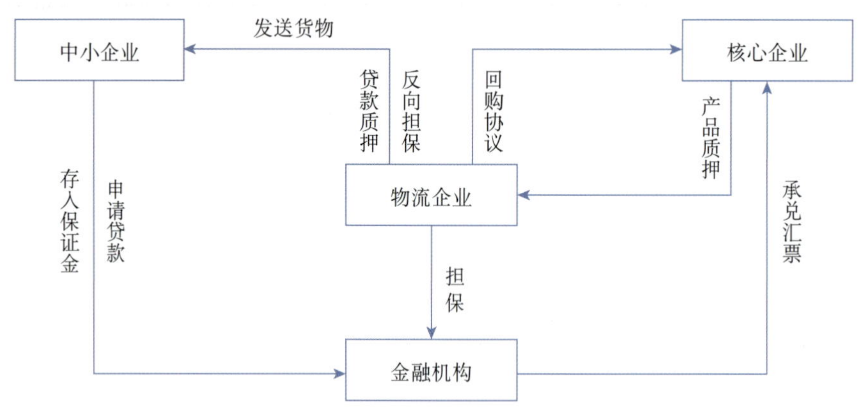

图7-8　保兑仓模式流程

该模式在一定程度上缓解了下游购销商在销售旺季资金周转不灵的问题，注重供应链上下游之间稳定的合作购销关系，但存在核心供应商信用风险较高、质押产品价格变动风险较大等问题。

（三）新型农业经营主体供应链金融的运行机理

1. 打造全产业信息平台，降低信息不对称

信息是经营主体延续其生产经营活动的关键，获取较多信息的主体将在供应链融资模式中获得更强竞争力，进而取得更多经济收益。George Akerlof（1970）在研究柠檬市场时将不对称信息分为契约签订前和契约签订后两类，认为契约签订前的不对称信息将引起逆向选择风险，契约签订后的不对称信息将引起道德风险。从信息不对称理论出发，新型主体供应链金融融资模式能形成有效的信息链，降低征信授权信息、金融信息、贷中监管信息的不对称性，实现农业供应链的稳定高效。

（1）降低金融机构征信授权信息不对称性。传统融资模式下，金融机构往往采用“实地尽调”“村民风评”等方式进行授信，由于农业经营主体相对分散，交通、通信、网络等基础设施不完善，线下征信需要投入大量人力和物力，金融机构征信授权

成本高，经营主体获取金融信息难。

供应链由农业产区或行政区内相互关联的农业生产资料供应商、农业加工企业、农产品销售商、相关农业组织与协会组合而成，在供应链融资模式下，供应链内部核心企业与经营主体都有较长时间的合作，供销关系较为稳定，核心企业对经营主体资信情况较为了解，一方面金融机构可以通过供应链核心企业或产业联合体间接了解经营主体资信情况，更准确地判断经营主体还款能力；另一方面金融机构可以利用第三方信息平台统计分析经营主体在供应链内的生产信息、供销信息、财务信息等，以此作为征信授权的依据，相比于传统融资模式更能降低征信授权过程中的信息不对称性。

（2）降低经营主体金融信息不对称性。传统融资模式下，农业经营主体往往通过金融机构物理网点获取贷款利率、贷款产品、政策补贴等金融信息，但由于当地金融网点较少、排队现象严重，经营主体获取金融信息渠道单一、信息有限。

农业供应链能有效整合当地特色产业的金融需求，一方面有助于完善金融机构涉农金融服务。通过搭建信息化平台，加快金融信息的传播推广，为供应链生产、加工、销售等环节提供全方位金融信息支持，方便金融机构根据当地特色产业的金融需求设计推出定制化的金融产品，提升供应链内农业经营主体获取金融信息的有效性和准确性，满足规模较大、种类繁多的农业经营主体的流动性和扩张性资金需求；另一方面有助于提升新型农业经营主体获取金融信息的主观能动性。农业供应链模式有助于金融机构对新型农业经营主体进行集中式金融知识普及，提升金融服务覆盖面和金融知识的普及率，缩减了金融机构与农业经营主体因供需信息不对称产生的鸿沟，降低经营主体金融信息不对称，促进现代农业产业的发展。

（3）降低金融机构贷中监管信息不对称性。传统融资模式下，由于农业经营主体规模小、数量多、贷款金额少，且资金流向较分散复杂，金融机构对主体的经营情况缺乏了解，监管难度大、耗费精力多、实际收益小，权、利、责关系体现不明显。

农业供应链融资模式有效缓解了传统融资模式下贷中监管信息不对称问题，一方面农业供应链具有空间集聚性，所有经营主体根植于当地特色产品，以龙头企业为中心开展生产经营活动，避免了传统融资模式下经营主体“一单一渠道”，金融机构只能通过亲自参观客户经营场所，调查公司生产设备运转情况、实际生产能力、产品结构情况、应收账款和存货周转情况、固定资产维护情况、周围环境状况等对经营主体贷款资金使用情况进行监督。农业供应链融资模式下，金融机构可以通过供应链的大数据平台及时获取经营主体盈利情况、供销进展情况、项目变动情况、有无风险预警信号等，极大地降低了金融机构获取经营主体贷款资金流向信息的难度。另一方面，农业供应链具有根植性特点，上、中、下游相对稳定的合作关系形成了相对完整的供销信息链，信息链所呈现的信息来源可靠、准确客观，金融机构可以通过大数据平台对经营主体历年数据进行对比，将来自贷款方的现时信息与贷款方的纵向信息或横向信息进行对比，判断贷款方提供信息的真实性，在一定程度上缓解了因信息失真造成风险管理的被动，方便金融机构对信息进行及时维护和更新，提高信息的时效性，有效缓解金融机构贷中的监管信息不对称问题。

2. 深化金融服务，降低交易成本

降低交易成本是经营主体实现利润最大化的关键。交易成本泛指促成交易发生而产生的所有成本，其覆盖面广、列举难。Williamson（1985）将人们在交往互换活动中为达成交易所支付的成本区分为事前、事中、事后三大类，认为事前成本主要包括信息搜寻成本，事中成本主要包括议价决策成本，事后成本主要包括监督违约成本。从交易成本理论出发，新型主体供应链金融融资模式能形成有效的价值链，降低贷前征信授权成本、贷中融资成本、贷后风险管控成本，满足农业供应链各方利益相关者的需求，推动农业产业可持续发展。

（1）降低金融机构贷前征信授权成本。传统融资模式下，金融机构往往采用“实地尽调”“村民风评”等方式进行授信，但由于当地农村基础设施不完善，客户群体相对分散，线下征信调查方式需要投入大量人力、物力、资金，获客成本、尽调成本、运营成本较高，尽调的精准性存疑，极大限制了普惠金融的下沉速度。

农业供应链融资模式有效降低了金融机构征信授权成本，一方面金融机构通过与供应链内核心企业或产业联合体合作，利用其与供应链内上、中、下游较为稳定的供销信息构建大数据信用评估平台，实现商品流、资金流、信息流的统一，通过对经营主体生产销售规模、经营效益、财务状况等线上信息的评估，即可对经营主体的资信情况做出客观判断，提升授信准确度的同时，极大节约了金融机构征信授权的资源成本。另一方面，相较于小农经营，农业供应链内经营主体间均具有直接或间接的合作关系，每个环节都具有较强的联系性和紧密性，供应链内核心企业与产业链中其他经营主体都有较长时间的合作，对其他经营主体的资信情况较为了解，以供应链内核心企业或产业联合体为信息中介，能简化金融机构征信手续流程，提升金融机构获取经营主体信贷信息的准确性，降低金融机构的信息获取成本。

（2）降低农业经营主体贷中的融资成本。传统融资模式下，由于农村物理网点较少，农村金融服务供不应求，经营主体获取金融服务往往需要通过第三方中介或前往

较远城镇的网点，金融市场信息获取难度大、成本高，农业经营主体获取正规金融信贷服务的能力弱，且农业经营主体普遍存在缺少合规抵押物、信用档案资料匮乏的问题，收入来源具有较大的不稳定性，借款人资信调查完全依靠银行独立进行，费用支出较大，营运成本偏高，直接导致农业经营主体融资成本的增加。

农业供应链融资模式有效降低农业经营主体融资成本，一方面运用“直销银行 + 信贷工厂”线上平台金融服务模式，突破金融机构营业网点时间和空间的限制，方便经营主体获取各类金融市场信息，降低农业经营主体获取金融市场信息的成本。针对供应链经营主体的特性，推出针对性信贷产品，对于符合准入标准的主体，以工厂化、模块化方式审批，提升贷款审批和贷款发放效率，极大降低了经营主体融资的“鞋底成本”。另一方面，农业供应链发展为金融机构提供了一种低成本、批量化、系统化的贷前授信和贷后管理解决方案，金融机构通过与核心企业或产业联合体合作，即可实现整体业务风险和收益匹配发展，金融机构成本和风险的降低有助于降低经营主体的融资成本，从而实现金融机构和供应链经营主体共同发展的双赢格局。

（3）降低金融机构贷后风险管控成本。传统融资模式下，由于农业具有高风险、低收益的特性，农业经营主体资产具有价值评估难、流转速度慢等特点，一旦农业经营主体出现违约，金融机构将面临巨大的坏账损失，“风控失实，坏账频发”问题明显。

农业供应链融资模式有效降低了金融机构贷后风险管控成本，一方面农业供应链对经营主体的农业资源和金融资源进行了有效整合，形成了较为完善的信息链，运用大数据平台可以从线上对经营主体的农资购买记录、贷款资金流向、供销交易情况等进行监测，加强贷后监管力，提升监管准确度，降低经营主体违约可能性。另一方面，农业供应链能充分发挥“产业联动，以大带小”的作用，有效联合当地政府、担保公司、保险公司实现“共担风险、共享收益”的良性循环，降低金融机构风险损失成本的同时促进金融机构授信范围的扩大，以供应链为纽带实现农业生产的多赢发展。

3. 构建自偿性融资体系，降低信贷融资风险

自偿性融资指的是融资资金只用于满足特定商品特定环节的资金需要，随着物质周转和销售过程的完成，将从销售收入中自动得到偿还的贷款。亚当·斯密在《国富论》中指出，商业银行的主要资金来源是流动性较强的活期存款，为保持与资金来源流动性相匹配的资产，商业银行倾向于将资产运用于短期自偿性贷款。从自偿性贸易融资理论出发，新型主体供应链融资模式能形成有效的资金链，增强农业供应链信誉

效应、共生担保效应、还款稳定性，有助于降低农业经营主体贷款的违约风险，保障金融机构信贷资金的安全性，提升金融机构的放贷积极性和经营主体获得贷款的可能性，解决农村信贷不足的问题。

（1）增强信誉效应。传统融资模式下，农业经营主体之间虽然有一定的合作，但多属于私人交易，合作黏性较低，交易数据复杂、信息不易获取、经营活动透明度低，金融机构获取贷款人真实交易信息的难度大、成本高，信贷融资风险大，“不敢贷”问题凸显。

农业供应链融资模式有效解决经营主体交易活动不透明的问题，增强了农业供应链的信誉效应。一方面由于供应链经营主体之间合作关系密切，交易信息难以伪造，有助于搭建大数据信息平台。金融机构可以通过平台低成本、高效率地监控融资主体的日常经营活动及现金流情况，从而构建全产业信用评估体系，提升贷前授信、贷中监管、贷后追查的便捷性和准确性。另一方面，农业供应链融资模式将中小经营主体与供应链核心企业进行捆绑，核心企业出于自身发展的需要愿意为供应链中小经营主体提供担保，供应链内信用记录良好、经营交易行为连续，但资金实力较弱、资产规模较小的经营主体可以凭借与核心企业稳定的交易现金流进行信用贷款。这种将供应链的核心企业和上、下游中小经营主体“捆绑”起来的融资方式，有助于提升供应链上下游中小经营主体的信用等级，提升经营活动透明度的同时，提高经营主体的交易能力。

（2）增强共生担保效应。农业经营主体具有规模小、资产少、缺乏合规担保抵押物的特征，在传统融资模式下，不符合银行对贷款人产权明晰、管理规范、有较强盈利能力和偿还能力的要求，加之农业本身受自然灾害和价格变动的影响较大，经营主体种植收益具有较大的波动性，还款来源不确定性较高。

农业供应链融资模式将小而散的经营主体进行整合，单个经营主体可以用应收账款、产成品等资产向上、下游大型核心企业或产业联合体进行抵押，核心企业对经营主体有较为充分的了解，在供应链中承担着经营主体应收账款债务人和债权人的双重角色，以此进行信用增级，提升经营主体的还款能力和农业担保公司、资产经营公司的担保积极性，形成“政府＋农合联＋银行＋担保公司＋保险公司”多元担保体系，有效降低了经营主体的收入波动性。

（3）增强还款稳定性。农业是我国的第一产业，作为国民经济中的重要产业部门，国家每年都会给予大量的财政补贴，但在传统融资模式下，由于缺乏相关政策引导及监督，常出现“专款私用”的情况，享受种地补贴贷款优惠的经营主体不种地，甚至存在利用农业贷款随意改变土地用途赚取其他收益的问题，导致真正需要农业贷款进行耕种生产的经营主体无款可用，农业贷款不良贷款率较高。

农业供应链融资模式有效解决农业贷款“专款私用”问题，增强农业贷款还款稳定性。一方面由于农业供应链具有规模化特征，当地政府及金融机构可以根据供应链特点有针对性地设计贷款补贴产品，通过考察从事某项专门业务经营主体的资金流动、资金周转量、资金运营效率等情况，推算该类经营主体的最高授信限额，增强金融贷款产品的实用性和针对性，提升资金的使用效率。另一方面，农业供应链发展有助于建立全产业信息化平台，并根据特定产业建立精细化管理机制。通过创新精准服务金融贷款产品，破解农业专项资金因种类多、渠道多导致的监管难问题，有助于政府及金融机构将当地产业集群的交易信息进行数据化处理，通过设置封闭贷款操作流程和单据控制保证农业贷款的专款专用，增加农业贷款的可偿还性。

（四）新型农业经营主体供应链金融面临的困境及挑战

1. 农业供应链金融总量供给水平相对不足

当前农业供应链金融的发展仍然处于相对初期的阶段，资金供给水平相对不足。部分核心企业对于采用供应链金融的方式仍然采取保留态度，农户与核心企业或组织之间的信任感较低，导致银行在采用供应链金融等方式获得信贷支持时的意愿较低，整体总体供应量不足。主要原因包括：第一，商业银行开展业务意愿不强烈。供应链金融的特点要求参与者对全产业链的了解要非常细致和充分，并且对底层资产控制能力和技术能力等方面的要求都很高，运营成本很难做到降低。资金成本方面，银行成本最低，但是自身受体制等因素限制又难以具备操作能力，而其他金融机构资金成本又偏高，这在一定程度上也增强了实际开展业务的困难程度。第二，农业企业与农户间的交易关系松散。农业供应链是一个环环相扣的整体，供应链中所有参与成员的关系较为紧密，通过稳定的交易来实现整体利益的增值，最终达成一种功能网链结构。理论上这样的网链结构会使供应链各参与成员间关系更为紧密，合作更为密切，但现实刚好相反。目前，我国市场上农业企业与农户之间更多的是短期、松散的业务合作关系，自由贸易，价格随行就市，双方不签订任何协议合同，总的来说，农业供应链的数量和质量都还需要进一步加强，不然无法满足市场需求。第三，龙头企业综合实力不强。目前我国的龙头企业都还没有达到农业供应链金融运行的要求，呈现规模小、发展慢、平均水平不高的特性，龙头企业难以带动农业供应链金融的高效运行，供应链其他成员能够从中获得的收益达不到预期水平，从而影响他们参与运行的积极性。同时，目前的龙头企业对农村经济发展的贡献也不大，综合实力不够强的龙头企业在产品质量、生产技术、操作水平、品牌价值及产品价格等方面都未达到要求水平。第四，担保质押品风险大。现有农业供应链融资模式虽然从理论上提出以农用动产、应收账款、保兑仓等为质押品，由第三方物流企业提供仓储服务，以此盘活农村动产，缓解农业经营主体缺乏合规抵押物的问题，但现实中由于农产品及农机设备价值评价标准不统一、价格波动大、储存难度高，且我国物流企业数目多，专业水平参差不齐，常常因为储存物变质、货物丢失等管理不当问题引发纠纷。当借款人无法履约时，容易出现农业资产估值不一、转手变现能力弱等情况，质押物贬值或流通性较弱将影响第三方主体资金的回收，进而造成商业银行的坏账损失，导致农业供应链生物资产抵押担保难困境难以破解。

2. 农业供应链金融信息不对称问题尚待解决

随着供应链转型升级带来的多产业融合发展、供应链延伸和供应链生态圈的扩大，供应链上的经营主体及相互业务往来会越来越多，这会形成非常多的新的委托代理关系，其中必定存在的操作风险、欺诈风险，意味着更多的信息不对称。因此，获取准确及时的信息是供应链金融运行的第一要素，信息技术的充分利用是供应链金融运行的重要保障，也应该是供应链金融业务实现突破性发展的催化剂。当前，尽管互联网、大数据等信息技术迅速发展，但农业供应链金融总体上对信息技术的利用能力不足，主要表现在：第一，信息技术运用能力较低。除了极个别实力强大的核心企业集团具有专门的信息技术处理部门，能够在一定程度上实现本集团供应链资金流、物流和信息流的闭环运行，大多数供应链上的经营主体对信息技术的利用能力非常有限。第二，平台信息难以兼容共享。金融机构、核心企业、物流公司、电商平台等经营主体可能具有较好的信息技术手段，但是他们各自应用的技术往往并不一致且相互不能兼容，供应链金融中所需掌握的资金流、物流和信息流无法实现及时有效的对接和比照，这也导致农业供应链金融的风险控制手段一直没有取得突破性创新，难以有效提高供应链金融服务的效率。第三，交易数据真实性尚待完善。目前的供应链金融业务中，资金端除了担心企业的还款能力和还款意愿以外，也很关心交易信息本身的真实性，而交易信息是由核心企业财务系统所记录。部分银行依然担心核心企业和供应商/经销商勾结修改信息，因而需要投入人力、物力去验证交易的真伪，增加了额外的风控成本。

3. 农业供应链金融存在区域及行业竞争限制

一是区域限制明显，农村商业银行等中小型金融机构仅局限于局部供应链。随着农业产业化的迅速发展，全链供应链金融发展已经成为主流方向。然而，根据现有政策规定，农村信用社或农村商业银行只能够在本县域范围内开展信贷服务工作，难以跨地域、跨省份开展相关业务。此外，全产业链发展往往并不局限于单一省份、单一地域，而是形成全国性的业务网络。因该类政策规定导致全国性的商业银行和股份制银行相较于农村商业银行而言具有天然优势，能够支持不同省份不同地域的供应链主体，故能够形成具有包容性的覆盖面更广的供应链金融体系。此外，随着互联网金融的快速发展，在线供应链金融发展较为迅速，互联网金融公司可以打造自己的供应链平台，供应链金融总体上越来越丰富多元化。核心企业及农户可以通过互联网平台或App 直接获得信贷支持，而互联网公司也可以通过网络有效覆盖全国范围内的信贷需求，激发潜在需求，整合行业内部资源，开展全国性甚至国际性的农业金融合作。农村商业银行则只能对农业供应链的局部主体进行支持，市场范围的局限阻碍了农业供应链业务的有效开展。因此，农村商业银行的地域限制、区域限制与农业的全产业链发展存在政策壁垒，局限了农业供应链金融的快速发展。

二是行业竞争不充分，农村商业银行等中小型金融机构存在竞争劣势。大企业为核心企业开展农业供应链金融业务，特别是国有银行和股份制银行具有资金价格优势，且有能力掌握核心企业的主要账户交易流水账户等数据信息，仅为核心企业提供简单的存货和应收账款质押融资就可以低成本、低风险地做大额的全链供应链金融业务。但是，大多数中小金融机构是区域性的，中小银行未必可以获得核心企业及上、下游中小经营主体的主要资金账户信息，因而无法了解企业经营全貌和产业发展图景，此时供应链金融的信息甄别机制、偿贷激励机制和抵押替代机制都难以发挥作用，中小银行开展局部供应链金融的能力不足，服务中小经营主体仍仰赖传统的尽职调查、抵押担保等方法。

4. 农业供应链金融风控体系不完整

一是存在行业及区域系统性风险。在正常情况下，农业供应链的良性循环运行能够提高农业现代化程度，产生高绩效，这正是农业供应链的优点所在。但在不利的自然条件、市场条件和生态环境下，农业的脆弱性会导致农业供应链积累系统性风险。例如，大面积的干旱、土地污染和农产品的滞销就很有可能在供应链积聚系统性风险。

农业供应链的系统性风险可能进而形成供应链金融的整体性风险。通过供应链对区域内其他产业的辐射和渗透，以及对行业内相关产业的辐射和渗透，这种整体性金融风险在一定的条件下会引致区域系统性金融风险和行业系统性金融风险。类似于系统重要性银行对系统性金融风险的贡献，农业供应链的产业规模越大，农业供应链金融可能形成的整体性风险越大，可能引致的区域系统性金融风险和行业系统性金融风险也就越大。例如，在新冠肺炎疫情初期，疫情对粮食生产及物流运输造成严重影响，多类特种经营养殖行业关停，供应链中相关农户、合作社及企业均遭受损失，其偿还贷款能力受到影响。

二是存在质押担保物贬值和流通风险。农业供应链风控常采用担保抵押模式，一般由第三方物流企业提供仓储服务。首先，目前我国物流企业数目多，专业水平参差不齐，容易出现管理不当、货物丢失、储存物变质等问题。其次，当借款人无法履约时，就涉及质押物的变现。如果质押物贬值或流通性不强，也会影响到平台的资金回收。

三是风控系统和风险数据库尚未建立。成熟的供应链金融风控体系包含三个层次：数据层、实践层、技术层。其中，数据层包括风控主数据的获取、风险数据的拓展、数据的维护；实践层包括高效的在线审批、精准及时的事中风控；技术层是指利用先进的模型科学地处理和分析数据，帮助预测和决策。完善的风险主数据管理使风控数据维度更完整全面、信息提取更高效，避免人为因素干扰。《2017 年中国供应链金融调研报告》中的调研显示：目前在我国所有的供应链金融企业中，只有 10% 的企业已经建立了领先的风控系统和风险数据库，并以此为基础利用大数据分析技术构建了风险预测模型；63% 的企业正在将数据分析、IT 技术与传统风控流程进行融合进而提升风控能力；仍有 27% 的企业依赖传统的风控方法和工具。以上是我国供应链金融参与主体的整体情况，细分到农业领域的情况会更加不乐观。

5. 农业供应链金融相关配套服务体系不健全

由于供应链上各经营主体之间具有高度关联性，核心企业的风险会被放大为整个供应链的系统性风险。良好的风险控制机制需要完善的供应链金融生态圈支持，它既包括作为金融服务需求者的农业供应链上生产、加工、流通、销售等各环节经营主体，也包括作为金融服务提供者的银行、担保公司、租赁公司、保理公司、贷款公司、支付公司和互联网金融平台等各类金融机构，还包括作为第三方服务机构的征信系统、动产评估和抵押登记机构、动产处置机构、信息化服务平台、财务管理咨询服务机构等，当然还包括相关的监管和执行部门。

第三方平台通过领先的信息技术和供应链解决方案，成为联系各方的重要服务纽带。信息协同型平台，通常由具备技术优势的服务商整合产业链条上的信息流，建立可以快速向供应链金融参与方响应的交易系统或信息平台。通过打破信息壁垒，信息平台可以对交易信息进行准确、真实的反馈，并可以协助实现动产抵押、质押和追踪质权所有权的流动，从而进一步降低参与方的风险。标准化的信息平台通过与具体场景或进行行业定制化结合，有可能服务于更多的中小企业，推动供应链金融进一步实现降低资金成本、提高资金周转效率、促进经济发展的终极目标。目前在供应链金融服务配套领域，欧美国家具有相对丰富的经验。

Prime Revenue（PR）是一家美国供应链项目服务商，其云平台为供应链中的买方、供应商提供有针对性的定制化金融服务。PR 和企业应用软件解决方案供应商 SAP Ariba 创建了一个闭环系统，通过结合各方关系、转账以及财务数据链接采购与融资，并为买方与供应商提供现金流的优化方案、促进交易双方的合作关系。核心企业与供应商可以在这个平台上兑换发票与账款，供应商拥有自助工具将获得核准后的应收账款兑换成现金流。

DEMICA 是一家荷兰供应链金融服务商。它帮助客户延长应付款的天数或是获得提前付款的优惠，并帮助供应商寻找更低成本的资金。DEMICA 专业服务于非投资级项目以及跨国运营企业。通过独特灵活的技术平台和创新性架构，DEMICA 为每一位客户提供量身定制的供应链金融解决方案。DEMICA 为国际保理商联合会（FCI）开发了一款以买方为中心的确认应付账款融资平台 FCI Reverse，基于反向保理业务并围绕核心企业开展供应链金融服务。

6. 针对新型农业经营主体的供应链金融产品明显不足

近年来，新型经营主体数量稳步增长，集约化生产逐渐形成趋势，未来我国的现代化农业生产中农民合作社等合作组织的作用会愈加显现，这会为产业整合建立组织形式的基础。然而，目前针对新型经营主体的农业供应链金融项目相对较少，相对于普通农户新型经营主体，单笔交易金额较大，资金回收时间较长，特种经营业务较多，因此其在业务特点、资金需求等方面具有独特性。然而，目前农村供应链金融所提供的信贷服务同质性较为严重，缺乏对特定农产品、特定新型经营主体的支持。因此，商业银行应积极参与建立农业产业链上龙头企业与家庭农场、农民合作社、农户等生产主体间的利益联结机制，创新定制化、个性化的供应链金融服务模式，增强整个农业产业链上各经营主体的金融资源承载力，提升新型农业经营主体、农户、中小企业、建档立卡贫困户等主体的融资可得性，切实推动农业向产业化、规模化、集约化、专业化方向发展。

7. 第三方主体担保风险大，发展良莠不齐

现阶段农业供应链融资模式虽然有第三方主体承担金融机构和供应链经营主体之间的桥梁纽带作用，在一定程度上降低了金融机构贷款风险、提升了金融机构的放贷积极性，但第三方主体通常由单一新型农业经营主体担任，新型农业经营主体以营利为目的，出于自身利益最大化考虑，很难从整个供应链发展角度合理分配金融机构授信额度。加之我国新型农业经营主体发展还处于起步阶段，大部分新型农业经营主体还没有达到农业供应链运行的要求，呈现规模小、发展慢、平均水平不高的特性，常出现第三方担保主体自身综合实力不强、担保积极性差、担保能力弱、发展良莠不齐、稳定性不高等问题。这些新型农业经营主体难以带动供应链其他中小经营主体高效运营，进而造成农业供应链生产技术弱、产品质量差、品牌价值低等问题，难以实现农业供应链预期发展的效果。

8. 供应链融资模式侧重环节有待调整

促进农业产业技术发展对推动农业产业结构调整和升级具有重要作用，但金融机构在支持供应链融资的过程中往往更倾向投资于回报率高、资金回笼速度快的稳定环节，如农产品收购销售环节、生产种植面积扩大设备机器采购等，这些环节能迅速作用于农业产业生产，提高农业产业产值和规模的同时有助于银行及早收回贷款，获得贷款收益。对于产业数字化信息平台建设、农业生产技术研发、农作物品种改良、农业基础设施改善等投入大、见效慢、风险高的环节，金融机构则往往不愿意给予信贷支持，但这些不受金融机构融资青睐的环节正是推动供应链结构升级、实现农业生产现代化的基础和先决条件，因科研技术、基础设施、信息平台搭建等环节缺乏资金支持，农业供应链结构调整升级进度缓慢、成效甚微、采取措施普遍治标不治本。调整金融机构支持供应链融资模式的侧重环节，加快金融机构对供应链技术升级的资金支持是发展供应链融资模式迫切需要解决的问题之一。

八、金融支持农业经营主体的国际经验分析

（一）农业金融发展的全球趋势

到2050年，全球食品需求将增长70%（世界银行，2019），这意味着从现在起全球每年对农业需要投入高达800亿美元，而其中绝大部分将来自私营部门。农业金融服务的作用不仅仅在于为农户和企业提供融资和保障，支持其生产和贸易活动增加社会财富，还要为农业的结构性改革提供资金，促进规模化和商业化，提高生产率和资源使用的效率。未来农业的进一步集约化和信息化需要更大规模、可持续的投资，用于与农业生产和物流相关的基础设施的开发和运营①。

然而，近30年来农业在中低收入国家信贷总量中所占的比重有所下降（见图8－1）。相比农业对GDP增长的贡献，发展中国家的金融机构为农业所提供的资金支持是不成比例的。2017年农业活动吸纳了全球2.9%的商业信贷，在过去10年中虽略有上升，但仍低于农业对全球经济增长的贡献率。半数以上国家农业吸纳信贷的比例不足

① World Bank Group. Agriculture Finance & Agriculture Insurance［EB/OL］.（2020－10－08）［2021－06－10］. https：//www. worldbank. org/en/topic/financialsector/brief/agriculture －finance.

3.5%。发达国家的农业信贷定向指数（AOI）①普遍高于发展中国家，这可能是由于发达国家的大型有组织农业相对发展中国家小农户经营模式具有融资优势。全球 AOI 指数最高的经济体包括：德国（5.3）、比利时（4.7）、法国（3.6）、新西兰（2.7）、意大利（2.5）和加拿大（1.4）。发展中国家 AOI 高于 1 的国家包括：乌拉圭、赞比亚、白俄罗斯、巴拿马、阿根廷、斯里兰卡、吉尔吉斯斯坦、伊朗、马尔代夫和玻利维亚（见图 8-2 红色圈内）②。AOI 指数可以为我们选取农业金融有价值的国际经验样本提供参考。值得说明的是，美国作为农业大国尽管 AOI 指数仅为 0.8，但其拥有完善高效的农村金融体系。AOI 指数的计算倚重商业银行信贷，而美国多渠道的农业融资更多依赖于合作金融。

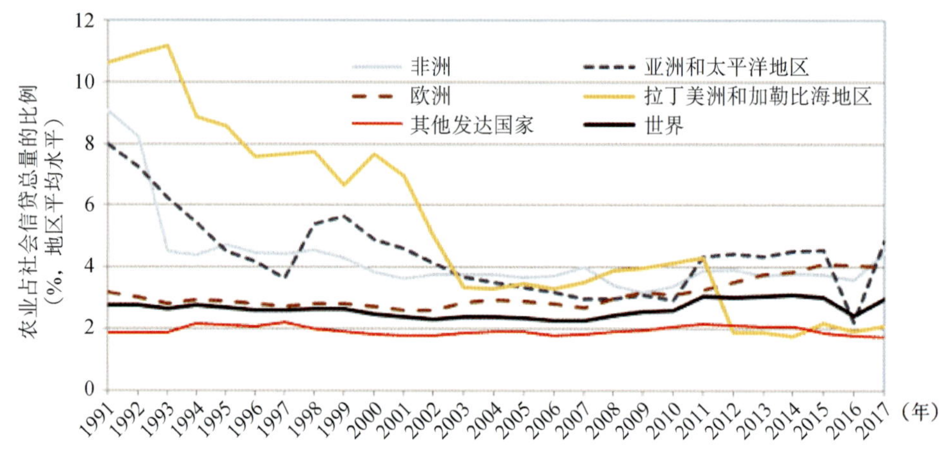

图 8-1　全球各地区农业占社会信贷总量的比例

资料来源：FAO http：//www. fao. org/economic/ess/investment/credit/ir/.

制约发展中国家农业金融服务的主要因素包括：（1）农业生产、市场和价格等方面的高风险性；（2）缺乏协调有效的农业和金融政策；（3）融资和金融监管成本偏高，特别是对偏远和不发达地区的农业经营者而言；（4）缺乏有效的风险防控工具；（5）农业价值链的碎片化和不成熟加大了融资难度；（6）金融信贷部门缺乏对农业的了解，而农业推广人员负责发放信贷又缺乏金融专业知识。

① AOI 指数（Agriculture Orientation Index for Credit）是农业吸纳商业银行信贷率和农业对该国 GDP 的贡献率之比。它可以较为准确地反映商业银行对农业金融的重视程度，即：如果 AOI 值低于 1，说明农业获得的商业信贷量低于其对经济的贡献程度；反之，指数数值越高，说明农业获得的商业信贷支持越多。

② Food and Agriculture Organization of the United Nations. Credit to Agriculture [EB/OL].（2018-08）[2021-06-10]. http：//www. fao. org/3/cb2284en/cb2284en. pdf.

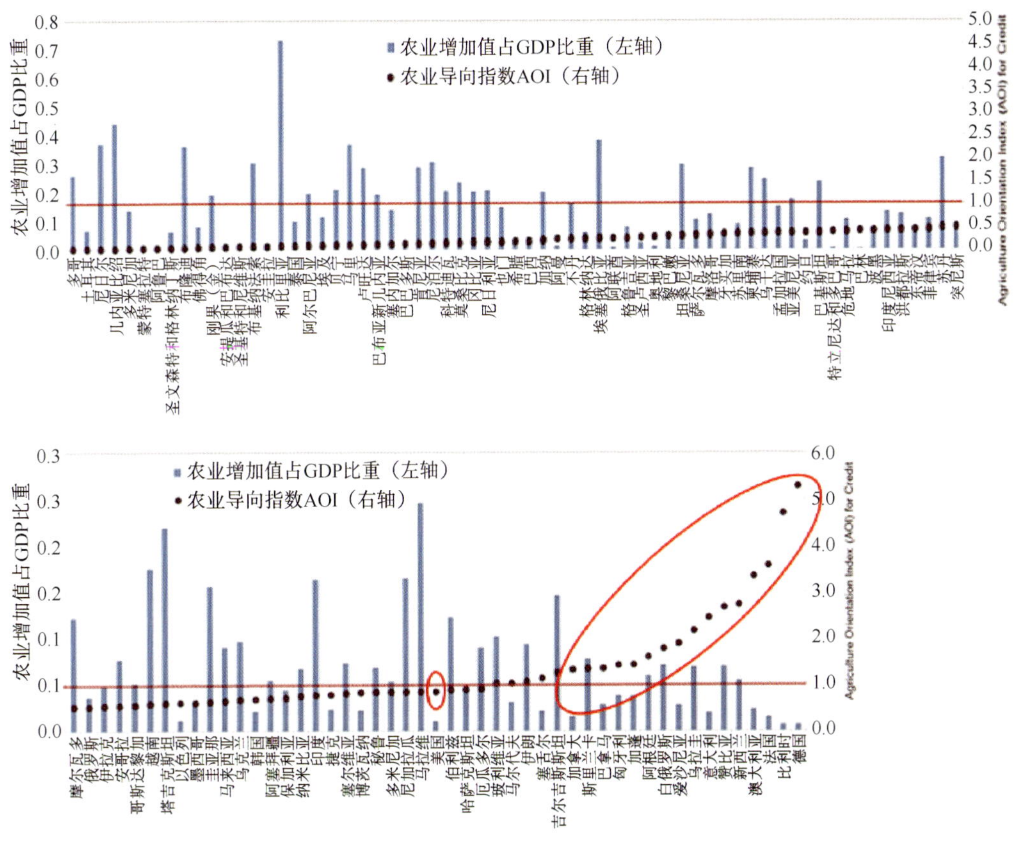

图 8－2　全球农业导向指数（AOI）2012—2016 年均值

资料来源：FAO http：//www. fao. org/economic/ess/investment/credit/ir/.

（二）金融支持农业经营主体发展的国别实践

近代工业化进程中世界农业发展可以分为如下三个不同类型（温铁军，2009）。第一，以美国、加拿大和澳大利亚为代表的资源禀赋充沛的大农场农业：客观条件有利于实现农业规模化、资本化，落地的模式就是公司化和产业化。第二，以欧盟为代表的中小型农场农业：人均资源相对有限，且 60% 的农场由兼业化中产阶级市民经营，导致农业普遍没有自由市场体制之下的竞争力，但注重资本化与生态化相结合，走发展绿色农业路线。第三，以日本和韩国为代表的东亚传统小农经济：人地关系高度紧张，需要国家战略指引和政府干预，通过对农村人口全覆盖普惠制综合性合作社体系来实现社会资源的资本化，从而维持农业和农村稳定发展。

发达国家农村金融组织体系相对发达，金融机构性质可以分为：第一，政策金融。

市场经济国家的一个共同特点是使农业财政政策和金融政策相配合，实现对农业的支持[①]。通过组建政策性金融服务机构、完善相关立法、扩大服务范围、拓宽资金来源渠道、完善管理和补偿机制。第二，商业金融，既包括生产性贷款融资，又包括支持农业产业化经营的技改信贷、进出口结算等金融服务，还有保险、证券、咨询、代理等服务。前提条件是，商业银行具有雄厚的资金实力、健全的组织体系和广泛的服务能力，而且农业产业比较发达，有较高收益。第三，合作金融。完善规范的合作金融体系可以为满足农业经营主体最后一公里的资金、风险管理和服务需求方面提供强有力的组织保证。农业现代化国家的一个共同特点，就是合作社和专业组织在农业农村发展中发挥长期而重要的作用。第四，复合型金融。农业信贷资金由几种不同性质的金融机构共同提供，例如，政策金融、商业金融和合作金融机构并行，分工明确、相互补充。这种制度选择有三个条件：农业经济规模大，需要多种类型金融机构的服务；农业发展对信贷的需求多样化；单纯依赖商业银行，难以完全承担农业信贷的风险和资金需求。

本部分主要介绍德国、美国、巴西三国金融支持农业经营主体经验。

1. 德国经验

德国是世界上最早创建农业金融制度的国家。在德国信贷市场上，信用合作社所占市场份额居首位，是农村信贷的最大提供者。德国储蓄银行业所属的金融机构，在信贷市场中位居第二，其载体是区域性或社区性的。德国农村信贷市场的特殊信用机构包括德国垦殖和地产抵押银行、复兴信贷银行、农村地产抵押银行等 16 家金融机构[②]。其中：

德国农村地产抵押银行，是德国政策性银行，具有特殊功能的金融机构，建立之初的资本主要来自财政资金和一些特别基金，其主要任务是满足农、林、渔业，以及食品行业的信贷需求。

德国垦殖和地产抵押银行，是一家半私有化的金融机构，主要为有利于农村经济结构改善的各种投资计划提供中长期融资，包括农业生产性建筑的建造和维修、农业机械设备购置、农业地产的购置、农产品加工贸易、农业生产资料的生产、乡村住房建设，以及村镇整治等。其资金来源主要是吸收存款、金融机构间借款、信托资金、

① 王姮．农业产业化融资体系研究［M］．北京：中国农业科学技术出版社，2010.
② 王姮．农业产业化融资体系研究［M］．北京：中国农业科学技术出版社，2010.

发行抵押债券、联邦抵押债券、地方债券和其他有价证券募集资金。该银行同时还负责联邦政府的扶植性低息贷款的管理。其信贷业务最典型的特征是：（1）将无论生产规模大小的农村经营主体一律作为工商企业对待，并对农村企业提供咨询等多方面服务，帮助它们向联邦政府申请贴息和低息贷款。（2）支持农村各个行业，推进农村经济综合发展。（3）为私人客户提供融资，支持新建、购置和整治住房，并对与住房有关的各种债务转换提供融资；向其他银行提供与农村经济活动有关的业务进行再融资，向农村贸易及服务企业提供贷款、农产品加工和农业生产资料生产企业贷款、种养企业贷款以及农村内的环保和旅游资源开发，80%左右的种养贷款期限长于4年①。

德国复兴信贷银行和德国工业银行。两家金融机构以发展援助方式，向有利于促进德国经济发展的项目提供低息借款和担保，并向中小企业提供中长期贷款。其主要业务领域不在农业或农村，但在农村信贷市场也有一定地位。

在德国农村信贷市场上，除了以上机构，农业生产资料贸易商、保险公司、住宅储蓄贷款银行，以及民间借贷也发挥着重要作用。例如：在农业企业短期融资方面，生产资料贸易商（如大型农机具的经销商）通常以延期付款的方式向农业企业提供信贷，借款企业一般要承担较高的利率。保险公司不仅为农业企业经营者提供人寿保险，也为金融机构对农村企业贷款提供信用保证保险，有助于农村企业的短期流动性资金融资②。

2. 美国经验

美国作为农业现代化国家，农业资金的主要来源是：以政府为主导的、以农村合作金融为主体的复合型信用模式，经过多年发展已经形成了包括政策性金融、合作性金融、商业性金融以及农业保险在内的多层次农业金融体制。美国64%的农业信贷来自银行、保险公司和其他私人资本。美国农业部为农民提供的直接贷款约占4%，为部分私人农业贷款提供4%的担保。联邦政府为农村信贷系统和其他的政府扶持企业提供免税和其他福利，鼓励他们向合格的农场发放商业贷款。

以1916年美国创建联邦土地银行为标志，美国逐步建立了农业金融体系③。1923年，美国联邦政府颁布《1923农业信贷法》，建立了联邦中期信贷银行，1933年又成

① 王姮．农业产业化融资体系研究［M］．北京：中国农业科学技术出版社，2010.

② 赵双剑．美国农业金融体系研究及其对我国的启示［J］．改革与战略，2017，33（05）：157－160.

③ 中华人民共和国商务部驻美国经商参处．美国现代农业金融支持体系［EB/OL］．（2016－03－21）［2021－06－11］．https：//m. huanqiu. com/article/9CaKrnJUH5W.

立了信贷协会，主要向农业合作社提供贷款和咨询服务。为发挥国家金融手段对农业的扶助作用，政策性农业信贷机构逐步建立。1933 年成立的生产信贷协会，其主要任务是对农产品进行价格支持或对农产品生产者进行补贴，以此稳定生产和经营者收入。1935 年，农村电气化管理局成立，主要职责是加快农村电力通信建设，缩小城乡差距。此后，又成立了农民家计局——政策性农贷机构，直属于美国农业部。1938 年，联邦政府颁布《联邦农作物保险法》，1953 年成立小企业管理局，专门负责对小企业提供贷款服务。迄今，美国已经形成政府主导、多层次、全方位的金融体系，通过政府补贴、增加农业贷款和农业生产社会化等多种渠道，为农业现代化提供资金保障。

美国的农村金融制度框架包括四个层面，各层面之间分工明确、配合紧密①：

（1）政策性金融机构是美国农业金融的重要组成部分（包括农民家计局、农村电气化管理局、小企业管理局、商品信贷公司）。联邦住房贷款银行体系和美国进出口银行分别在相应领域构成对农村政策性业务的补充。这些金融机构资金主要来源于政府提供的资本金、预算拨款、贷款周转资金和部分借款，他们负责提供一些商业银行和其他贷款机构不愿提供的贷款，在贷款对象上各有侧重。其主要功能是为农业生产及有关活动提供信贷资金和服务，并通过信贷活动调节农业生产规模和发展方向，贯彻实施农村金融政策，控制农业发展规模等。

（2）合作性金融机构主要由联邦土地银行、联邦中期信贷银行和合作社银行三大独立的系统组成。这三个系统起初都是政府出资、采用自上而下的方式组建起来的。随着政府资金的退出，三大系统成为农场主所有的真正意义上的合作金融组织。其中：①联邦土地银行系统下设许多联邦土地银行合作社，每个合作社由众多农场主出资组成。联邦土地银行的资金主要来源于会员缴纳的股金（联邦银行合作社须向所在联邦土地银行缴纳一定比例的股金，以此取得会员与借款的资格）、发行联邦农业债券和借款。联邦土地银行的资金用途主要是为个体农场主提供长期不动产贷款。②联邦中期信贷银行系统的结构与联邦土地银行类似，由 12 家联邦中期信用银行及其下设的 440 家生产信用合作社组成。联邦中期信用银行只对下设的生产信用合作社贷款，然后由生产信用合作社向个体农户提供贷款。生产信用合作社与联邦土地银行合作社的贷款对象基本相同，不同之处在于，生产信用合作社可以直接向农场主提供贷款，而联邦

① 中华人民共和国商务部驻美国经商参处．美国现代农业金融支持体系［EB/OL］．（2016 - 03 - 21）［2021 - 06 - 11］．https：//m. huanqiu. com/article/9CaKrnJUH5W.

土地银行合作社只协助其上级联邦土地银行办理贷款事宜。生产信用合作社提供的是中、短期贷款（1—7 年），而联邦土地银行合作社只是协助其上级联邦土地银行办理长期贷款（5—40 年）。③合作社银行系统也是在 12 个农信区各设立一个合作银行，但与联邦中期信用银行系统不同的是，合作银行系统还拥有一个中央合作银行，为业务范围超过一个农信区的大型合作社提供金融服务。

（3）商业金融机构一般不愿参与风险大、收益小的农业投资。美国联邦政府为鼓励商业银行进入农村市场、防止农村资金外逃制订了一系列优惠政策，如：为涉农贷款占信贷总量 25% 以上的商业金融机构提供税收优惠、提供涉农贷款利率补贴等。商业银行在美国农业金融体系中的作用已经由传统信贷业务逐步转型为向农场主提供咨询服务、专业农场管理、土地租赁及房地产评估等中间业务。

（4）农业保险体系是以联邦农作物保险公司、私营保险公司、保险代理人和保险查勘人为主体的多元化保险体系。美国的联邦农作物保险公司主要负责规则制定、风险控制以及监督稽查等，并不直接参与保险业务的经营；私营保险公司则在联邦农作物保险公司的指导和监督下承担农作物的保险业务；保险代理人和保险查勘人，可分为独立人员和私营保险公司的雇员，他们负责农作物保险业务的具体工作。在这种多元农业保险架构里，政府依然发挥着决定性的主导作用，主要体现在四个方面：一是法律支持，美国早在 1938 年就颁布了《联邦农作物保险法》，为农业保险业务提供了法律依据。二是补贴支持，政府为承担农业保险的私营保险公司提供一系列的保险补贴和业务补贴，并在农业保险的推广和教育方面提供了大量经费。三是再保险，政府主要通过联邦农作物保险公司向私营保险公司提供再保险和超额损失再保险等支持。四是税收支持，按照《联邦农作物保险法》的相关规定，政府对农作物保险免征所有税赋。

美国农村金融制度具有四个特点：

第一，农村金融体系独立性。除商业金融机构外，合作金融自成体系，但要接受农业信贷管理局的监督和管理，和联邦储备系统及各联邦储备银行之间没有隶属关系。美国依据农作物的种植规律，将全国分为 12 个农业信贷区，每个区都设有一个联邦土地银行、联邦中期信贷银行和合作社银行，由联邦政府的独立机构——农业信贷管理局负责监管。农业信贷系统的全部方针政策由联邦农业信贷委员会负责，而农业信贷管理局负责具体执行、日常督促和全面协调。农村信贷大量资金来源于金融市场，合作系统的协会和银行不办理一般的存款和储蓄，信贷资金大部分来源于国家在金融市场上出售有价证券，连属于政府农贷机构的农民家计局的信贷资金也主要依赖于在金融市场上发行债券进行筹集。由于基本不与商业银行混业，可以有效地防止银行由于追逐利润最大化而对农业造成金融排斥。

第二，联邦政府给予农村金融体系支持。农业生产投资大、见效慢，即使在美国这样的发达经济体中也属于高风险行业。从农村金融机构成立之初的注资，到担保债券和补贴亏损，美国联邦政府通过健全的措施保障了其农村金融体系的稳定。比如：美国联邦土地银行最初80%的股金主要是政府拨款，而政府农贷机构的资金绝大部分来源于财政的拨款或借款。联邦农业信贷具有覆盖全国、利息低、还款周期长的特点，服务对象主要是那些难以从商业银行获得资金的中小农场。此外，联邦政府还给予农场主税收优惠，以及促进需求和扩大出口的政策扶植。

第三，机构多样，分工明确。商业性金融机构、合作性金融机构和政策性金融机构可以并存发展，既相互竞争，又互补合作。商业银行主要负责提供生产性的短期贷款和期限不长的中期贷款；联邦土地银行专门负责向农场主提供长期抵押贷款；联邦中期信贷银行负责为服务性金融机构提供资金；政府农贷机构主要负责为有社会公益性质的农业项目投资，如兴修水利、改良土壤、灾害补贴等。

第四，法律完善、组织健全。美国的法律体系中包括农业信用法案、农业贷款法案等，既将农村金融纳入法制监管，又通过法律界定了农村金融和商业金融的关系。美国农业支持政策每隔5年重新评估并以国会法案形式重新审定。美国于2008年通过《农业法案》，并于2014年进行了修订，在农产品价格、环保、农户收入保证、税收优惠、金融和保险扶持等方面形成了一套完整的政策支持体系。联邦政府在农业信贷管理局下设农业信贷委员会，负责制订具体政策。前者属于美联储，后者属于美国农业部。

美国的农村金融体系在美国农业发展中起到了以下作用①：

第一，为农业现代化提供了全方位的支持，主要包括：对农业基础设施的投入和补助；对农产品价格和农民收入的补贴（成立了农产品信贷公司）并实施“直接收购”和“无追索权贷款”，其中价格补贴是美国农业扶持政策的核心，政府补贴收入一般可以占到农场主当年收入的15%—24%，最高补贴比率可达63%；金融保险支持。在美国服务农业金融体系中，农业服务署（政策性金融机构）的份额占21%，主要实施低成本、差异化的经营战略。农业服务署向农场主或农民发放贷款，只需向当地监

① 中华人民共和国商务部驻美国经商参处．美国现代农业金融支持体系［EB/OL］．（2016－03－21）［2021－06－11］．https：//m. huanqiu. com/article/9CaKrnJUH5W.

管部门备案，不需审批。此外，美国农作物保险形式较多，有多种风险农作物保险、团体风险保险、收入保险、冰雹保险等。政府对参险的农场提供50%以上的保费补贴，农业的抗风险能力较强。

第二，促进了农业的可持续发展。美国农业不论是生产力水平，还是经营管理水平，都居于世界领先地位，这与它有发达的农业金融体系是分不开的。合作金融是美国农业金融的主体，通过商业化的运作支持农业的发展；政策性金融体系是支撑，脆弱的农业必须得到政策性金融的支持，才能发挥其基础性作用；农业保险体系是金融安全的必要组成部分，保障涉农资金的高效使用，各体系互为补充、互相促进，共同支持美国农业强有力的发展，并在全球农产品市场具有极强的竞争力。

第三，充分利用资源和渠道，满足农业的特别需要。农业自身的特点决定了农业的发展难以得到商业资金的支持，所以政府的引导和金融扶持十分重要。这些引导和金融扶持主要包括：实施税收减免，增加农业收益率，吸引商业资金的进入；注入资金，政策资金是农业发展资金的主要组成部分，对涉农银行均有大量的专项资金注入；持续采取以直补的方式来补充农村金融，增加农业收入，推动农业发展；实行差异化存款准备金梯度，对不同金融机构执行不同档次的存款准备金率。美国的农业保险表面上是自愿投保，但1994年《农业保险修正案》的实施已使之成为事实上的强制保险。

很多发展中国家，特别是新兴经济体在农业发展过程中，也重视改善农村信贷计划，提高农民贷款的可获得性和优惠条件。为此，这些国家建立了庞大的农业农村金融服务体系，由国家政策银行或农行、私人商业银行、农村信贷协会和信贷合作社等金融机构组成全国三级的信贷服务网络。政府通过信贷政策、利率和集资等手段，对农业信贷活动进行宏观调控，增加流入农业的信贷总量、支持农村开发项目和农业现代化。

3. 巴西经验

巴西是农业大国，农业总产值约占国内生产总值的30%（含农产品流通），农业就业人口占全国就业人口的25%。巴西政府历来非常重视对农业的金融服务，为提升农产品的国际竞争力和保护农业经营者利益提供支撑①。

---

① 中华人民共和国外交部．浅析巴西扶持农业发展的做法和经验［EB/OL］.（2003－01－03）［2021－06－11］. http：//www. fmprc. gov. cn/web/ziliao_674904/zt_674979/ywzt_675099/wzzt_675579/jjyw j_675649/t10481. shtml.

（1）农业信贷。农业信贷方面，巴西政府会根据农民上一年度的产值和种植面积，向小、中、大型农场主分别发放相当于其生产资金100%、70%和55%的贷款，并以法律形式规定，商业银行必须将一定比例的农业信贷直接发放到中小农户手中。农业信贷的重点是鼓励扩大农业生产，帮助中小企业增加农产品出口。作为农产品贸易大国，为鼓励农产品出口，巴西政府建立了"出口保障基金"（FGE）和"提高竞争力基金"（FPC），专门为农产品出口企业开拓国际市场提供融资。例如，2001—2002年巴西农业信贷额比上年度增长20%（104亿雷亚尔，约合40亿美元）。同时，农业生产者和企业在对外贸易中享有越来越多的话语权。农业生产者和企业通过"巴西全国农业联合会"，企业通过"巴西农业企业协会（ABAG）""巴西农业合作社（OCB）"，以及3家共同创立的"国际贸易谈判永久论坛"为政府制订对外贸易政策、参与国际农产品贸易谈判和争端解决提供意见和建议。

（2）农业保险。农业保险由中央银行独家经营，分为备耕、种植、管理、销售4个阶段的投保和"全额保险""分段保险"两个险种，保险范围以生产成本为上限。农业生产者可依据不同年份、生产条件和农作物选择相应的保险项目。根据规定，农业生产者在签订保险合同的同时，必须与"巴西农牧业技术推广公司"签订技术服务合同，接受技术指导，以确保农业收成，减少风险。

（3）供应链金融—农业信贷票据融资。巴西在20世纪90年代经历了农业信贷体系坍塌之后，成功地恢复了农业融资。除了调整银行利率和建立新的投资渠道之外，更得益于"农业信贷票据"（Cedulade Produto Rural/Rural Product Note，CPR）的成功推广。CPR是一种"以产量控制发行量"的发行机制，本质上是附加了农产品合约的远期融资债券，使农业经营主体可以提前获得一定的生产资金，规避了农业融资季节性借贷压力，因此成为重要的民间融资工具。其中，发债方为农民、生产商或农民团体，发债时间由发债方自行设定，可以提前从购买方获得生产资金。按照交割和定价方式，CPR可以分为实物CPR、金融CPR和期货指数CPR 3类。

巴西CPR的实施过程是，20世纪90年代初，新一届巴西政府开始实施大规模反通胀计划——"雷亚尔计划"，使经济渐趋平稳。但在此过程中，农村信贷体系形成了大量坏账，特别是价格的大幅波动严重打击了农户的生产积极。在应对危机过程中，巴西政府坚持以利用市场手段提振农业经济为主要原则，通过提升信用等级、降低农村金融风险，吸引更多私营部门资金进入农业融资市场，而期货及期货交易所具有规避风险功能，提供专业大宗商品管理、清算服务，可以提升抵押融资品的信用等级和标的范围，有助于增强农业的融资能力，更好地联结民间金融和正规金融，因此巴西政府于1994年推出了期货交易所、银行、保险等金融机构为牵头主体的农业生产预期型融资产品 CPR。

这种融资模式的优势在于：①农业经营主体、银行和投资者多方获益；②多方担保从而有效提升农业生产预期型融资者的信用等级，改变缺乏抵押物和固定现金流导致风险集中到涉农金融机构的困局；③发债时间灵活，平抑季节性融资压力。

（4）设备融资。De Lage Landen International（DLL）是荷兰合作银行集团（Rabobank Group）的全资子公司，是租赁和资产融资的国际提供商。过去十几年中，DLL 为巴西提供了约 30 亿美元的农业融资。该机构的设备融资业务几乎完全是与农业设备供应商合作产生的。通过巴西国家开发银行（BNDES），一般商业银行和其他金融机构可以按补贴利率向农业部门提供资金。但是，DLL 通过设备融资向农业部门提供的贷款比这些银行还要多。DLL 方法的关键是：①对巴西的农业价值链有深刻了解；②对农业设备的全面知识，能够控制其分销链；③了解农业设备的抵押价值以及如何在必要时候再营销。大多数租赁在交易中有首付或其他形式的客户权益，以及由交易商用现金作为部分抵押担保。巴西农业经营者希望拥有自己的设备，并且更喜欢贷款而不是租赁。通过贷款和抵押合同安排之下收回资产和在租赁合同安排下收回资产的法律选择没有根本的区别。

（三）金融支持农业经营主体的多边机构实践

国际组织纷纷探索服务各国农业经营主体的实践。OECD 对农业吸纳私营部门投资的调查（OECD/HighQuest Partners，2010）发现，大型机构投资者愿意与农场或农户通过订单农业（contract farming）或外包种养殖方式（outgrower scheme）建立长期稳定可控的供应链伙伴关系。世界银行对印度 Pradesh 省承包种植经营项目的分析表明，承包种养殖模式有助于农场或农户以较低成本和风险获得信贷、保险等金融服务。联合国粮农组织（FAO）对加纳“外包橡胶种植农场项目”（ROPP）进行了研究[①]。该项目基于政策性金融机构（农发行/国家投资银行）、农产品采购商和技术服务公司（加纳橡胶产业有限公司 GREL）和农民协会的三方外包种植协议，为种植户提供政策性优惠贷款用于发展生产，同时由 GREL 为种植户提供技术支持和咨询服务。所生产的橡胶由 GREL 负责收购、加工和销售。

---

① International Fund for Agricultural Development. Statement by Gilbert F. Houngbo, President of IFAD, on the occasion of the ABC Fund launch [EB/OL]. (2019-02-15) [2021-06-11]. https://www.ifad.org/en/web/latest/-/speech/statement-by-gilbert-f-houngbo-president-of-ifad-on-the-occasion-of-the-abc-fund-launch?p_l_back_url=%2Fen%2Fsearch%3Fq%3DABC%2BFund.

1. 欧洲复兴和开发银行（EBRD）仓单农业金融系列项目

过去20年中，EBRD协同世界银行集团、美国国际开发署（USAID）等发展机构在东欧和中亚地区开展了一系列项目，帮助各国政府为开展农业仓单融资创造有利的政策环境、法律体系和实施条件。从各国自身条件来看，保加利亚、哈萨克斯坦、匈牙利、斯洛文尼亚和立陶宛的仓单融资体系相对完善，可持续性强；俄罗斯、乌克兰、土耳其等国虽然尚有不足，但发展前景广阔。

2. 国际农业发展基金（IFAD）农业企业资本基金

IFAD于2019年2月宣布成立“农业企业资本基金”（ABC Fund）①。这是一支由IFAD募集6 000万美元、有望再吸引3倍的市场资本、达到总额2.4亿美元的风险对冲基金，将用于为非洲农业产业链上的中小企业提供介乎小额信贷和商业贷款之间的“缺失的中等额度”信贷产品，即单笔融资在2.5万—100万美元之间的贷款。该基金是IFAD总结过去10年间对非洲农业的调查和实践经验而设计。现实中的非洲农村缺乏此类规模的企业来对收获的粮食进行加工，并推向市场。该基金的问世可以分担中小农业企业融资这一市场的高风险，并为弥补农业信贷产品的空缺积累数据和经验。虽然IFAD的机构性质不允许其直接运作此基金，但可以通过其他项目或者合作机构投资于符合条件的农业企业。

3. 世界银行全球农业金融创新项目②

（1）大宗农产品作为融资抵押品主要有三种形式，即标准仓单交易（WRS）、抵押品管理协议（CMA）和仓储监管协议（SMA）。此外，还有农产品信贷票据（Crop Receipt），以及合同农业的价值链金融（VCF in contract farming）（见图8－3）。农产品信贷票据的成功范例是巴西的CPR系统，受益者大多是大中型商业化农场。由于这一系统成功运行的前提条件很多，巴西以外鲜有成功案例，但近年来东欧和中亚的一些国家正在尝试。世界银行正在包括肯尼亚、塞内加尔、埃塞俄比亚、科特迪瓦等国家实施或准备一系列项目，用来试验和推广上述创新融资。国际金融公司发现，在国有

① Adva Saldinger. IFAD launches new agriculture investment fund, looks to strengthen private sector strategy [EB/OL]. (2019-02-15) [2021-06-11]. https://www.devex.com/news/ifad-launches-new-agriculture-investment-fund-looks-to-strengthen-private-sector-strategy-94310.

② Varangis P, Saintgeours J. Using Commodities as Collateral for Finance (Commodity-Backed Finance) [J]. World Bank Other Operational Studies, 2017.

企业（SOEs）在农业金融中占主导地位的国家，与国有企业合作尝试大宗农产品抵押融资可以产生更大的示范效应①。

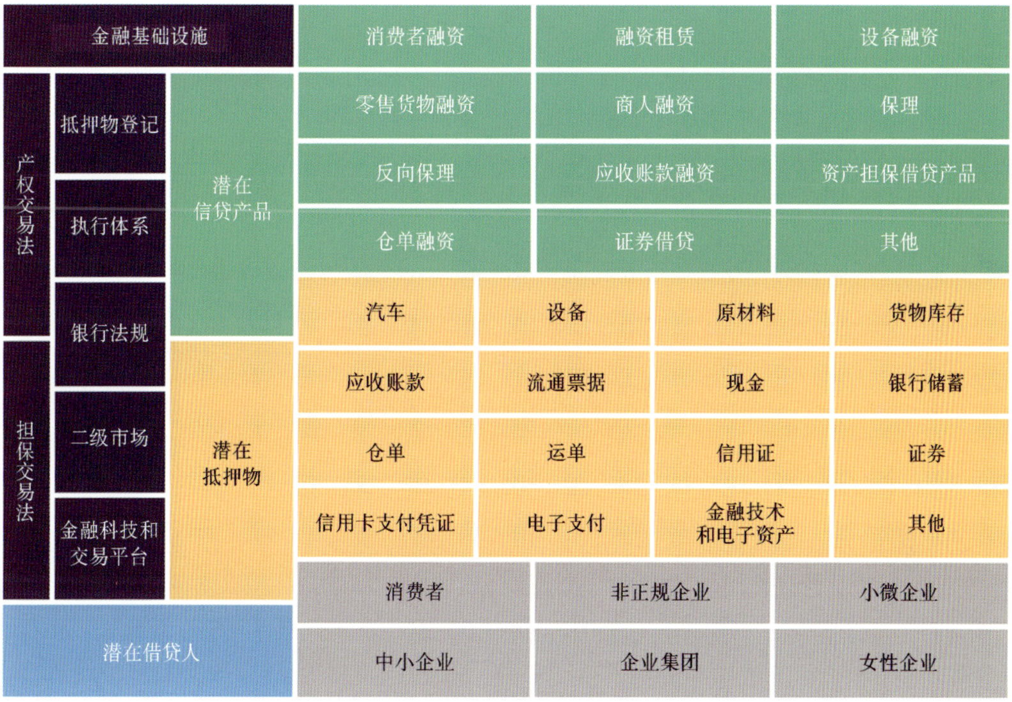

金融基础设施
产权交易法
担保交易法
抵押物登记
执行体系
银行法规
二级市场
金融科技和交易平台
潜在信贷产品
消费者融资
融资租赁
设备融资
零售货物融资
商人融资
保理
反向保理
应收账款融资
资产担保借贷产品
仓单融资
证券借贷
其他
潜在抵押物
汽车
设备
原材料
货物库存
应收账款
流通票据
现金
银行储蓄
仓单
运单
信用证
证券
信用卡支付凭证
电子支付
金融技术和电子资产
其他
潜在借贷人
消费者
非正规企业
小微企业
中小企业
企业集团
女性企业

图 8 - 3　金融基础设施架构：以动产为基础融资

资料来源：作者译自 *Secured Transactions, Collateral Registries and Movable Asset - Based Financing Knowledge Guide*, World Bank (2019).

专栏 8 - 1　欧洲复兴与开发银行哈萨克斯坦"KKB 银行农业仓单融资项目"贷款

欧洲复兴与开发银行于 2003 年为哈萨克斯坦"KKB 银行农业仓单融资项目"贷款 1 亿美元。贷款的 60% 通过向哈萨克斯坦两家最大的银行——Kazkommertsbank 银行和 TuranAlem 银行作为金融中介机构，以仓单融资的形式在收获前、后，

① Varangis P, Saintgeours J. Using Commodities as Collateral for Finance (Commodity - Backed Finance) [J]. World Bank Other Operational Studies, 2017.

转贷给该国的粮食企业、农户和贸易商，为2003年粮食收获提供了资金。该项目分两个阶段实施：第一阶段是银行风险分担的信贷产品，第二阶段是直接次级借款人风险分担的资助。该笔贷款为哈萨克斯坦农业部门提供了急需的资金，并且有效支持了该国向邻国及其他地区市场的粮食出口。

农业是哈萨克斯坦经济中最重要的部门之一。该项目的实施产生了3个方面的主要影响：一是基于该项目的投资规模和知名度，它在哈萨克斯坦粮食经营领域成功地示范了高标准、以客户需求为导向的创新型农业信贷服务。一旦在信贷系统中建立了对仓单抵押贷款的足够信心，当地农业企业将可以不再依赖贸易商的独家支持，从而降低了融资成本——事实证明向贸易商融资的成本高昂，未来粮食交付的价格将大打折扣。二是该项目帮助哈萨克斯坦金融服务走向成熟。欧开行分担当地金融中介机构的信贷风险，成为调动更多融资以改善行业绩效的催化剂。仓单融资的成功，对金融业转型产生了重大影响，为银行开创了更加安全有效的贷款产品。随着时间的推移和农业领域积累更多专业知识和信心，该国银行业将建立强大的长期客户基础，进一步支持粮食经营者的发展。三是促进制度的完善。通过银行信贷，《仓单法》得以实施并全面发挥了作用。项目的成功实施依赖并促进了哈萨克斯坦银行业和农业部在内的跨部门合作。在一个因改革迟缓闻名的领域中，该项目的影响是巨大的，并将为哈萨克斯坦进一步改革农业金融铺平道路。

在贷款项目的准备阶段，国际金融公司（IFC）帮助哈萨克斯坦金融部门起草了涉农信贷的流程，通过技术援助加强相关的法律框架，并培训了仓库系统的核验人员。此后，欧开行又与世界银行合作，为保加利亚政府提供了类似的贷款，帮助该国完善此类融资的政策和法律体系。

资料来源：根据欧洲复兴开发银行哈萨克斯坦KKB项目网上公开信息归纳，https://www.ebrd.com/work-with-us/projects/psd/kazakhstan-kkb-2003-warehouse-receipt-programme.html.

世界银行集团的两份出版物为金融机构提供了此类融资中应考虑的因素和适用范围，并列出了仓单融资的操作方法和改革措施：《仓单融资和标准仓单系统：新兴经济体金融机构指南》（IFC，2013）和《仓单融资改革指南：立法改革》（世界银行，2016）①。

① World Bank Group. A Guide to Warehouse Receipt Financing Reform Legislative Reform [R]. World Bank Working Paper, 2016.

（2）信贷基础设施建设和信贷改革。截至 2019 年 6 月，世界银行集团的信贷基础设施投资共包括六大洲 80 多个国家的 140 个正在实施中的项目。担保交易改革与现代信贷基础架构的其他关键组成部分（即破产和信贷报告）相辅相成，将为推动经济发展带来巨大的效益。值得一提的是信贷信用登记系统。信用信息共享是成为全球信用市场基础设施的关键要素，是健全风险管理和维持财务稳定的前提。世界银行《2020 营商环境报告》[①] 的分析显示：截至 2019 年，全球已有 88% 的经济体成立了私人信用局或公共信息登记机构，这一比例在 2005 年为 67%。信用登记机构的设立可以最大程度减少信息不对称，更好地预测借款人的还款能力，从而降低违约的可能性。在设有征信机构的经济体中，企业将融资渠道作为限制其发展的主要因素的可能性要低 9%；设有征信机构的经济体中，信贷规模和 GDP 的关联度也更高。建立征信机构和信用登记制度，将对经济产生积极影响。

例如：所有 OECD 发达国家都有一个信贷数据和信用登记库。例如，肯尼亚成立了征信机构，这有助于降低商业银行的贷款利率、抵押标准和违约率。在印度，小额信贷行业的贷方观察到信用登记制度使违约率降低了 50%，并提高了信贷运营效率。各国 2019 年以后成立的征信机构对于改善营商环境可能更有帮助，因为其功能可能已经扩展到信用评分及分布、正面数据（按时还款记录）、来自公用事业或零售商渠道的信息、使用大数据和在线平台实现更大范围征信和信息共享。

（3）金融合作社（Financial Cooperatives）。世界银行对东南亚和拉美的农村合作型金融组织有一系列的研究，并与荷兰合作银行（Rabobank）共同支持了巴西、荷兰和肯尼亚的农村金融合作社进行合并和机制加强，使其成为正式金融体系的一部分，从而更好地为农村提供金融服务。

4. 国际金融公司（IFC）[②]

IFC 为发展中国家的金融机构提供中短期运营资金，并通过信贷和风险管控为农业

---

① World Bank Group. Doing Business 2020：Comparing Business Regulation in 190 Economies［M］. Washington，DC：World Bank Publications，2020.

② 国际金融公司 IFC 是世界银行集团的两大成员机构之一，负责通过贷款或者股权融资的方式，扶植成员国的私人企业发展。农业是国际金融公司扶植在全球的重点领域之一。IFC 主要通过支持发展中国家的银行、小额信贷机构，以及金融科技（FinTech.）机构促进农业发展。具体业务包括 3 个方面：一是与银行合作加强农业供应链金融、农业企业气候融资、风险评估模型、农业电子信用评分体系。二是 IFC 是全球小额信贷市场中最大的机构投资者，它帮助农村小额信贷机构开发电子信用评分模型、电子钱包、移动支付，帮助农业信贷机构进行能力建设，并与农业企业建立战略联盟。三是协助金融科技机构开发电子信用评分系统、实施风险管理框架、改善农村地区的信贷管理，并与农业供应链建立战略联盟。本部分由作者根据 IFC 网站公开发布的信息和数据归纳。

提供长期融资，在提供资金的同时还提供相应的咨询服务。IFC 在农业金融领域的重点项目包括：

（1）全球仓单融资项目（GWFP）：IFC 向发展中国家的银行提供短期贷款，银行随后利用这笔资金以仓单或同等凭证作为抵押，向农民、农产品生产商或贸易商提供贷款。IFC 以仓单或同等凭证作为抵押品，参与向农业生产者或贸易商提供短期贷款的 50%，相当于给银行提供了风险共担工具，银行可以从自己的投资组合或衍生出的新投资组合中将部分信用风险转移给 IFC。这些资产通常保留在银行资产负债表上，而风险转移来自 IFC 的部分信用担保。在没有法律体系允许银行将仓单作为抵押提供信贷的国家中，IFC 可以根据《抵押品管理协议 CMA》进行存货抵押，或根据《股票监测协议 SMA》进行存货监督，这是两个银行常用的协议。迄今为止，GWFP 项目已为全球贸易提供了超过 60 亿美元的支持，使 66 个新兴市场国家（包括 24 个最不发达国家）超过 75 万农民受益。

（2）全球贸易流动性项目（GTLP）：IFC 与全球或地区利用银行签订风险参与协议，通过分担最高 50% 的信贷风险，支持银行解决新兴市场贸易融资中的持续缺口，使进出口商和中小企业受益。

（3）重要大宗商品融资项目（CCFP）：IFC 通过该计划与全球和地区银行合作，维持和扩大对将食品和农产品运进和运出低收入国家的贸易商和中介机构的信贷，并支持低收入国家的能源进口。

专栏 8－2　世界银行的中国农业开发和农村金融项目组合

截至 2020 年 6 月 30 日，世界银行对华贷款承诺总额累计超过 644 亿美元，其中农业和农村发展领域投资了 96 个项目，累计贷款总额 140 亿美元，占总投资的 22%，其中包括在 1998—2018 年的 20 年间与国家农业综合开发办公室共同开展的 5 个国家级（世行累计贷款 8 亿美元）和 13 个省级（累计利用世行贷款 25 亿美元）综合农业开发项目。通过这些项目，世行引进资金、技术和国际经验重点发展现代农业技术、农业价值链、专业合作社，以及农业适应和应对气候变化。

世行在 1984—1990 年期间密集实施了 4 期农村信贷项目，即农村信贷一期到四期项目（Credit I—IV in 1984，1985，1988，1990），贷款总额达到 5.85 亿美元。世行贷款通过中国农业银行作为金融中介机构，转贷给粮食、畜牧、水产价值链上有资金需求的企业（包括加工厂）、农场、集体和农户，并提升专业和社会化服务的水平和可获得性，同时还引进了当时的国际先进理念和实践。

中国河南绿色农业基金项目（Henan Green Agriculture Fund Project）于2020年3月26日由世界银行执行董事会批准，利用世行贷款2.672亿欧元（相当于3亿美元），支持河南省建立一个专门的绿色农业融资机制，示范绿色农业投融资的可行性。世界银行与河南省按1:1的出资比例，以若干子基金和投贷联动等方式撬动社会资本形成42亿元的投资规模，通过为股权投资提供资金和向符合条件的企业转贷，支持省内符合绿色标准的农业企业及产业链上的绿色农业投资项目。作为世界银行在中国的首支绿色农业基金。河南农开产业基金投资有限责任公司（HADFIC）作为基金管理方和投资方，负责项目的实施。这是世行在中国的首支绿色农业基金，实施后将有助于构建绿色农业产业链，加速河南省农业高质量绿色发展和产业转型，对乡村振兴战略的实施具有重要意义。绿色农业基金将资助绿色农业项目，其定义为提高资源利用效率和环境可持续性、气候智慧型和提高农产品质量及安全性的项目。主要资助方向包括：（1）气候智慧型农业；（2）绿色有机农产品种植基地；（3）符合良好农业实践（GAP）的农业产业链投资；（4）实现使用减少或取代施肥、减少农业塑料废弃物污染、降低温室气体排放、提高能源和水资源利用率的设备和设施；（5）减少粮食损失和浪费领域的投资。项目支持制订适用于中国农业部门的绿色农业融资标准，将涉及绿色农业投资项目识别、项目评估与遴选流程、社会及环境风险管理、基于科学证据的环境效益衡量与报告、透明度与问责性等领域。作为项目的技术援助活动，该基金已于2021年5月底在全球公开海选具有在河南省落地和推广价值的绿色农业技术，并打造绿色农业技术的创新、示范和推广平台。

专栏8-3　农业金融创新模式的成功案例

类型	国家	案例	解决瓶颈问题	降低风险	降低成本
供应链融资和技术援助	肯尼亚	DrumNet	融资地域限制和信息不对称	技术援助提高农业产量和质量、对接优质市场	供应链的规模效益
供应链融资	赞比亚	Clark Cotton	融资地域限制和信息不对称	农户将农产品集中出售给一家大型贸易商	供应链的规模效益
气象保险、投贷经理人	印度	BASIX	气象风险、融资地域限制	保险、贷款和投资组合指南、团体借贷	移动通信技术

续表

类型	国家	案例	解决瓶颈问题	降低风险	降低成本
供应链融资农户所有权	塔吉克斯坦	Sud Agro Serv	融资地域限制和信息不对称	技援提高农业产量和质量、产品对接优质市场	供应链的规模效益
移动营销	印度	Indian Tobacco Company	信息不对称	—	移动通信技术
风险分担再保险	墨西哥	Fondos	气象风险	再保险降低伴生风险和极端风险、连带责任降低信息不对称和道德风险	风险分担
价格风险管理、客户关系经理人（收获后）	坦桑尼亚	CRDB Ltd.	农产品价格风险和气象风险	抵押品管理、价格管理、手把手协助客户	—
农场债券（收获后）	巴西	Cedula de Produto Rural（CPR）	合同规定的义务、法律体系	提供流动性抵押、贷款人可以对冲价格风险、庭外争端解决	—
反向保理融资	墨西哥	NAFIN	由于距离和合同义务造成的延迟	放贷机构只需评估大型借贷方企业信用，而不是中小企业	应收账款管理、电子交易平台、放贷机构相互竞争

资料来源：作者译自 Rural Finance Innovations：Topics and Case Studies，World Bank（2009）。

在农业金融科技领域，IFC 在全球投资了多家企业，有一半已经成功回收了投资。IFC 董事会于 2020 年 6 月 30 日批准了 IFC 投资“小雨点小额贷款有限公司项目”。小雨点小额贷款有限公司（以下简称“小雨点”）是一家成立于重庆的金融科技型企业，业务主要涵盖供应链金融和农业金融领域。IFC 通过项目向该公司提供总额不超过 5.6 亿元人民币（约合 8 000 万美元）贷款，支持该公司的创新型数字农业金融服务。“小雨点”的数字农贷针对不同农业生产领域的经营者，设计了“农资贷”“农机贷”“养殖贷”“建设贷”等多样化的金融产品，并根据农业生产交易场景对风险控制条件、申请资质、贷款额度和期限等方面进行灵活配置，最大程度满足农业核心企业和借款人的需求。“小雨点”与农业产业链上的龙头企业/核心企业建立伙伴关系，并围绕企业发展信贷客户，利用企业积累的产业链数据，借助高科技手段进行风险分析和交叉认证，能够比以往更加准确地掌握客户信用情况，从而解决了授信的瓶颈问题，并大大降低了信贷风险。企业和农户可以通过“小雨点”自主开发的数字农贷 App 在线申请，方便快捷低成本。

在仓单融资领域，亚洲被认为具有巨大潜力——中国、越南、柬埔寨、菲律宾和印度尼西亚等国家生产大量的适用仓库收据的大宗农产品，经济倾向于自由市场，而且政府锐意改革支持商品和金融基础设施的现代化。其中，印度尼西亚自20世纪90年代中期以来一直积极发展仓单融资，于2006年正式立法并进入实施阶段。IFC在2007年通过援助项目，为印度尼西亚正式实施仓单融资系统的几个关键领域引入了先进的国际经验①，其中包括商品市场评估、完善认证和许可程序、开发综合的市场信息系统，以及引入可靠的绩效保证机制。目前，印度尼西亚已经建立了若干有执照的公共仓库为大米和玉米等大宗商品开具仓库收据。相关监管机构正在致力于引进可靠的保证机制并加强检查能力。

发展中地区的保险公司很少提供发达国家所熟悉的灾害保险，对农业和农民更是如此，而且传统灾害保险的出险检查程序复杂、赔偿金额有限、流程缓慢。为解决这一问题，IFC和世界银行于2009年共同建立了全球指数保险基金（GIIF），对保险采取了基于指数的创新方法，旨在扩大发展中国家特别是农业获得自然灾害和气象风险保险产品的机会②。该基金由欧盟、日本和荷兰政府作为主要出资方，为世界银行集团的客户国开发和应用此类保险产品提供赠款，主要用于支持：相关的能力建设、引入金融机构参与作为再保险公司、与世行和所在国保险监管机构一同完善相关的法规政策、在本国市场基于事先同意的条件和期限引入指数灾害保险产品。在该基金支持下，指数型灾害保险产品试点已经在印度（省级气象指数险）、蒙古（畜牧业灾害指数险）和马拉维（干旱指数险）取得成功。试点将扩大到非洲其他国家，南亚以及东亚太平洋地区——孟加拉国和斯里兰卡的试点项目已经开始实施。

---

① Wehling P，Garthwaite B. Designing warehouse receipt legislation：Regulatory options and recent trends［R/OL］.（2014）［2021－06－12］. https：//elibrary. worldbank. org/doi/pdf /10. 1596/25189.

② GIIF基金项目实例：2010年GIIF基金支持肯尼亚Syngenta可持续农业基金会（Syngenta Foundation for Sustainable Agriculture）和西非最大的保险和金融服务机构之一UAP保险公司（UAP Insurance）共同开发了“Kilimo Salama安全种植”这一简单经济的农业气象保险产品。农户通过当地的农产品经销商购买该保险产品，销售商使用手机扫描参保人的条形码，并通过当地移动数据网络发送给UAP并确认保险条款后，该手机应用程序向农民的手机发送短信确认保单。“安全种植”向为农场生产资料投保的小农户给予50%的保费优惠。保险赔付以目标区域中通过30个气象站收集的天气数据为基础。这些数据通过自动化太阳能系统进行更新，能够定期更新和发布各个农场附近的天气状况和降雨量。当通过3G移动数据网络传输的特定站点数据显示干旱、暴雨或其他极端条件导致农场减产时，相关的注册农户都将通过M－Pesa手机移动端App汇款自动获得保险理赔，从而大大降低交易成本并确保立即付款。为了使农户负担得起保费，作为“安全种植”保险合作方的农业综合企业负责支付保费的另一半。在保险的试点阶段，合作方还包括其他基金会以及MEA化肥公司，他们的参与使该项目得以迅速启动，以适应下一个生长季节。

（四）相关国际经验对中国的启示和借鉴

1. 成功付诸实践的主要融资和风险创新模式

全球农业业态的发展和科技进步，为农业金融提供了诸多创新型解决方案。其中，已经成功付诸实践的主要融资和风险创新模式包括：

（1）动产担保融资（movable collateral in secured transitions）：在世界范围内，多数农业经营主体面临着低资产、无法满足银行抵押贷款条件的融资困境。动产担保融资的出现，可以规避这一瓶颈。动产抵押在现代担保交易体系相对成熟的国家的信用体系中更为常见（例如：经合组织国家、墨西哥、哥伦比亚）。现代动产担保交易制度的国际实践具有以下特点：第一，通过立法建立统一的动产担保融资制度；第二，立法明确规定不转移占有动产即可设定担保，使农户或企业在获得担保信贷的同时，使用该担保品从事正常的生产经营活动；第三，建立登记对抗原则；第四，建立统一、清晰、可预测的优先权原则；第五，建立全国集中统一的抵押登记机构；第六，建立高效的担保权执行程序。中国目前亟待建立现代动产担保融资制度及统一登记制度，以保障和促进动产融资业务在包括农业在内的有关行业有序开展。

（2）价值链/供应链金融（value chain/ supply chain finance）：真正意义上的供应链金融发端于20世纪80年代（胡跃飞和黄少卿，2009），农业领域全球跨国公司利用资金、品牌、管理等优势，加快整合与联盟，强化全球粮食、物流、贸易、加工和销售的"全产业链"布局，农业领域的供应链金融也应运而生，目的在于为供应商提供流动性资本融资和现金流的解决方案。供应链金融分为供应链内部融资和外部融资：供应链内部融资，指的是供应链上经营主体之间以贸易信贷的形式提供资金流（如核心企业为上下游企业提供担保抵押服务）；供应链外部融资，即外部企业或者金融机构向供应链上某些经营主体提供金融服务而注入现金流①。

值得注意的是，中国银保监会于2019年发布了《关于推动供应链金融服务实体经济的指导意见》（银保监办发〔2019〕155号，以下简称《意见》）②，要求有关政策性和商业性金融机构进一步依托供应链核心企业，整合信息流、物流和资金流，为供应

① 张洪铭．农业供应链金融创新研究［M］．北京：中国金融出版社，2017.

② 中国银保监会．中国银保监会办公厅关于推动供应链金融服务实体经济的指导意见［EB/OL］．(2019－07－19)［2021－06－12］．https：//www. sohu. com/a/328048883_100 086111.

链上下游企业提供融资等一揽子的综合金融服务。将金融服务向上游供应商前端和下游消费端延伸、推动核心企业为上下游企业增信或向银行提供有效信息、运用网络科技和人工智能等技术确保信息风险管控、创新在线金融产品和服务，实施差别化信贷管理，以及银保结合。《意见》要求加强对“三农”的服务，鼓励银行保险机构开展农业供应链金融创新，支持订单农业经营者参加农业保险，以核心企业带动农村企业和农户发展。

除了以上融资方式，各国还探索了股权融资、发行农场/企业债券、市场价格保险（风险对冲）、指数保险（风险降低）、移动营销（金融科技）以及绿色信贷和气候融资。常见的农业供应链金融融资工具如表 8 - 1 所示。

表 8 - 1　　常见的农业供应链金融融资工具

类别	工具
产品融资	贸易信用 生产资料供应商融资 营销和批发公司融资 牵头公司融资
应收账款融资	贸易中应收账款融资 保理 票据买断
有形资产抵押融资	仓单融资 附买回协议 融资租赁
降低风险产品	保险 远期合约 期货
财务改善	证券化工具 贷款担保 合资金融

资料来源：作者译自 Agriculture value chain finance strategy and design（IFAD）.

2. 国际经验对中国的启示和借鉴

新兴经济体和快速城镇化对农产品需求不断增长、中产阶级新型消费模式兴起、金融市场的进一步自由化、对风险和交易成本的管理不断创新、现代信息通信技术日新月异，这些大趋势为农业金融的发展和创新提供了条件和机遇。总体而言，各国对农业金融的支持方式无外乎两种，即完善提供金融服务的市场机制和补充市场失灵的部分（如通过政府适当干预和借款人组织化）。具体措施可以归纳为以下几个主要方面：

第一，完善农村投融资的宏观调控机制。发达国家建立了完善的农村投融资法律法规体系，包括所有权、破产和所有权文件转让方面的立法，以及以法律的形式保证农业投资政策的落实。在宏观政策方面，明确了决策、运行和监管职责，形成了政府主导或干预型的投融资制度，使农业投资活动符合国家发展战略。同时，政府注重农业农村、货币、财政和金融政策之间的协调，对农业给予持续增加的财政支持，通过差别化存款准备金工具和贴现等货币政策激励支农信贷。市场化改革对于农业行业和金融行业同样重要。金融市场和其他市场类似，过度的政府直接干预将挤压私营部门的参与。一些国家政府意识到了转变的重要性，为了避免以往由政府主导提供的有导向性和补贴的贷款保险服务对农业金融的不利影响，新型商业性农业金融服务机构应运而生，这些机构实行市场化运作并与私营部门产品互为补充，弥补市场失灵。这方面国际成功的案例之一，是墨西哥国家金融开放银行（NAFIN）的“生产力链条”项目。

第二，激励和提升金融机构服务农业。发达国家在建立和发展农村信贷的初期提供了大量财政拨款和公共服务，并对提供农业信贷服务的金融机构提供补贴、税收和风险分摊等激励措施。这些资源和措施对于鼓励开发和培育农业金融服务、降低系统风险、树立投资者信心和引入私营部门投资和创新起到了关键性作用。例如：法国财政给予此类补贴占国家对农业投资的比例，从 1964 年的 21% 上升至 1978 年的 60%。日本政府为吸引商业银行增加对农业的信贷，为一部分贷款提供担保，主要用于农民采购现代化设备和生产资料；对于违约无法按时偿还贷款的，由政府承担银行的损失。

第三，信贷投入与土地规模经营政策紧密结合。为鼓励农业经营者扩大生产规模，便于机械化作业和技术进步，提高现代化农业的集约程度，很多国家运用信贷作为杠杆，鼓励农场主发展规模经济，提高劳动生产率。例如：德国和日本都曾经对不同土地规模的农场发放利率不同的贷款产品——相比小型农场，大中型农场所享受的贷款利率更低、还贷期更长。换言之，大中型农场主更容易获得长期低息贷款。此政策的目的是加速土地集中。

第四，大力扶植农村合作金融。很多国家的经验证明，合作社在吸纳融资、降低农业经营者风险和提高生产效率等方面，都是现代农业的重要组织保障。即使在市场经济发达国家，仍然需要合作金融制度与商业金融制度互为补充。比如，合作金融是美国农村金融的实际主体。在法国，农业信贷联合会成员交纳会费仅为贷款额的1%—2%，其合作性质非常有利于扶植家庭农场。印度特别注重信用合作体系的建设，国家宪法列入了奖励和资助信用合作社的条文，基层农业信贷协会数量达到9万多家，土地发展银行在农村的分支超过2 000家。

第五，完善农村信用体系。作为农村金融服务的重要制度安排，发达国家由政府扶植建立了以市场为主导、管理机制健全的农村信用体系。例如：美国的农村信用体系以市场为主导，以风险控制和营利为目的，由征信公司根据市场需求开发和维护个人信用数据库，并通过跨地域联盟安排实现信息共享。农村信用体系层次分明，农村金融机构的优势互补。日本农村信用体系采用的是信用补全制度和监管制度的结合。德国的农村信用体系中，三个层次的合作金融信用体系非常成熟，占主导地位，政策性金融为辅。

第六，加强风险管理体系。农业现代化进程中的市场风险会逐渐超过产量风险，这是农业现代化国家农业政策重要的关注点。欧盟采取共同农业政策作为防范价格风险的体制基础（贸易保护、价格干预、政府直接付款），农作物保险和公共补贴政策覆盖广泛，并利用期货对冲价格风险。美国综合利用衍生工具（远期合同、期货、期权）、收入保险及多种工具的组合来管理价格风险，通过立法推动农业风险管理从政策型向市场型转变，并制订强有力的新型农业价格政策来稳定价格和保障农民收入。加拿大通过立法、政府项目、销售干预和风险管理，实施了丰富的农业品价格波动应对措施。澳大利亚和新西兰的主要做法是通过解除销售局统一定价、强化生产和市场信息服务和农场存款税收机制，变政府对农户的直接管理为间接管理。合作社和专业合作组织在所有农业现代化国家的风险管理体系中均发挥了重要的作用。在农业保险方面，发达国家政府扩大政策性农业保险覆盖范围、提供保费补贴和再保险，提供农作物收入险，并将市场保险与期货工具集合使用。欧盟和澳新的农业保险还是以气象和灾害险为主。

第七，规范农业经营主体，培养职业化农民。职业农民和农业经营者是现代农业的主体，他们的专业素质对于农业获得金融服务十分重要。农业现代化国家都重视培育职业农民，让职业农民的素质需要与农业现代化、工业化、城镇化发展要求相契合。为此，这些国家建立了多元化的农民职业化教育制度，并给予政策、财政、教育、技术服务和经营培训等方面的支持。例如：美国由于人少地多而形成了以家庭农场和农业企业为主的农民职业化模式，并在此基础上培养善于大规模经营的农场主；日本人多地少，历史上形成了小农户和农业协会为主的模式，重视推进特色农业，打造高学历农业经营者；法国以中小农场和家庭经营为主，形成了农业合作社和家庭农场的双层经营结构，实行农民职业化资格认证，建立农民终身学习体系，为职业农民创业提供优惠政策。

九、新型农业经营主体金融服务供给模式分析

金融产品和服务是金融机构服务客户的重要工具和载体。从实践来看，金融产品单一、功能不足也是造成新型农业经营主体金融服务困境的重要原因。因此，总结银行等金融机构针对新型经营主体的典型服务模式和典型产品，有利于提升整体的金融服务质量和水平。

在产品和服务方面，金融服务供给模式可以总结为两个大类。第一大类为针对所有新型经营主体的通用型典型服务模式，这些模式既适用于家庭农场、农民专业合作社，也适用于农业龙头企业。第二大类为针对某类型新型农业经营主体的特质型服务模式。

（一）新型农业经营主体通用型金融服务模式

从通用型的类型来看，金融服务和产品的创新主要是从减少信息不对称、降低单位服务成本、增加风险分摊机制等方面展开创新。如基于农业生产方式的服务模式、依托生产场景的服务模式是从产业链和区域等角度，减少了金融机构与新型经营主体的信息不对称，政府增信模式主要是完善了风险分摊机制，数字农贷的运用减少了信息不对称的同时，还降低了单位服务成本。当然，模式的划分也不是绝对的，比如有些基于农业生产方式的服务模式中也辅以政府通过政策性担保公司或者风险补偿基金等加入政府增信，几类模式之间，很多是相互融合的。接下来，将对几种通用模式展开详细分析。

1. 基于农业生产方式的服务模式

新型经营主体的生产主要是基于经营性的目的，与上下游易于形成紧密的关系，因此基于其农业生产方式特点，依托农业产业链上下游生产关系来解决家庭农场信贷过程中的信息不对称难题，是一种有效的模式。

一是“公司 + 农户 + 银行”形式。这种模式较为常见，银行与农业产业化龙头企业开展合作，对龙头企业订单农户、上下游农户择优发放贷款，借助企业力量做好客户筛选和贷后管理。此类模式将家庭农场的个体信用与整体产业链的群体信用绑定，解决家庭农场缺乏抵押和担保、客户群体分散、管理成本较高、风险不宜控制等难题。鉴于各地区在农业产业化程度、产业组织形式等方面存在差异，在实践中也演变出了多种细化的操作方式。有的直接采取“龙头企业 + 农户”方式，如农业银行大连分行与海升果业公司开展合作，由海升果业对果农提供保证担保，农业银行对果农进行流动资金支持。

该模式属于应收账款融资。处于产业链上游的生产端新型农业经营主体在销售产品后不能及时收到下游企业的货款，在这种情况下，新型农业经营主体可以利用未到期的应收账款向金融机构办理融资业务。银行将新型农业经营主体视为借款人，将下游企业视为担保人，同时利用货物质押或者其他风险防范措施，进一步降低信贷风险，如控制上下游之间的物流或者利用屠宰许可、订单协议抵押开展反担保，进行风险控制。一旦出现信贷风险，银行不但可以优先从下游企业获得应收货款，还能通过其他风险控制方式分担风险。当然，银行提供贷款是在对产业链进行评估的基础上进行的，而下游企业和其他方式的监督也能有效降低家庭农场融资的信用风险。产业链融资最重要的是考察上下游经营主体间依存关系和信用关系。

二是“农民专业合作社 + 农户 + 银行”形式。银行以农业专业合作社为平台，从合作社社员中择优挑选客户，批量办理农户贷款业务。这种模式把农民专业合作社作为银行与农户间的信息、信用桥梁，既有利于解决信息不对称问题，把好客户准入关，也有利于建立增信机制，强化信贷风险的预防和化解能力。如义乌市花卉行业资金互助会于2015年成立，互助会与义乌农商行合作，根据其成员苗木资产经营情况为其提供担保，为其下属的家庭农场等经营主体提供信贷支持，经营主体申请加入互助会时须经过民主投票，选择品行好、财力佳的农民加入合作社。互助会按照会员贷款金额的2%收取担保费，当会员贷款逾期时，从担保基金扣还贷款。利用其合作社对下属经营主体的了解，通过担保的方式，成员融资难题得以解决。

2. 依托生产场景的服务模式

新型经营主体的生产和经营往往具有一定的空间聚集性，利用空间聚集性的特征，利用整体行业或者经营所在地的相关信息，获得家庭农场的生产经营情况，予以信贷支持和风险控制。

一是“基地+新型农业经营主体+银行”形式。银行依托产业链龙头企业，对其特种作物种养殖基地内的新型农业经营主体批量发放贷款，利用基地内新型农业经营主体集中、产业相同、资金流向一致的特点，开展信贷资金监控，防范信贷风险。如农业银行贵州分行采取“订单种植、三方协议、封闭运行”的运作方式，为烤烟基地订单农户办理信用贷款，该模式的主要特点是资金封闭运行，即农业银行与县烟草公司、农户签订合作协议，明确农业银行为烟农烤烟销售资金代理兑付行，烟农烤烟销售款通过农业银行惠农卡结算，烤烟销售款通过农业银行惠农卡兑付并优先用于偿还贷款本息，有效满足了烟农的金融服务需求。

二是依托农业园区模式。该融资模式通常依托某个农业园区。以农业园区建设为依托，农业产业集群为对象，利用供应商、生产商、销售商、服务中介以及专业协会间纵向一体化的合作关系，满足农业产业链资金循环需求的金融服务。该模式主要依靠产业集群内新型经营主体之间在信息、资源、技术、销售渠道上的相互依存来缓解农业信贷风险，提高外部金融机构收益，降低其信贷风险。

在依托农业园区模式中：第一，银行与地方政府合作，通过参与园区基础设施建设融资，完善园区金融设施与设备，构建融资平台。第二，银行通过产业调查和评价，建立项目库，加强对园区产业项目的参与和监督，明确产业链条分布。第三，银行通过与其他金融机构（保险公司、担保公司）合作，整合园区内的种植、养殖、加工、运销等相关产业组织，利用核心价值判断、定制反担保协议，预设化解方案等措施对家庭农场开展金融服务，实现“新型经营主体+企业”融资。

从2018年起，广东省政府按照“每年创建50个、3年创建150个”的建设规划，重点在粤东西北地区建设省级现代农业产业园，打造“百园强县、千亿兴农”的农业产业兴旺新格局，农行广东分行积极响应省委省政府的决策部署，2019年9月6日与广东省农业农村厅、广东省农业信贷担保有限责任公司签订支持现代农业产业发展合作协议，以此为新起点，进一步加强对现代农业产业园、农业产业化龙头企业、“一村一品、一镇一业”的建设支持力度，围绕客户准入难、贷款担保难、融资难、办贷效率低等问题，出台差异化支持政策，创新针对性产品，执行最优惠贷款利率，开辟信贷审批绿色通道，精准服务现代农业产业园创建和发展。截至 2019 年末，100 个省级产业园中，广东分行已为 55 个牵头实施主体开立专项资金账户，制定 100 个产业园金融服务方案，实现对省级产业园服务的全覆盖，产业园为 10 791 户客户提供金融服务，客户数量比年初增加 10 149 户，各类经营主体贷款余额 48. 5 亿元，比年初增加 35 亿元。

3. 拓宽可抵押物的服务模式

土地是规模化经营的新型农业经营主体非常重要的固定资产，但受制于现行法律法规的规定，其往往难以成为法定范围内的抵押物范畴。2015 年 9 月，国务院出台《关于开展农村承包土地的经营权和农民住房财产权抵押贷款试点的指导意见》，提出赋予“两权”抵押融资功能，为加快推进农村承包土地的经营权抵押贷款试点和农民住房财产权抵押贷款试点提供了政策机遇。相关的“两权”抵押贷款、林权抵押贷款也逐步推行展开，在一些试点地区，不少金融机构推出了“两权”抵押贷款，特别针对家庭农场和龙头企业规模经营，单产高，抗风险能力强，贷款综合成本低，便于集中管理。这对规模经营的新型农业经营主体具有一定的意义。例如，吉林省延边州是农业部确定的 33 个农村土地承包经营权流转规范化管理和服务试点地区之一。该州外出韩国等地打工农户高达 20% 以上，为土地流转创造了客观条件。当地州委、州政府对家庭农场出台多项扶持政策，为农户发放合法、有效的农村土地承包经营权证，办理规范有效的抵押登记手续，为创新推广农村土地经营权抵押贷款提供了平台。

农业银行针对吉林省延边州的特点，设计了农村土地经营权抵押贷款。其对象为依托农村土地开展农业生产经营的专业大户、家庭农场、农民合作社、农业企业及家庭承包经营农户等农业经营主体，支持借款人在承包或流转土地范围内从事农业生产经营的融资需求。贷款期限最长不超过 5 年。贷款额度不超过贷款期间借款人农业生产经营收入现金流的 50%，自然人客户单户额度最高不超过 1 000 万元，具体根据抵押土地经营权评估价格和抵押率确定。土地经营权价值评估采用市价法，以县级（含）以上政府公布的参考价格为依据，根据家庭承包合同剩余年限或已缴清租金的剩余使用年限，内部评估确认。以家庭承包方式取得农村土地经营权作抵押的，抵押率最高不超过农村土地经营权评估价值的 60%；通过缴付租金方式取得农村土地经营权的，根据已缴清租金的剩余使用年限不同，抵押率最高分别不超过 60%、50% 和 40%。贷款基本流程为：农户自愿申请→农行受理初审→客户经理入户调查→农行审查审批→农经部门办理抵押登记并签发“他项权利证”→发放贷款→贷后管理→信用收回。

为解决部分土地流转大户一年一付租金、抵押价值不足的问题，农业银行又创新推出“农村土地经营权＋大棚”“农村土地经营权＋农机具”等组合担保方式，支持经营大户以土地经营权及地上附着物等抵押融资。相对于传统农户贷款抵押担保方式，基于农村土地产权的抵押担保创新解决了“抵押担保难”问题，但也为金融机构合理评估相关权益的价值、监控权益行使状态、处置违约客户抵押的权益以挽回损失等带来新的挑战。

也有不少地区将“两权”抵押贷款与各类产业发展相联系。如成都市温江区拓展“农村产权＋”特色金融产品外延，探索“农村产权＋产业”，将“产业”与“一村一品”发展相结合，在25个村探索农村金融整村推进模式，截至2020年6月，综合授信农村产权抵押贷款超过1亿元，实现融资0.8亿元；推进“农村产权＋项目”，将农村产权抵押与“农康文旅体养”五类产业深度融合，加大对12个入库现代农业重点项目的金融支持，截至2020年6月，累计投放12亿元支持“鲁家滩湿地公园”“北林绿道”等乡村振兴项目建设；推动“农村产权＋创业”，加大对具有行业引领、专业创新、示范带动作用的高层次农业人才和专合组织等市场主体的金融支持，不断扩大“温江花工”“匠人联盟”影响，激发农村双创主体活力，截至2020年6月，通过支农再贷款累计发放农户小额信用贷款0.4亿元。

4. 政府增信型服务模式

政府在金融支持中也能发挥重要的作用。一方面各地方政府可以通过政策性基金、担保公司等多种形式，对农业新型经营主体等给予支持，另一方面，政府还可通过对各类农业新型经营主体给予财政支持，如农业的项目补贴等。因此，探索利用现有资源，政府、银行、担保机构或保险机构密切协作，发挥各自所长，为新型农业经营主体提供融资支持，是政府增信型模式的主要特点。

在实践中，比较典型的有“政银担”模式、“政银保”模式、“银行贷款＋风险补偿金”模式等。其中，“政银担”模式是指政府扶持或直接出资设立担保公司，对符合条件的农业信贷项目予以担保，银行再发放贷款；“政银保”模式是指保险公司为贷款主体提供保证保险，银行提供贷款，政府提供保费补贴、贴息补贴和风险补偿支持；“银行贷款＋风险补偿金”是指由财政资金建立风险补偿金，合作银行向新型农业经营主体提供无担保、无抵押、低成本、简便快捷的贷款，当出现不良贷款时，按约定程序和比例从财政风险补偿金中予以补偿。上述模式一方面弱化了对新型农业经营主体抵质押物的要求，提高了其贷款可得性，另一方面充分发挥了财政资金的杠杆作用，同时还实现了政府、银行、保险机构或担保机构等的风险共担，调动了金融机构支持新型农业经营主体发展的积极性。例如，蒲江县与邮储银行蒲江县支行、省农担公司合作开展“政银担”融资模式实践，县财政出资 2 250 万元设立蒲江县乡村振兴农业产业发展贷款风险补偿金，截至2020 年第一季度末，累计为80 个农业项目和种养殖大户提供9 023 万元信用担保贷款。

一些政府部门还将农村土地产权改革与新型经营主体融资相结合。如成都市温江区创新市场化为主导的农村产权融资模式，引入农业产业化龙头企业、农民合作社、收储公司或国有平台作为抵贷不良资产处置企业，探索“借款人 + 土地经营权及地上附着物 + 处置企业 + 金融机构”市场化处置模式，参与市场化处置的企业有 3 家、银行 7 家。探索建立政府引导、市场参与的农村产权收储联盟，增强商业银行放贷信心，促进改革试点的顺利推进；建立市场主体全方位参与机制，处置企业和农村产权收储联盟全程参与抵押物的价值认定，进行资产监管和风险处置，协助银行控制抵贷资产风险；出资 500 万元建立农村产权风险补偿基金，引导建立由银行、政府、企业合作的市场化风险分担体系，实现传统的“债务收购—抵押物处置—净值分配”向“市场化处置—差额补偿”转变；创新涉农抵贷资产处置机制，作为产权交易市场的有益补充创新了涉农抵贷资产处置机制；以三联花木为核心，探索建立农村产权托底收储机制，替代政府兜底责任，彻底打通产权交易的“最后一公里”障碍。

5. 金融科技服务模式

金融科技迅猛发展也为金融服务新型农业经营主体提供了新的金融解决方案，金融科技将金融场景中原先无法量化的人、物、场、资金流、信息流等软信息全面数字化，即数字资产化，在此信息的基础上衍生金融产品和服务（谢绚丽，2018）。尤其是针对新型农业经营主体，可以运用卫星遥感等数字化技术，有效评估和监测其种养殖状况，增强对其经营情况的把握；利用大数据等技术，增进对用户的了解，利用人工智能等技术，在客户获取、产品推介和风险控制方面开展更加精准的服务。

随着电商平台的普及，越来越多的电商平台进入农村市场，电商平台以庞大的供应商资源、海量的交易数据资源以及自建的物流网络，成为集“信息流、物流和资金流”于一体的平台，实际发挥传统供应链金融中的核心企业功能。由此，电商平台成为农业供应链金融的主体，通过平台大数据对农业信息进行实时监控，利用平台实现供应链内部的资金闭环流动（见图9－1）。

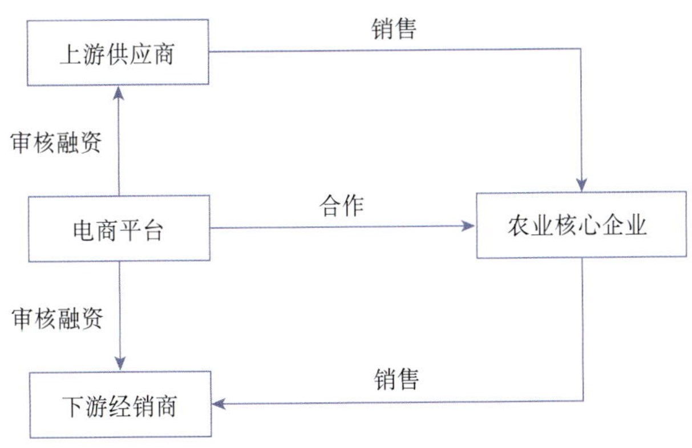

图9－1　电商综合平台主导型模式农业供应链模式

电商平台还引入担保机构、保险公司等金融机构。例如，蚂蚁金服以农业供应链为突破口，在传统种养殖户——龙头企业的供应链基础上加入电商平台，电商平台一方面为种养殖户提供农资农具的购买渠道，另一方面也为农产品的销售提供渠道，可随时掌握种养殖户的基本信息。对供应链中种养殖户发放贷款时，采用大数据分析种养殖户的经营状况和信用状况，并根据其承受能力确定信贷规模；贷款的发放并不是以资金的方式，而是将贷款打入支付账户并用于在电商平台定向购买农资农具，确保贷款资金的“专款专用”。在贷后阶段，蚂蚁金服可通过大数据跟踪养殖户经营状况和风险状况，同时根据平台掌握的销售资金，保证按时还款，形成资金的闭环。

6. 依托农业保险的服务模式

农业保险是分摊农业风险，进行风险管理的重要模式，保险的数据，可以直接反映土地的实际种植情况、土地的实际使用人情况等诸多基本信息，基于农业保险的保单，根据承保金额，在此基础上提供一定额度的信贷服务。如四川省成都市大邑县积极探索“险资直投、支农惠农”融资模式，开展森林保险质押融资。林业保单融资解决了过去在银行办理贷款存在周期长、条件多、成本高、耗时长等问题，办理便捷，只需森林保险保单就能办理质押融资，这种“保单＋贷款”的支农融资模式将有力促进现代林业产业的发展及转型升级。

（二）新型农业经营主体特质型金融服务模式

三类新型农业经营主体存在共同性，但是也有其特质性，针对其特质性，不少金融机构探讨了个性化的服务模式，本部分针对不同类型的特质性金融服务模式进行重点介绍。

1. 基于农村信用工程的家庭农场服务模式

家庭经营是我国农村基本经营制度的核心。家庭农场是以家庭经营为基础，融合科技、信息、农业机械、金融等现代生产因素和现代经营理念，实行专业化生产、社会化协作和规模化经营的新型微观经济组织，是家庭农业的重要实现形式之一。它可以将传统农民转型升级为职业化、专业化的法人农民，是一种新型农业经营主体，也是农业现代化的重要组织形式。存在家庭经营、适度规模、市场化经营、企业化管理4个显著特征，导致其金融需求不同于传统的小农户。

通过整体评级授信的方式，以营造良好的农村信用环境为基础，以创建信用农户、信用村组、信用乡镇和农村金融信用县为载体和形式，以深化普惠金融服务和改善外部信用环境为主要内容，已证明是缓解小农户“贷款难”问题的重要路径。2017 年中央“一号文件”《关于深入推进农业供给侧结构性改革加快培育农业农村发展新动能的若干意见》提出“推进信用户、信用村、信用乡镇创建”的要求。随着农村信用工程的完善、农户信用数据的完善，信用贷款的额度可逐步提升，能够满足部分家庭农场、兼业农户产业发展带头人的信贷需求。专栏 9－1 介绍了贵州省农村信用联社在传统的农户信用工程的基础上拓宽服务对象，将新型经营主体等纳入服务对象，提高了授信额度，有效促进了贵州农业产业的发展。

农村信用工程建设还可以与金融科技有效结合，降低农村信用工程建设的成本，提高效率，丰富信息纬度。例如，农业银行研发上线“惠农 e 通”平台，融合“惠农 e 贷”网络融资、“惠农 e 付”支付结算、“惠农 e 商”农村电商三大服务功能，努力让包括新型农业经营主体在内的“三农”客户用农行的 App；2019 年启动实施“三农”和县城业务数字化转型，按照做大规模、做实数据、做优平台、做多场景、做亮产品、做通渠道的思路，让更多新型农业经营主体等客户享受现代化低成本金融服务。截至 2019 年末，农业银行“惠农 e 贷”业务已基本覆盖全国所有县域，贷款余额 1 986 亿元，“惠农 e 商”共上线县城商户 13 649 万户，交易金额达到 4 127 亿元。

2. 合作社间接贷款模式

不同于家庭农场在金融服务的过程中主要是解决其缺乏抵押和担保等方面的问题，合作社还面临着法人性质不甚清晰、组织结构松散、自身规范性不足，缺乏实质性固定资产、内源融资模式和外源融资模式并存等特征。因此，间接贷款模式是指不直接针对合作社放款，而是更多依据合作社理事长的个人资产和信用情况，相关流程和要求比照常规的个人生产经营性贷款进行，发放的个人生产经营贷款。在贷款的过程中，多数需要借款人个人以其自身和家庭财产提供抵押或担保，额度根据借款人的还款能力、提供担保情况、生产经营规模、在金融机构的结算比例、使用金融产品的种类等因素综合确定。但是，在实际借款用途上，个人生产经营性贷款是用于合作社的生产和发展。

一般情况下，申请和取得个人生产经营贷款都要求借款人必须具有从事合法生产经营的能力和一定的从业经验，以及合法有效的生产经营证明，因此能够满足上述条件的主要是农民合作社的发起人以及部分主要股东。但是，随着目前国家产业扶贫政策以及农村金融政策日益放宽，部分农民合作社社员也可以通过农户小额信用贷款、扶贫小额信用贷款等方式获得信贷资金，入股到农民合作社或者用于日常经营。

专栏9－1　贵州省农村信用社支持“12大特色产业”信贷情况

贵州省农村信用社（以下简称“贵州农信”）不断提升农户的信用额度，部分特优级信用农户信用授信额度达到50万元以上，并对贵州的特色产业和现代山地高效特色农业给予较大信贷支持。

贵州农信支持“12大特色产业”信贷情况（2019年8月末）

农业种类	特色产业	贷款金额（亿元）	贷款农户（万户）
种植业	蔬菜产业	77.27	3.96
	茶产业	35.65	2.53
	食用菌栽培	5.43	0.39
	中药材种植	24.56	1.75
	精品水果种植	20.62	2.42
	辣椒种植	4.5	0.5
	石斛种植	1.17	0.096
	刺梨种植	5.47	0.88
	油茶种植	2.94	0.34
	竹种植	1.12	0.064
养殖业	生态畜牧	269.64	53.93
	生态渔业	10.58	1.48
合计		458.95	78.34

围绕全省500亩以上坝区，贵州农信聚焦重点产业和优势品种，创新“12大农业特色产业贷”信贷产品，积极支持蔬菜、茶叶、食用菌、中药材、精品水果、辣椒、石斛、刺梨、油茶、竹、生态畜牧、生态渔业等特色优势产业发展，促进优势产业发展，提升产业经营主体组织化程度，培育农村商业信贷市场有效的承贷主体，带动农户增收致富。截至2019年8月末，贵州农信支持“12大特色产业”信贷余额达到458.95亿元，支持现代山地高效特色农业贷款余额达到614.58亿元。

专栏9-2　四川省彭州市农村金融基础设施建设情况

中国人民银行彭州市支行聘请专职金融服务联络员负责“村站”日常运营，牵头推进彭州10家银行、2家保险公司及中国电信（益农信息社）、四川银联等合作机构，每月支付给联络员固定工资及业务拓展绩效奖励，全面参与试点“村站”合作共建。

人行彭州市支行根据村站服务区域和服务群体的不同，统筹匹配合作机构服务项目和便民金融机具。自2018年6月首批试点“村站”正式运行以来，人行彭州市支行已在“村站”成功布放助农取款POS机、ATM、惠农微银行、纸硬币自助兑换机、点验钞机、人民币鉴伪仪等便民金融机具，并通过“村站”大力推广“云闪付”“银迅通”“裕农通”等业务，实现了小额取现、转账、耕保金支取、纸硬币兑换、假币鉴定、水电气费交纳等金融服务在基层的有效落地。

截至2020年6月末，通过试点村站新增彭州“农贷通”平台注册用户5 252户、成功对接贷款705笔1.15亿元、采集信用信息5 294户、代办农业保险313笔，引荐农村产权交易18宗。通过试点村站为彭州“农贷通”平台带来的新增注册用户占平台同期新增用户总数的92.53%、成功对接客户中首次贷款客户笔数和金额分别占总量的60.2%和57.6%。

3. 合作社联保贷款模式

该模式主要是农民合作社和成员建立联保责任共同体，按照自愿原则，自发组建联保小组，承诺为联保成员贷款承担本息连带偿还责任，经金融机构审核同意的优质农民合作社和农户之间共同签订担保、还款责任和损失风险补偿合作协议，共同申请经营性资金支持，通过联保小组担保的模式，助力成员获得正规金融机构的金融服务。

该模式的运行流程是金融机构按照准入标准，根据农民合作社的资产规模进行授信；农民合作社对社员个人进行初审，核定单一社员的融资额度，并承担连带担保责任；银行将贷款直接贷给农民合作社，并通过内部交易提供给社员农户，农户直接将贷款归还银行。实际操作过程中，通过农民合作社承担连带保证责任，可以让农民合作社在贷款调查、贷款发放、贷后管理、贷款催收等环节提供必要的信息支持和工作帮助，有利于降低贷款中的逆向选择和道德风险。在这种模式下，农户贷款资金的真实用途不易监控，贷款管理需要经过多重环节，而且这种模式对农民合作社的准入要求较低，运行成本较高。

4. 合作社依托农村产权融资模式

土地抵押贷款对家庭农场等新型经营主体适用性较强，但是合作社如何利用好土地的固定资产，以此获得金融支持，有不一样的模式，同时还需要大量的外部配套设施。

四川成都崇州市从金融需求侧推进了农村产权制度改革并有所创新，有效促进了农村产权自由流转和对新型农业经营主体的培育，针对传统小农无资产、收入低、风险高的问题，实施农村产权制度改革，打通确权颁证、价值评估、流转交易、抵押物收储再流转的全环节，为农村产权抵押融资奠定基础。

崇州市在四川省率先颁发农村宅基地资格权证、租赁使用权证，累计颁发“新六权”（农村土地经营权、林地经营权、林木竹果权、养殖水面经营权、农业生产设施所有权、小型水利工程使用权）登记证书 6 606 本。在确权颁证的基础上，该市建立了农村产权价值评估体系，开展农村产权指导价格评审，按年制定指导价格；建立农村产权评估机构库，支持中介机构开展市场化评估，为农村产权顺利流转和抵押提供了保障。同时，崇州市搭建了农村产权流转交易平台，成立了市农村产权交易公司，健全“村收集、乡审核、市交易”三级交易服务体系，累计办理农村产权交易 8 021 宗，交易金额 33. 44 亿元。此外，该市还构建了“平台公司 + 互助合作社 + 企业”三位一体的农村产权抵押融资担保收储体系。依托农村产权交易公司，采取托管、再入股等方式再流转收储产权，化解产权抵押融资违约风险。

创新“土地股份合作社 + 农业职业经理人 + 农业综合服务体系”农业共营制经营模式，推动了农村土地规模化运用，提升承包地经营权的权能和融资价值，激发了潜在的融资需求。其具体做法包括：第一，组建土地股份合作社，引导农户以土地经营权折资入股，全市耕地适度规模经营率达到 75%；第二，培育和选聘农业职业经理人，健全“理事会 + 农业职业经理人 + 监事会”运行机制；第三，健全农业科技、农资农机、劳务、品牌、电商综合服务体系。

农业共营制经营模式破解农业生产经营中“地碎、人少、钱散、缺服务”4 个制约和“谁来经营”“谁来种地”“谁来服务”三大难题。截至 2020 年 7 月，崇州市已建成土地股份合作社 246 家，土地适度规模经营率达 71%，培育农机合作社、烘储中心等各类主体 1 171 家，有效推动了稻田综合种养、现代林业两大百亿产业发展。农商文旅跨界融合、线上线下互动融合的农村新业态不断涌现，催生了对农村金融服务和创新的迫切需求。

5. 合作社内部信用合作模式

由于金融机构对合作社法人主体地位的认知存在差异，且确实存在合作社出现信用违约的情况，难以确定最终责任人的风险。因此，不少合作社为了解决合作社以及内部社员的融资问题，开展了合作社内部的信用合作。

合作社内部的信用合作，即依托农民专业合作社设立具有资金互助功能的业务单元或独立的资金互助组织，开展社员之间的货币信用合作。有的农民专业合作社在简单的赊销、赊购等商业信用合作的基础上，通过成立诸如资金互助会、互助合作基金部等业务单元的方式在内部社员之间开展短期资金的借贷活动，即社员与专业合作社内部发生借贷关系。依托吸收的社员股金或会费在合作社内部循环借贷，满足合作社季节性资金需求和解决会员临时资金短缺问题，并以此促进专业合作社的发展和农民增收（汪小亚，2016）。

农民资金互助社具有根植于农村，贴近于农民的特点，能有效发挥“熟人社会”优势。一是“熟人社会”的信息对称程度高，降低了发放贷款的信息搜寻成本。由于农民资金互助社实行封闭运行，在社员内部开展资金互助合作，实质上构建出“熟人社会”，社员之间彼此了解，对借款户的家庭人员、道德品质、种养业活动都十分清楚，具有很高的信息对称性，从而有效解决了正规商业性金融机构开展农户贷款面临的严重信息不对称和贷前调查、贷中审查、贷后检查的信息成本高等问题。二是“熟人社会”提高了借款农户的违约成本，使信用贷款得以实施。在“熟人社会”，社员信誉风险较大，周围邻居会以“闲言碎语”方式对农户借款有意不还的情况加以传播，致使其“恶劣行径”家喻户晓，从而提高了其再次获得邻居帮助的困难程度。调查中发现，有的农民资金互助社规定，对于有意赖账不还的农户，邻居将拒绝参与其家庭成员的结婚、生子、丧葬等重大事务。正是基于此，农民资金互助社可以采取信用方式发放贷款，有效解决了农户抵押物缺失的问题，而不像正规的商业性金融机构，要求农户借款必须提供抵押物，从而将抵押物缺失的广大农户拒于金融服务之外。三是“熟人社会”降低了交易成本，社员使用资金机会的均等化提供了交易的便利性，可以随借随还。另外，中国农村地区民间互助借贷行为有很广泛的群众基础和很久远的社会风俗与“熟人社会”长期存在密不可分。

应该看到，在这个过程中也面临合作社内部信用合作法律地位的缺失、无法注册登记、监管态度不甚明确等问题，同时现实中也确实出现过合作社内部信用合作出现异化，演变为非法集资，甚至出现“山寨银行”等问题，潜在风险隐患较大。

6. 农业龙头企业“信贷工厂”模式

农业龙头企业较为复杂，按照规模来划分，包含大量由家庭农场、种养大户发展而来的小微企业，但也存在农业上市公司、国家或省级农业龙头企业等大规模农业企业。不同规模的企业其金融需求存在较大差异，针对大企业、中小企业和微型企业的金融服务方式也不尽相同。在中小微农业龙头企业的服务模式中，传统小微企业的信贷模式也适用于农业龙头企业，比如信贷工厂模式、金融科技等服务方式。

“信贷工厂”模式，是银行中小企业信贷业务的一种标准化、流程化的产品。贷款业务中的各个程序被分解、重新进行标准化设计，即客户开发，信贷的调查、文件收集、审批、发放，以及货后监督、贷款的回收都采用工厂中流水线一样的标准化方式进行和管理。在信贷工厂模式下，首先要对信贷审批和发放进行标准化；其次在贷款过程中，要对客户经理、信贷员和贷后监督人员进行专业化、互不重叠的分工。

“信贷工厂”模式要求信息的标准化，同时“软信息”的生产对贷款技术提出了更高的要求。不过，目前我国的信用体系发展并不完善，尚未实现所有个人和企业的信用信息系统的全覆盖。人民银行所能提供的信用信息较为有限，且多为“硬信息”。因此，要开展“信贷工厂”模式业务，就要有专门的“软信息”数据库来进行客户信息的储存和更新，这对银行的 IT 技术提出了要求，同时也加大了前期与客户进行接触和从多方面收集企业信息的人工投入与设施成本。同时，为了提高贷款的审批、发放效率，保证“流水线”各环节完美衔接，往往要进行网上申报、审批和文件录入，需要完备的网络 IT 技术，及相应的安全维护。这些都需要相当大的前期投入。在实践中，许多公司采用“信贷工厂”模式，但并没有建立起有效的“软信息”数据库，实际的风险控制更多地依赖于不同企业之间的联合担保。

民生银行的“商贷通”是“信贷工厂”模式的代表。从“商贷通 1.0”到“小微金融 2. 0”，民生银行对一圈两链中的中小企业采取批量营销、集群授信的模式，通过联保联贷的方式弱化个体的信用风险，降低信息不对称带来的影响，实现了信贷业务的工厂化、低成本运作。借助“信贷工厂”的批量化输出，能够降低贷款投放的成本，提升行业客户服务的专业能力，但由于“团体”取代了“个体”，导致客户的黏性方面存在不足，容易受利率、服务等同业竞争的影响。此外，集群授信模式的风险与行业和区域经济发展具有高度关联性，在经济下行周期，容易使银行承受较大的资产质量压力，比如过去几年钢铁贸易行业就曾出现过行业性风险暴露。

7. 直接融资助力农业龙头企业模式

金融服务模式不仅有银行等间接融资模式，还有大量的直接融资模式，如通过债券、股权的发行筹集资金，通过利用风险投资基金、产业发展基金等模式，获得机构投资者的支持。截至 2020 年底，农、林、牧、渔行业已有 29 家上市公司，5 家企业市值在 1 000 亿元以上。在风险投资领域，也涌现了越来越多专注于农业行业的风险投资基金，随着各级政府意识到直接融资发挥的巨大作用，除传统 VC/PE 投资机构外，各级政府还积极发展设立农业产业发展引导基金、鼓励大型投资集团或企业集团为背景的政策性产业资本和外资资本参与农业产业。

直接融资模式不仅能够通过增加所有者权益、扩大资本，还能够改善公司的资本结构和负债水平。通过引入外部投资者，可促进公司治理的规范，提升经营者的竞争力，且由于通过直接融资获得的资金相对较为长期，与新型经营主体的长期、规模化资金需求恰好匹配，能够将筹集的资金用于扩大生产规模、改进生产技术和机械设备等长期投资，以此提高产品质量，增加整体竞争力。

以股权融资为例，股权融资从金融支持的角度，可以缓解龙头企业资金紧张的问题，助力其做大做强，实现规模经济，促进其壮大发展。新股东将资金引入龙头企业的同时，其作为战略投资者，往往也具有丰富的相关行业经验，或者是金融和财务经营经验，往往能够给企业带来经营提升，指引其规模化经营，完善其战略定位，这也是股权融资市场中潜在的收益。具体来说，体现在以下几方面。

第一，优化整体公司架构，进行中长期战略规划。其可以按照现代的公司治理架构和管理模式，理顺股东—董事会—高级管理人员—员工的多层次组织关系，构建现代公司治理体系，从长期的农业发展以及细分的产业发展角度出发，制定短期、中期和长期发展规划，确定各阶段发展目标，锚定竞争对手，寻找产业链上下游合作伙伴，培育核心竞争力。

第二，提升产品的市场地位，加强与政府合作。农业产业中销售是关键环节，诸多企业往往只注重生产，而忽略了市场端的建设，投资者的引入可以强化市场环节，开拓新的市场，找准市场定位，完善营销策略，制定精细化的营销规则，提升公司及产品形象，提高产品品牌价值及溢价能力；同时，通过与政府的相关交流，加强对政策的把握和解读能力，了解最新的政策动向，以此更好地和企业未来发展思路衔接。

第三，发挥财务与法律顾问的功能。初创型龙头企业往往财务制度不甚完善，尤其是从家族类企业发展起来的龙头企业，财务规范性更差，外部投资者往往具有丰富的财务管理经验，可以帮助龙头企业完善财务管理制度，增加内审和外控机制，防止出现内部人掏空等问题；同时，可规范公司的法律框架，帮助公司了解相关法律法规，使合同签订等涉及法务的环节更加规范，帮助建立相关的法律保护制度。

综上所述，直接融资除了提供金融服务之外，还会使整个龙头企业的构架、治理结构、经营模式、财务管理等方面更为规范化和专业化，提升新型农业经营主体的潜在价值（田剑英，2019）。

十、政策建议

（一）完善“新型农业经营主体信息直报系统”直通车模式

2021年5月，农业农村部新型农业经营主体信息直报系统开通，通过涉农信息数据整合和共享，有效缓解了新型农业经营主体的融资难题。在此基础上，建议继续强化直报系统的平台作用。

第一，丰富和完善平台内容。现有数据信息主要来自农业农村部门，可通过加强数据对接，丰富数据的信息量，如通过与其他部委或者地方政府对接，将经营主体的非农业相关数据纳入其中，通过与金融部门对接，将经营者金融行为相关数据导入平台，实现平台信息的集中化和最大化。

第二，可进一步扩大接入金融机构的数量和类型，为地方农村商业银行、村镇银行等中小金融机构开启对接通道，与农业开发银行、地方的风险担保基金等政策性金融机构链接，开发多样化金融产品，据此实现平台信息数据的最大化有效利用，提升新型农业经营主体的金融可得性。

第三，需加强宣传和推广，增进新型农业经营主体对直报系统的了解，加强其填报信息的意愿和主动性。

（二）打造新型农业经营主体“金融科技融合服务模式”

金融科技更新了诸多传统金融产品和服务的方式，提升了其效率。因此，建议在传统金融服务模式中加入金融科技的力量。如针对传统的支付业务，可与移动金融App、开放API等技术深度融合，打通线上和线下的支付环节。利用图像识别、电子围栏等数字化技术，加强作物、畜禽、水产、林木等农业“活体”动态跟踪，借助运用卫星遥感等技术，促进农业产业链数据自动化采集、可溯化信任和智能化分析，有效评估和监测其种养殖状况，增强对其经营情况的把握，据此开发相应金融产品。还可与农产品电商等销售环节紧密联系，推动资金流、物流、商流深度融合，开展数字供应链金融，提升农业产业和上下游企业融资可得性。利用人工智能等技术，优化客户获取、产品推介和风险控制等重要环节。

（三）发展新型农业经营主体供应链金融模式

一是采用“新型农业经营主体＋电子商务企业＋大数据”模式。新型经营主体借助互联网将农业产品进行线上销售，并将其销售信息、现金流信息、客户评价反馈到电子商务企业后台。电子商务企业基于上述信息直接对新型经营主体进行贷款。电子商务企业同样可以向供应链上的新型经营主体、其他食品企业及商业银行提供相关信息，保障供应链上各环节信息共享及资金的稳定运行。应在电子商务较为发达地区予以推广。二是采用“新型农业经营主体＋农业加工制造企业＋应收账款抵押”模式。推广以农业加工制造企业为核心的供应链金融模式。农业加工制造企业所提供的订单，对于金融机构具有重要信用评估价值、风险甄别价值和担保价值。处于核心地位的加工制造企业可以为商业银行提供有关新型经营主体的财务和经营信息，可以直接为其进行担保，也可以通过开立订单，使新型经营主体通过应收账款抵押而获得银行的贷款。在粮食及特色农产品领域，应作为重要模式予以推广。

（四）构建新型农业经营主体自我金融服务机制

一是对于资产规模较大、产业链完善、成员规模较大和经营规范的合作社，可以响应2004—2020年期间多个中央“一号文件”的号召，发展合作社内部的信用合作，逐渐构建起生产、供销、信用“三位一体”的共生和利益共享机制。二是对于产业基础较好、产品标准化程度较高、经营规范的新型农业经营主体，可以探索农产品销售众筹模式筹资。农产品销售众筹，是参与众筹者在农产品生产周期的初期，出资获得在农产品收获季节获得一定数量的农产品的权益，或者是获得以低于市场价格一定程度的价格购买农产品的资格。三是基于那些资产规模较大、产业链完善和经营规范的合作社、农业产业化龙头企业，也可以探索供应链融资。

（五）继续完善农业经营风险保障体系

一是进一步发挥中央财政资金对农业保险的引导作用。优化中央财政资金支持领域和方式，从根本上解决新型经营主体买不到农业保险的困境；加大重要农产品供应基地保费补贴政策倾斜，有效解决粮食主产区保费地方配套不足的问题；采用保费补贴比例调整机制和以奖代补方式，积极发挥中央财政资金对主粮和重要农产品的保供作用。二是鼓励各地因地制宜开展优势特色农产品保险。明确将制定地方优势特色农产品保险配套办法，作为各地申报各类国家级和省级优势特色农业园区、产业集群、农业示范区等的先决条件。支持鼓励地方政府充分结合本地产业规划布局，针对地方优势特色农产品，完善符合地方产业发展需求的特色险种，合理确定新型农业经营主体的保费承担水平，有效扩大农业保险覆盖率。三是逐步优化政策性农业保险服务领域和宽度。结合农业现代化进程和新型农业经营主体经营领域拓展，与时俱进逐步调整政策性农业保险服务领域，积极探索农产品经营体系综合保险，探索将农地质量、籽种质量、设施仓库、农机设备、物流冷链、进出口贸易等纳入保障范围。

（六）提高农险产品服务质量和经营主体参保率

一是完善多保障多层次的农业保险产品体系。充分结合新型农业经营主体的风险保障需求特点，鼓励农业保险经营机构开发和完善不同性质和风险大小的农业保险产品体系。创新农业保险研发能力，加强农业保险新科技的应用，借助科技力量提高农业保险服务覆盖能力，提升农业保险服务效率，稳定、持续地提供高质量农业保险产品，满足新型农业经营主体日益增长的风险保障需求。二是积极推动新产品和新模式的试点。推进稻谷、小麦、玉米完全成本保险和收入保险试点，试点县域产量保险和天气指数保险等指数型产品，优化“保险 + 期货”模式，开展“基本险 + 附加险”产品试点，探索满足新型经营主体提高保障水平需求的实现路径。三是有效提升农业保险服务质量。合理评价劳动和租地成本投入，完善农业保险保障水平动态调整机制，结合产业农业布局发展方向、生产成本的变动和投资风险的高低，适当提升现有险种的保障水平。引进第三方核损查勘制度，优化理赔流程和速度，有效留住新型经营主体的心，让其有更多参保获得感。

（七）因地制宜增强农业保险服务能力

一是聚焦地方农险重点任务，确定农业保险发展的侧重点。对于黑龙江，农业保险认可度较高，因此重点是创新地方保费补贴方案和保险金额，通过减轻地方财政压力并优化农业保险产品设计来提高经营主体的参保积极性。对于安徽和山东，重点是优化产品设计来增加保险金额，从而提高经营主体参保积极性。对于四川，重点是通过优化产品设计和改革赔付流程等，增加保险金额，加快赔付速度，新增险种，从而提高经营主体参保积极性。对于内蒙古，重点是要增加保险金额和新增保险险种来吸引经营主体参保。对于福建和广东，重点是要增加保险金额和创新产品。二是建立高效的农业保险工作体制机制，强化农险政策内部和外部联动，整合农业保险资源，建立信息共享平台，推动农业生产、农户信息、气象灾害、农险经营、农险服务机构队伍等基础信息交流与共享，提高农险费率厘定、查勘、定损、理赔等的“精准化”程度，切实提高农业保险服务水平。三是充分利用中国农业再保险公司（以下简称中农再）成立的有利机遇。有效发挥再保险与直保两种工具在风险管理中各自的优势，优化农业风险保障层次关系，增强新型农业经营主体的农业保险保障能力。

（八）设计新型主体“一揽子”保险产品

一是基于不同地区新型农业经营主体的保险需求，积极开展包括地方特色农产品保险、农机具保险、设施保险、雇佣劳动力意外伤害保险在内的“一揽子”保险产品。二是进一步优化财政补贴政策。拓宽地方优势特色农产品的补贴险种，通过财政补贴手段引导创新型农业保险产品的试用与推广，促进农业保险高质量发展。

（九）持续进行农村信用环境建设

一是进一步完善共建共创机制，将新型农业经营主体纳入信用体系建设，实施包括地方党政机关、金融机构、金融监管部门等共同参与农村信用工程建设的多级联创机制，明确省级牵头部门，同时，市、县、乡、村均要明确目标责任和具体措施，健全考核奖惩机制，促使相关部门各司其职、各尽其责、履职到位，切实抓实存量信用主体的巩固维护和新信用主体的创建。二是落实守信激励和失信惩戒机制。加强公安、司法、纪检监察、组织、人事、金融监管、金融机构等部门间信息互联互通，完善联合奖惩信息的应用及反馈机制，对新型经营主体的违约行为，落实到实际控制人。三是加大对逃废银行债务、破坏金融信用环境、扰乱金融秩序等行为的依法打击力度，不断提高金融涉诉案件快审、快结，案件执行结案率。四是规范建立执行案件信息查询制度，及时公开强制执行案件信息，构建以信用为基础的正向激励机制，优化农村金融生态环境。五是地方党委政府围绕“乡风文明、治理有效”的要求，引导行政村规范制定村民自治章程，将诚实守信纳入村规民约，培育社会公众信用意识和契约精神。

（十）重视发挥财政资金的协同效应

我国已经建立了农业发展银行、政策性农业融资担保公司、农业再保险公司等政策性农业金融机构体系，但是对新型农业经营主体的覆盖程度和支持力度都有较大的提升空间。一是从农业产业政策指导意见出发，结合新型农业经营主体的资金需求，完善各项农业项目补贴和金融支持政策。二是加强对农村基础设施建设的投入，包括道路、水利设施、农田建设等，对农机具等农业生产设施购置提供资金支持，进一步开展大型农机具融资租赁试点，提高社会化服务程度。三是出台专门针对新型农业经营主体的金融支持方案，采取多种方式，鼓励和引导新型农业经营主体创造更好的经济效益。完善新型农业经营主体生产经营直报系统，点对点对接信贷、保险和补贴等服务，探索建立新型农业经营主体信用评价体系，对符合条件的主体，灵活确定贷款期限，简化审批流程，对正常生产经营、信用级别高的实行贷款优先等措施。四是加强整体规划，厘清商业性金融和政策性金融的服务界限，从新型农业经营主体的发展规律出发，从前期建设到后期生产运营提供系统的金融保障，尤其是在农业基础设施建设、水利、交通等方面加大财政投入，为家庭农场创建便捷高效的农业生产经营环境。五是构建银行、政府、保险和新型经营主体多方参与机制，通过融资担保、农业保险、政策联动等，将财政扶持政策与金融、担保、保险等相关政策有机结合，实行机制创新，如可采取政府、银行、担保、保险、投融资平台“五位一体”的联动支农机制，发挥财政资金引导和激励作用，运用专项资金、贷款贴息、奖补等政策，支持银行、担保、保险和投融资机构开展业务。

第一部分参考文献

[1] 边秀丽. 新型农业经营主体金融供给的缺失与对策 [J]. 农业经济，2018 (11)：95-96.

[2] 柏正杰. 政策性农业保险需求的影响因素分析：一个文献综述 [J]. 西北大学学报（哲学社会科学版），2012，42 (4)：32-36.

[3] 陈春生. 中国农户的演化逻辑与分类 [J]. 农业经济问题，2007 (11)：79-84.

[4] 陈纪平. 组织视角的中国农业规模化问题分析 [J]. 中国经济问题，2012 (6)：40-46.

[5] 陈锡文. 构建新型农业经营体系加快发展现代农业步伐 [J]. 经济研究，2013，48 (2)：4-6.

[6] 陈晓华. 大力培育新型农业经营主体——在中国农业经济学会年会上的致辞 [J]. 农业经济问题，2014，35 (1)：4-7.

[7] 陈训波，朱文. 农业供给侧改革下的新型农业经营主体发展研究——基于四川的调查分析 [J]. 农村经济，2017 (8)：108-114.

[8] 崔宁波，宋秀娟. 新型农业生产经营主体的发展现状与思路探析——以哈尔滨市为例 [J]. 东北农业大学学报（社会科学版），2015，13 (3)：19-25.

［9］崔宁波，宋秀娟，于兴业．新型农业生产经营主体的发展约束与建议［J］．江西社会科学，2014，34（3）：52－57.

［10］曹冰玉．我国农村金融供求缺口分析——基于制度因素的考察［J］．经济地理，2008（1）：136－141.

［11］曹晨光．农村金融供给：一个基于制度经济学的分析视角［J］．金融理论与实践，2007（8）：67－69.

［12］陈东平，钱卓林．资本累积不必然引起农村资金互助社使命漂移——以江苏省滨海县为例［J］．农业经济问题，2015，36（3）：40－46＋110－111.

［13］曾玉珍，穆月英．农业风险分类及风险管理工具适用性分析［J］．经济经纬，2011（2）：128－132.

［14］董玉华．"'三农'金融"：组织异质化［J］．农村金融研究，2007（10）：14－20.

［15］杜金向．发展小型信用担保组织是解决农户贷款难的有效途径［J］．农村经济，2006（1）：68－70.

［16］代宁，陶建平．政策性农业保险对农业生产水平影响效应的实证研究——基于全国31个省份面板数据分位数回归［J］．中国农业大学学报，2017，22（12）：163－173.

［17］杜正茂，龙文军．我国农业保险经营机构发展研究［J］．保险研究．2009（2）：59－64.

［18］费佐兰，郭翔宇．新型农业经营主体面临的特殊困难与政策建议——基于黑龙江省绥化市的实地调查［J］．中国农业资源与区划，2016，37（11）：126－130.

［19］傅雪梅，陈光燕，陈凌珠．新型农业经营主体发展现状及体制机制创新——以四川省德阳市为例［J］．新疆农垦经济，2016（11）：41－47.

［20］费友海．农业保险属性与政府补贴理论探析［J］．广东金融学院学报，2006（3）：75－79.

［21］冯文丽，林宝清．我国农业保险短缺的经济分析［J］．福建论坛（经济社会版），2003（6）：17－20.

［22］高丽萍．当前新型农业经营主体发展现状及对策分析［J］．山西农经，2016（1）：46－51.

［23］谷小勇，张巍巍．新型农业经营主体培育政策反思［J］．西北农林科技大学学报（社会科学版），2016，16（3）：136－141.

［24］顾晓安，李彬彬．差异化农村金融体系构建——基于需求和供给的角度［J］．上海金融，2009（1）：38－42.

［25］郭庆海．新型农业经营主体功能定位及成长的制度供给［J］．中国农村经济，2013（4）：4－11.

［26］郭树华，裴璇．新型农业经营主体融资影响因素分析［J］．经济问题探索，2019（11）：173－179.

［27］韩长赋．构建新型农业经营体系应研究把握的三个问题［J］．农村工作通讯，2013（15）：7－9.

［28］胡泊．培育新型农业经营主体的现实困扰与对策措施［J］．中州学刊，2015（3）：45－48.

［29］华中昱，林万龙．贫困地区新型农业经营主体金融需求状况分析——基于甘肃、贵州及安徽3省的6个贫困县调查［J］．农村经济，2016（9）：66－71.

［30］黄祖辉，俞宁．新型农业经营主体：现状、约束与发展思路——以浙江省为例的分析［J］．中国农村经济，2010（10）：16－26.

［31］阚立娜，李录堂，薛凯文．农地流转背景下新型农业经营主体信贷需求及约束研究——基于陕西杨凌农业示范区的调查分析［J］．华中农业大学学报（社会科学版），2016（3）：104－111＋135－136.

［32］何广文．从农村居民资金借贷行为看农村金融抑制与金融深化［J］．中国农村经济，1999（10）：42－48.

［33］洪名勇，林梦婷．新型农业经营主体融资矛盾问题研究［J］．中国集体经济，2017（9）：72－73.

［34］洪正．新型农村金融机构改革可行吗？——基于监督效率视角的分析［J］．经济研究，2011，46（2）：44－58.

［35］黄胜忠，徐鹏．农民专业合作社的成员选择与激励机制分析［J］．农林经济管理学报，2014，13（6）：577－583.

［36］韩长赋．做好保险服务农业现代化［J］．青海农技推广，2016（2）：42.

［37］何小伟，庹国柱，谢远涛．农业保险保费补贴的央地责任分担：基于区域公平的视角［J］．保险研究，2019（4）：3－14.

［38］胡二军．农业保险对我国粮食生产的影响［D］．苏州大学，2012.

［39］纪永茂，陈永贵．专业大户应该成为建设现代农业的主力军［J］．中国农村经济，2007（S1）：73－77.

[40] 姜长云. 龙头企业与农民合作社、家庭农场发展关系研究 [J]. 社会科学战线, 2018 (2): 58 - 67.

[41] 江维国, 李立清. 互联网金融下我国新型农业经营主体的融资模式创新 [J]. 财经科学, 2015 (8): 1 - 12.

[42] 姜岩, 李扬. 政府补贴、风险管理与农业保险参保行为 [J]. 农业技术经济. 2012 (10): 65 - 71.

[43] 姜岩. 财政补贴下农业保险制度研究 [D]. 南京: 南京农业大学. 2010.

[44] 孔祥智. 新型农业经营主体的地位和顶层设计 [J]. 改革, 2014 (5): 32 - 34.

[45] 孔祥智. 农业供给侧结构性改革的基本内涵与政策建议 [J]. 改革, 2016 (2): 104 - 115.

[46] 林乐芬, 法宁. 新型农业经营主体融资难的深层原因及化解路径 [J]. 南京社会科学, 2015 (7): 156 - 162.

[47] 罗振军, 于丽红. 种粮大户融资需求意愿及需求量的差异分析 [J]. 华南农业大学学报 (社会科学版), 2018, v. 17; No. 67 (3): 97 - 110.

[48] 李锐, 朱喜. 农户金融抑制及其福利损失的计量分析 [J]. 经济研究, 2007 (2): 147 - 156.

[49] 刘昌龙. 兵团新型农业经营主体发展研究 [J]. 兵团党校学报, 2017 (4): 54 - 58.

[50] 楼栋, 孔祥智. 新型农业经营主体的多维发展形式和现实观照 [J]. 改革, 2013 (2): 65 - 77.

[51] 吕朝霞. 新型农业经营主体发展存在的问题及建议 [J]. 现代农业科技, 2017 (1): 261 - 263.

[52] 兰勇, 周孟亮, 易朝辉. 我国家庭农场金融支持研究 [J]. 农业技术经济, 2015 (6): 48 - 56.

[53] 蓝虹, 穆争社. 中国新型农村合作金融发展十大问题论争 [J]. 上海金融, 2017 (4): 35 - 49.

[54] 李德荃. 关于我国农村信贷缺口的估计 [J]. 东岳论丛, 2017, 38 (10): 75 - 85.

[55] 李静, 王作文, 梅李军. 新型农业经营主体金融供求调研与思考 [J]. 农业发展与金融, 2019 (10): 39 - 41.

［56］李盼盼，王秀芳．基于 ARMA 模型的河北省农村金融融量问题研究［J］．中国农学通报，2012，28（2）：161－165.

［57］李军．农业保险的性质、立法原则及发展思路［J］．中国农村经济，1996（1）：55－59＋41.

［58］刘冬姣，张旭升．我国农业保险需求的相关因素分析［J］．江西财经大学学报．2011（5）：53－59.

［59］刘亚洲，钟甫宁，吕开宇．气象指数保险是合适的农业风险管理工具吗？［J］．中国农村经济，2019（5）：2－21.

［60］龙文军，张显峰．农业保险主体行为的博弈分析［J］．中国农村经济．2003（5）：76－79.

［61］栾敬东，程杰．基于产业链的农业风险管理体系建设［J］．农业经济问题，2007（3）：86－91.

［62］吕开宇，张崇尚，邢鹂．农业指数保险的发展现状与未来［J］．江西财经大学学报，2014（2）：62－69.

［63］吕开宇，张崇尚．政策性农业保险施行中存在的问题及对策［J］．经济纵横．2013（10）：56－59.

［64］吕开宇，张崇尚．农业保险在中国的发展：基于宏微观数据的实证分析［M］．北京：中国农业出版社，2018.

［65］马彦丽，胡一宁，郗悦平．中国农民专业合作社的异化及未来发展［J］．农村经济，2018（5）：104－109.

［66］孟丽，钟永玲，李楠．我国新型农业经营主体功能定位及结构演变研究［J］．农业现代化研究，2015，36（1）：41－45.

［67］毛政，兰勇，周孟亮．新型农业经营主体金融供给改革探析［J］．湖南农业大学学报（社会科学版），2016，17（1）：9－14.

［68］孟召将．农民专业合作社融资困境及路径选择［J］．学术交流，2011（10）：127－130.

［69］闵继胜，孔祥智．新型农业经营主体经营模式创新的制约因素及制度突破［J］．经济纵横，2016（5）：66－70.

［70］农村金融研究课题组．农民金融需求及金融服务供给［J］．中国农村经济，2000（7）：55－62.

［71］宁满秀等．影响农户购买农业保险决策因素的实证分析——以新疆玛纳斯河

流域为例［J］．农业经济问题．2005（6）：38－44.

［72］齐成喜，陈柳钦．农业产业化经营的金融支持体系研究［J］．农业经济问题，2005（8）：43－46.

［73］钱克明，彭廷军．关于现代农业经营主体的调研报告［J］．农业经济问题，2013，34（6）：4－7＋110.

［74］申云，李京蓉，吴平．乡村振兴战略下新型农业经营主体融资增信机制研究［J］．农村经济，2019（7）：135－144.

［75］田力，胡改导，王东方．中国农村金融融量问题研究［J］．金融研究，2004（3）：125－135.

［76］商一星．贵州新型农业经营主体发展研究（硕士学位论文）［D］．贵州：贵州大学，2015.

［77］苏昕，王可山，张淑敏．我国家庭农场发展及其规模探讨——基于资源禀赋视角［J］．农业经济问题，2014，35（5）：8－14.

［78］苏振锋．陕西新型农业经营主体发展存在的问题与对策研究［J］．中国农业资源与区划，2017，38（5）：66－71.

［79］孙中华．大力培育新型农业经营主体夯实建设现代农业的微观基础［J］．农村经营管理，2012（1）：1.

［80］史清华，姚建民．农业风险管理模式的评析与选择［J］．经济问题，1994（6）：11－14.

［81］谭洪业．新型农业经营主体信贷约束行为路径解析——基于金融排斥视角［J］．农村金融研究，2018（7）：54－58.

［82］田甜．我国财政补贴农业保险问题研究［D］．南京：南京农业大学，2006.

［83］庹国柱，李军．农业保险［M］．北京：中国人民大学出版社，2005.

［84］庹国柱，王国军．中国农业保险与农村社会保障制度研究［M］．北京：首都经贸大学出版社，2002.

［85］庹国柱，朱俊生．关于我国农业保险制度建设几个重要问题的探讨［J］．中国农村经济，2005（6）：46－74.

［86］庹国柱，朱俊生．试论政策性农业保险的财政税收政策［J］．经济与管理研究．2007（5）：47－59.

［87］庹国柱．略论农业保险的财政补贴［J］．经济与管理研究，2011（4）：80－85.

［88］汪发元．新型农业经营主体成长面临的问题与化解对策［J］．经济纵横，2015（2）：31－35.

［89］汪发元．中外新型农业经营主体发展现状比较及政策建议［J］．农业经济问题，2014，35（10）：26－32.

［90］王国敏，杨永清，王元聪．新型农业经营主体培育：战略审视、逻辑辨识与制度保障［J］．西南民族大学学报（人文社会科学版），2014，35（10）：203－208.

［91］王文龙．中国农业经营主体培育政策反思及其调整建议［J］．经济学家，2017（1）：55－61.

［92］翁贞林，阮华．新型农业经营主体：多元模式、内在逻辑与区域案例分析［J］．华中农业大学学报（社会科学版），201505）：32－39.

［93］王蔷，郭晓鸣．新型农业经营主体融资需求研究——基于四川省的问卷分析［J］．财经科学，2017（8）：124－138.

［94］王吉鹏，肖琴，李建平．新型农业经营主体融资：困境、成因及对策——基于131个农业综合开发产业化发展贷款贴息项目的调查［J］．农业经济问题，2018.

［95］汪来喜．新型农业经营主体融资难的成因与对策［J］．经济纵横，2016（7）：70－73.

［96］汪艳涛，高强，苟露峰．农村金融支持对农民专业合作社培育的影响［J］．财贸研究，2014，25（6）：22－29＋102.

［97］王刚贞．我国农村资金互助社的监管效率分析［J］．华东经济管理，2015，29（6）：95－99.

［98］王睿，周应恒．乡村振兴战略视阈下新型农业经营主体金融扶持研究［J］．经济问题，2019（3）：95－103.

［99］王曙光，王东宾．在欠发达农村建立大型金融机构和微型机构对接机制——以西北民族地区为例［J］．农村金融研究，2010（12）：60－63.

［100］王艺琼．政府行为在农民合作经济组织建设中的作用［J］．云南农业，2010（9）：49－50.

［101］武舜臣，胡凌啸，储怡菲．新型农业经营主体的分类与扶持策略——基于文献梳理和“分主体扶持”政策的思考［J］．西部论坛，2019，29（6）：53－59.

［102］王海青．我国农业保险补贴初探［J］．山西财政税务专科学校学报．2005（4）：11－14.

［103］王韧．我国农业保险差异补贴政策研究——基于各省、直辖市、自治区的

聚类分析［J］. 农村经济，2011（5）：87－90.

［104］王薇，贾金荣. 政策性农业保险保费补贴额度研究［J］. 金融经济，2011（5）：65－67.

［105］王向楠. 农业贷款、农业保险对农业产出的影响：来自2004—2009年中国地级单位的证据［J］. 中国农村经济，2011（10）：44－51.

［106］谢平. 中国农村信用合作社体制改革的争论［J］. 金融研究，2001（1）：1－13.

［107］徐旭初. 农民合作社发展中政府行为逻辑：基于赋权理论视角的讨论［J］. 农业经济问题，2014，35（1）：19－29＋110.

［108］西爱琴，陆文聪，梅燕. 农户种植业风险及其认知比较研究［J］. 西北农林科技大学学报，2006（4）：22－28.

［109］西爱琴，吕品. 浙江农户农业风险管理措施有效性的实证分析［J］. 浙江理工大学学报，2010（4）：659－678.

［110］谢家智. 农业保险区域化发展问题研究［J］. 农业现代化研究. 2004（1）：31－34.

［111］邢鹂，黄昆. 政策性农业保险保费补贴对政府财政支出和农民收入的模拟分析［J］. 农业技术经济. 2007（3）：4－9.

［112］熊存开. 市场经济条件下农业风险管理的研究［J］. 农业经济问题，1997（5）：43－47.

［113］颜世祥，魏长林，苏杰. 发展新型农业经营主体的问题与对策——东辽县新型农业生产经营主体建设调查报告［J］. 中国农业信息，2015（4）：72－77.

［114］杨培，张楠，等. 中外新型农业经营主体对比及思考［J］. 中国农业信息，2016（2）：54－57.

［115］杨叶峰. 浙江省新型农业经营主体发展研究（硕士学位论文）［D］. 合肥：安徽农业大学，2014.

［116］杨大蓉. 浙江新型农业经营主体融资现状及金融创新策略研究［J］. 浙江金融，2014（3）：66－69＋74.

［117］应瑞瑶. 合作社的异化与异化的合作社——兼论中国农业合作社的定位［J］. 江海学刊，2002（6）：69－75.

［118］叶明华，朱俊生. 新型农业经营主体与传统小农户农业保险偏好异质性研究——基于9个粮食主产省份的田野调查［J］. 经济问题，2018（2）：91－97.

［119］袁辉，谭迪．政策性农业保险对农业产出的影响效应分析——以湖北省为例［J］．农村经济，2017（9）：94－100.

［120］张海鹏，曲婷婷．农地经营权流转与新型农业经营主体发展［J］．南京农业大学学报（社会科学版），2014，14（5）：70－75.

［121］张红宇．中国现代农业经营体系的制度特征与发展取向［J］．中国农村经济，2018（1）：23－33.

［122］张红宇，杨凯波．我国家庭农场的功能定位与发展方向［J］．农业经济问题，2017，38（10）：4－10.

［123］张晓山．农民专业合作社的发展趋势探析［J］．管理世界，2009（5）：89－96.

［124］张照新，赵海．新型农业经营主体的困境摆脱及其体制机制创新［J］．改革，2013（2）：78－87.

［125］赵伟峰，刘菊，王海涛．新型农业经营主体培育的安徽样本：发展实践与政策启示［J］．当代经济研究，2016（5）：81－87.

［126］郑风田，张璟，等．我国新型经营主体发展现状、问题与对策——来自山东省496个调查样本分析［J］．农业经济与管理，2016（1）：28－35.

［127］张应良，高静，张建峰．创业农户正规金融信贷约束研究——基于939份农户创业调查的实证分析［J］．农业技术经济，2015（1）：64－74.

［128］中国农业银行战略规划部课题组．关于金融服务家庭农场的调查与思考［J］．农村金融研究，2013（12）：16－21.

［129］赵伟．新型农业经营主体资金供需影响因素研究［J］．黑河学院学报，2018，9（12）：51－52.

［130］张道明．关于破解新型农业经营主体融资难问题的几点思考［J］．河南农业，2013（21）：6－8.

［131］张杰．中国农村金融制度：结构、变迁与政策［M］．北京：中国人民大学出版社，2003.

［132］张杰．农户、国家与中国农贷制度：一个长期视角［J］．金融研究，2005（2）：1－12.

［133］张照新，赵海．新型农业经营主体的困境摆脱及其体制机制创新［J］．改革，2013（2）：78－87.

［134］周立．农村金融供求失衡与政策调整——广东东莞、惠州、梅州调查［J］.

农业经济问题，2005（7）：15－20＋79.

［135］周世军，岳朝龙．基于 ARMA 模型的农村金融缺口预测研究——以安徽为例［J］．统计教育，2009（11）：11－17.

［136］卓成霞．政治学视角下的农民合作组织考察——以吴湾村为例［J］．东岳论丛，2009，30（11）：150－153.

［137］张驰，吕开宇，程晓宇．农业保险会影响农户农药施用吗？——来自 4 省粮农的生产证据［J］．中国农业大学学报，2019，24（6）：184－194.

［138］张驰，张崇尚，仇焕广，吕开宇．农业保险参保行为对农户投入的影响——以有机肥投入为例［J］．农业技术经济，2017（6）：79－87.

［139］张崇尚，吕开宇，李春肖．农户参保行为的影响因素研究——以玉米种植户为例［J］．江苏社会科学，2015（4）：65－71.

［140］张文武．小规模农户参保行为特征与农业保险创新模式构建［J］．农业经济，2010（9）：91－92.

［141］张晓云．外国政府农业保险补贴的方式及其经验教训［J］．财政研究，2004（9）：63－65.

［142］张跃华，顾海英，史清华．1935 年以来中国农业保险制度研究的回顾与反思［J］．农业经济问题，2006（6）：43－47.

［143］张跃华，史清华，顾海英．农业保险需求问题的一个理论研究及实证解析［J］．数量经济技术经济研究，2007（4）：65－75.

［144］张哲晰，穆月英，侯玲玲．参加农业保险能优化要素配置吗？——农户投保行为内生化的生产效应分析［J］．中国农村经济，2018（10）：53－70.

［145］张祖荣．农业保险补贴问题的经济学分析［J］．江西财经大学学报．2009（2）：43－46.

［146］郑军，汪运娣．我国农业保险差异性财政补贴：地区经济差距与财政支出公平［J］．农村经济，2017（5）：84－90.

［147］郑伟，郑豪，贾若，陈广．农业保险大灾风险分散体系的评估框架及其在国际比较中的应用［J］．农业经济问题，2019（9）：121－133.

［148］钟甫宁，宁满秀，邢鹂，等．农业保险与农用化学品施用关系研究——对新疆玛纳斯河流域农户的经验分析［J］．经济学（季刊），2007（1）：291－308.

［149］钟甫宁．从供给侧推动农业保险创新［J］．农村工作通讯，2016（15）：35.

[150] 周稳海，赵桂玲，尹成远. 农业保险发展对农民收入影响的动态研究——基于面板系统 GMM 模型的实证检验 [J]. 保险研究，2014 (5): 21-30.

[151] Glauber J W, Collins K J, Barry P J. Crop Insurance, Disaster Assistance, and the Role of the Federal Government in Providing Catastrophic Risk Protection [J]. Agricultural Finance Review, 2002, 62 (2): 81-101.

[152] Goodwin, B. K. An Empirical Analysis of the Demand for Crop Insurance. American Journal of Agricultural Economics. 1993 (75): 425-434.

[153] Hazell, P. B. R.. The Appropriate Role of Agricultural Insurance in Developing Countries [J]. Journal of International Development, 2010, 4 (6): 567-581.

[154] Hill, R. V., Hoddinott, J. and Kumar, N.. Adoption of Weather——Index Insurance: Learning from Willingness to Pay Among a Panel of Households in Rural Ethiopia, International Food Policy Research Institute, 2011.

[155] Horowitz, J., and Lichtenberg, K.. Insurance, Moral Hazard, and Chemical Use in Agriculture [J]. American journal of agricultural economics, 1993, (7): 926-935.

[156] Jeremy, A., Passel, P. A New Economic View of American History: New York and London: WW Norton, 1994.

[157] James, A. L., and Paul, D. T., Moral hazard and background risk in competitive insurance markets [J]. Economica, new series, 2008, 75 (300): 700-709.

[158] Tm, G., Kuwornu, J. K., and Amadu, I. S.. Food Crop Farmers' Willingness to Participate in Market-Based Crop Insurance Scheme: Evidence from Ghana. Research in Applied Economics, 2013, 5 (1): 1-21.

[159] Lyu, K. Y., and Thomas, J. Barré Risk. Aversion in Crop Insurance Program Purchase Decisions: Evidence from Maize Production Areas in China [J]. China Agricultural Ecoeview, 2017, 9 (1): 62-80.

[160] Mahul, Olivier & Stutley, Charles. Government Support to Agricultural Insurance. Government Support to Agricultural Insurance, 2010, 1-219.

[161] Miao, R., Hennessy, D. A., & Feng, H.. The Effects of Crop Insurance Subsidies and Sodsaver on Land Use Change. Journal of Agricultural and Resource Economics, 2016, 41 (2), 247-265.

[162] Miller, A., Dobbins, C., and Pritchett, J.. Risk Management for Farmers [R]. Department of Agricultural Economics West Lafayette, Indiana 2004 (9).

[163] Mishra, A. K. , Nimon, R. W. , and El - Osta, H. S.. Is moral hazard good for the environment? Revenue insurance and chemical input use. Journal of Environmental Management, 2005, 74 (1), 11 -20.

[164] Nelson C. H. and Loehman E. T. Further toward a Theory of Agricultural Insurance [J]. American Journal of Agricultural Economics, 1987, 69 (3): 523.

[165] OECD. Managing risk in agriculture: A holistic approach (extracts), 2009.

[166] Quiggin, J. , Karagiannis, G. , and Stanton, J.. Crop Insurance and Crop Production: An Empirical Study of Moral Hazard and Adverse Selection [J]. Australian Journal of Agricultural Economics, 1993, 37 (2): 95 -113.

[167] Quiggin, J.. Some observations on insurance, bankruptcy and input demand [J]. Journal of Economic Behavior and Organization, 1992, (1): 101 -110.

[168] Ramaswami, B.. Supply Response to Agricultural Insurance: Risk Reduction and Moral Hazard Effects [J]. American Journal of Agricultural Economics, 1993, (4): 914 -925.

[169] Shaik, Coble et al.. Revenue Crop Insurance Demand. AAEA Annual Meetings, Providence, Rhode Island, July 24 -27, 2005.

[170] Sherrick, B. , Barry, P. T. , Ellinger, P. N. , Schnitkey, G. D.. Factors Influencing Farmers' Crop Insurance Decisions. American Journal of Agricultural Economics. 2004, 86 (1): 103 -114.

[171] Smith, V. , and Goodwin, B.. Crop Insurance, Moral Hazard, and Agricultural Chemical Use [J]. American Journal of Agricultural Economics, 1996, 78 (2): 428 -438.

[172] Serra, T. , Goodwin, B. K. , & Featherstone, A. M.. Modeling changes in the U. S. demand for crop insurance during the 1990s. Agricultural Finance Review, 2003, 63 (2), 109 -125.

第二部分 DIERBUFEN

案例精选

案例一

“政企银交担保”六位一体助力新型主体：四川德阳模式

一、引言

金融作为现代经济发展的血液，在助推新型农业经营主体发展方面展现了强大的动力。与传统小农经济融资需求不同，新型农业经营主体在生产发展方面显现出新模式，融资需求呈现了新的特征。随着生产规模的扩大，新型农业经营主体对资金的需求日益加大，融资难成为一个长期阻碍其发展的问题，主要表现为“贷不到款（缺少担保)”和“贷不起款（利率过高)”，而两者最终都归结到抵押担保问题上来（董晓林、吴昌景，2008）。

为扭转这一困境，2016 年，国家农业信贷担保联盟有限责任公司及 33 家省级农担公司组成的全国农业信贷担保体系正式成立。四川省德阳市根据全市新型农业经营主体的发展特征，抓住了政策性农业担保支农这个契机，在业务开展过程中的信贷产品创新、合作模式创新、风险分担机制创新等方面做出了改进，银担双方的合作积极性迸发。德阳市也紧随新型农业经营主体的融资需求，积极创新政策性农业担保方式，提出了“政企银交担保”六位一体的担保模式，助力德阳市产业崛起、经济提速、乡村振兴。因此，如何在现有的模式下充分发挥六方主体的作用，进行优势互补，拓展服务新型农业经营主体的广度，是值得探讨的问题。本案例以四川农业信贷担保有限公司德阳办事处国内首创的“政企银交担保”模式为起点，阐释解决新型农业经营主体融资难的新举措。

二、案例背景

德阳市位于成都平原东北部，处于都江堰自流灌区，有农业生产的先天优势，是四川省重要的生产基地。德阳市农业产业基础较为雄厚，现存新型农业经营主体种类较多并且存续时间较长，存在金融需求无法满足的现象以及融资瓶颈。其融资困难主要体现在 3 个时期：一是新型农业经营主体初创时期，自身的信用尚未建立，金融机构因惧怕高风险而不愿为其放贷。二是新型农业经营主体发展中期，缺乏担保抵押品，可从金融机构借得的贷款仅能维持简单的再生产。三是新型农业经营主体发展即将步入正轨时，处于发展规模扩大的时期，该时期的融资需求也是最大的。省农担公司担保规模虽然提出单户的担保余额在 1 000 万元以下，看似限额很高，但是也提出了 10 万—300 万元的贷款，进行政策性农业担保的在保余额不得超过 70%，该限定大大限制了农担公司的担保规模。若此时已具备一定产业规模的经营主体想要延伸产业链，则难以满足其大额借款需求。由此可见，传统的“银行 + 担保”的贷款模式难以彻底解决农村面临的融资难题。

鉴于此，四川省农业融资担保有限公司德阳办事处（以下简称“农担德阳办事处”）加快了农业信用担保模式创新的步伐。2019 年以来，农担德阳办事处联合成都农交所德阳所创建“政企银交担”金融服务模式，为全市农业经营主体提供信贷服务。2020 年，农担德阳办事处进一步创新建成“政企银交担保”六位一体模式，通过保险公司的介入，为分散新型农业经营主体的风险提供了新的思路，最终形成了政府、银行、企业、农担公司、农交所、保险公司的多元化担保模式。自 2019 年 3 月在德阳开展农业信贷担保工作以来，截至 2020 年 7 月底，担保发生额 71 649. 86 万元，项目金额“双控”比例 100%，其中政策性业务占比 100%；代偿一笔，金额 50 万元。由此可见，“政企银交担保”模式有效地将金融资金引入了农业产业洼地，极大解决了农业农村的资金缺口。

本案例将结合“政企银交担保”模式下6个主体扮演的角色和作用，具体分析该模式的优势、尚存的不足及建议。

三、案例分析

（一）“政企银交担保”六位一体，各司其职降风险

为满足新型农业经营主体的融资需求，农担德阳办事处跳出传统的担保观念，在全国首创了“政企银交担保”的合作新模式（见图1）。政府、企业、银行、农交所、农担公司、保险公司各司其职，为新型农业经营主体提供更加优质的服务。具体而言，在该六位一体担保机制中，政府与各机构的角色和作用如下。

图1 “政企银交担保”运行模式

1. 政府搭台把政策

在该模式中，政府主要承担制定引导政策、信号传递和分担风险等职责。首先，政府通过制定引导政策，做好政策性农业担保的宣传工作。其次，政府对新型农业经营主体的推荐，提高了新型农业经营主体的可信度，向银行与农担德阳办事处传递了积极信号。最后，政府通过承担部分违约风险以及对农担存在违约风险的业务进行补偿，降低了各方合作主体面临的风险。

2. 企业运作服好务

德阳市的各级渔业部门经过调研于2019年底推出“政企银交担保”六位一体水产全产业链新模式。其中，农业企业将服务落到了实处：一是农资企业（通威饲料）参与合作，每吨饲料的价格优惠400元；二是通威水产公司与渔业主管部门签订了800万斤水产品的销售合同，对于解决新冠肺炎疫情期间水产品销售问题起到了至关重要的作用①。可见，农业企业在生产与销售两个环节为相关新型农业经营主体降低了生产成本，稳定了农业收入。

3. 银行垫资保发展

银行作为传统的金融机构应该积极地为风险管理做出创新与贡献，银行与农担德阳办事处共同做好产品设计、信息核查、风险防控等工作，使服务更加便捷高效。作为提供资金的主要金融机构，这样不仅减轻了担保公司的担保压力，提高了农业担保经营的可持续性，同时将银行真正纳入强农惠农轨道，形成更紧密的支农共同体。

4. 农交鉴证变资产

在进行农业信贷担保工作时，土地经营权与农村产权交易工作创新性进行有机结合。通过在农交所办理农村产权交易鉴证书，可规范产权交易行为，并以此为农户的贷款提供有效担保。农村产权交易鉴证书中详细记录了经营主体、流转年限、流转面积等重要信息，为银行放贷提供参考。截至2020年3月，32户水产养殖户进行了产权交易鉴证书的办理，并凭鉴证书进行下一步的融资交易②。同时，成都农交所德阳所也建议水产养殖业农户办理“交易鉴证书”“水域滩涂养殖证”等，将相关手续配备齐全，为申请信贷提供保障。

---

① 德阳市农业农村局．“政、企、银、交、担、保”六位一体助推德阳市水产高质量发展［EB/OL］．(2020-03-19)［2021-06-07］．http://nynct.sc.gov.cn/nynct/c100632/2020/3/19/2e1ee3554f5b4c8ea5d883317d24e950.shtml.

② 德阳市农业农村局．“政、企、银、交、担、保”六位一体助推德阳市水产高质量发展［EB/OL］．(2020-03-19)［2021-06-07］．http://nynct.sc.gov.cn/nynct/c100632/2020/3/19/2e1ee3554f5b4c8ea5d883317d24e950.shtml.

5. 农担担保提底气

截至2020年3月，通过农担德阳办事处担保，已有170余户水产养殖户获得低息贷款8 300余万元①。区别于银行，担保公司更能够适应新型农业经营主体。一是担保公司在反担保措施的选择上更为灵活；二是担保公司在资产处置等方面的手段更为多样。在担保体系建设方面，我国已经初步形成全国范围内的农业担保体系，有些地区甚至将网点铺设到了乡镇。农业担保体系以“支农、支小”为经营方向，通过政策扶持和适度商业化运作的方式有效缓解了新型农业经营主体的融资约束状况。

6. 保险援手抗风险

自2019年下半年起，为减少生产过程中因自然灾害带来的经济损失，降低“政企银交担”金融服务模式的贷款、担保风险，农担德阳办事处在新模式中创新引入保险公司，实现“政企银交担保”六位一体新闭环。以德阳市渔业行业为例，农担德阳办事处、中国人寿财产保险股份有限公司同成都农交所德阳所一同协助德阳市渔业协会开展前期调研，提出“渔业养殖天气指数险”实施方案，在实践中提升了养殖户的防灾减灾能力，为全市渔业行业发展系上了“安全带”②。

（二）“政企银交担保”六方助力，优势突出

1. 以政府为主导，降低银行与农担公司的交易成本

政府作为独立的第三方，其服务机制有助于优化传统合约流程（黄惠春、范文静，2019）。首先，在贷款合同签订之前，政府对于有融资需求的新型农业经营主体进行批量推荐，对相关信息资料进行整合后为农担公司提供参考。其次，在合约签订后，基于舆论监督与社会关系，可以约束借款者的机会主义行为，从而减少银行和农担公司的监督成本。最后，通过政府的利率优惠、财政补贴以及贷后对于违约行为的补偿，有效降低了违约成本。

---

① 德阳市农业农村局．“政、企、银、交、担、保”六位一体助推德阳市水产高质量发展［EB/OL］.（2020－03－19）［2021－06－07］. http：//nynct. sc. gov. cn/nynct/c100632/2020/3/19/2e1ee3554f5b4c8ea5d883317d24e950. shtml.

② 谭雪，熊彧．西南地区首个渔业养殖天气指数保险在德阳成功签约［EB/OL］（2020－06－14）［2021－06－07］. https：//www. sohu. com/a/401814199_100148222？_trans_＝000014_bdss_dkmwz acjP3p：CP＝.

2. 企业获客保销路，提升新型农业经营主体收入

新型农业经营主体在扩大生产规模时最重要的是保证产业链的正常运转，减少生产前后端的中间环节，确保农业风险补偿金的高效利用，保证贷得到、产得出、卖得掉、能赚钱、还得上。通过在“政企银交担保”模式中引入农资企业，新型农业经营主体可获得产业链上成本的议价权与销售的定价权，最大程度降低其生产成本，打通农产品的销路，从而提升其收入水平，降低了违约风险。面对生产规模较大的新型农业经营主体，农资企业也可以一次性获得大量订单与收入，省去了推广、分销、收款的环节与费用。

3. 盘活农村产权“沉睡资本”，拓宽生产融资渠道

农村产权交易鉴证书使土地经营权流转“合同管理”升级为“权证管理”，该创新举措一方面规范了交易行为，降低了土地流转过程中可能面临的风险，并且交易鉴证书上所载的土地经营权流转价格亦是金融机构办理农业贷款和农业保险的重要依据；另一方面，可以激活农村产权这一“沉睡资本”，有效解决新型农业经营主体土地无法抵押的现状，拓宽其生产融资渠道，盘活农村存量资源，增加新型农业经营主体的收入。

4. 创新农业保险险种，分散农村信贷风险

“政企银交担保”模式创新性地引入了保险公司，一方面，可以降低农业贷款的风险，在投保期间，若借款人未能对借款约定进行履约，则保险公司可以根据合同约定承担相应的本金与利息的赔偿责任；另一方面，农业保险的保单可以作为一种担保进行风险的分散，发挥融资增信的作用。

（三）“政企银担交保”模式的不足

1. “双控”标准限制担保规模的扩大

“双控”标准的初心，是通过控制农担公司的业务规模和业务范围来避免其偏离支农的政策性定位。但从农业担保机构实践的层面，这一限定带来了很多问题。一是担保规模难以扩大。“双控”之下，符合条件的担保需求非常有限，难以满足新型农业经营主体大额的融资需求，继而影响其产业链的延伸与发展。纵使在“政企银担交保”

模式中，相关企业给予经营主体价格优惠、土地产权交易鉴证书可提供担保、农业保险可在一定程度上降低风险，但在政策制定的角度来看，“双控”标准还是在根源处限制了担保公司金融服务的供给。二是在进行融资抵押的实际操作中，缺乏具体的法律依据和执行细则，银行仍然对以土地经营权为代表的农村产权交易的可行性、便利性及价值评估的市场认可度等持谨慎态度，仅愿意在特定的区域，在地方政府的政策支持下，探索性地开展农村产权抵押试点，对大范围的推广还是非常审慎。

2. 农业保险险种有待丰富

保险公司的加入是“政企银交担保”模式创新的关键。在实地调研中可以发现，新型农业经营主体普遍反映目前面临着农业保险品种少、赔付额度低，且理赔困难、业务手续麻烦等问题，保险公司对风险较大经济作物种植和特色养殖不愿意承保。目前“政企银交担保”的模式参与其中的农业保险险种有限，若没有十分贴近农户需求的农险产品，无疑削弱了农户抵御风险的能力。为此，政府在推进农业保险增加新险种，不断扩大覆盖面的同时，应加快提高农业保险的风险保障水平，特别是面向新型农业经营主体的农险险种，风险保障额度尽快由保证成本向保证收入推进，形成与市场供需关系相对应，以目标价格为主要投保标的的收入保险体系。

四、结论及建议

作为农业产业发展速度较快的重点地区，德阳市结合主导产业的实际，借助四川省农担公司的平台，经积极地探索与创新，形成“政企银交担保”的担保新模式，并以该模式为契机，促进了政府、企业、银行、交易所、农担公司、保险公司的业务沟通，进行优势互补和防控风险。“政企银交担保”的六方参与主体各司其职，为新型农业经营主体在政策引导、降低成本、拓展融资渠道、抵御风险、分担风险方面贡献力量。该模式目前正处于发展初期，基于以上的实践成果，希望今后发展可以在以下几个方面进一步推进。

首先，要适度放宽“双控”标准。从长期看，由于市场竞争的日趋激烈和互联网金融的发展，符合目前“双控”标准的客户规模持续萎缩。过于严格的“双控”标准不仅无助于政策初衷的实现，还会极大地限制农担体系对扶持新型农业经营主体的全面支持力度。鉴于此，建议进一步考察四川省经济发展程度和产业结构状况，因地制宜，适度放松“双控”标准。可以考虑根据当地特色产业的发展状况与不同农业产业之间的发展差异，对新型农业经营主体适度提高担保规模上限，或适当降低对新型农业经营主体划分等级的评价标准，以扩大农担公司业务拓展的空间。此外，为了预防潜在的治理风险，政策性农担机构必须在公司治理结构上，切实遵循现代企业制度的要求，健全内部有效制衡的风控机制，完善责任倒逼的绩效奖惩制度，通过真正市场化的运作来实现支持新型农业经营主体融资增信的政策性目标。

其次，要完善与创新农业保险品种。在“政企银交担保”模式中，保险公司只有切实尽职尽责，在新型农业经营主体遇险时及时赔付、弥补损失，才能保证新型农业经营主体到期顺利还款，实现该闭环的良性运转。目前人保财险针对德阳水产行业已设计出“渔业养殖天气指数保险”，但若要进一步发挥该六位一体模式的效能，则需要保险公司在实际运作过程中不断探索与创新，设计出更具针对性、更贴合种养殖新型农业经营主体需求的农业保险产品，最大程度发挥农业保险的融资功能，使农业保险真正成为为新型农业经营主体抵御风险的坚强后盾。

参考文献

[1] 董晓林，吴昌景．四大担保模式化解农民贷款难题［J］．农业经济问题，2008（09）：35－40＋111.

[2] 黄惠春，范文静．政府功能视角下“政银担”贷款模式的运行机制——以山东和安徽为例［J］．南京农业大学学报（社会科学版），2019，19（2）：131－141＋160.

（执笔人：何婧　褚子晔　郭沛）

案例二

特色化涉农融资产品创新：彭州农产品仓单质押贷款模式

一、引言

农产品仓单质押融资是指农产品的拥有者为取得贷款资金支持，将农产品存储到标准仓库，由独立的第三方仓储公司进行检验和管理，出具仓单，银行以农产品仓单作为质押物，按照相应贷款流程向农产品拥有者发放一定比例的贷款。农产品仓单质押融资作为农产品供应链金融创新模式，能有效缓解农产品企业融资难问题（黄向宇、王忠伟，2016）。随着农业适度规模经营的不断发展，农产品产量不断增加，基于规模农产品的动产质押需求也不断增加，信贷需求出现大额化和灵活性强的新特征。农产品价值评估难，而基于供应链的农产品仓单质押，金融机构通过委托具有保管动产资格的第三方仓储公司代位存储和监管质押在库的农产品，实现对质押农产品的转移占有，降低其面临的放款风险和监管成本。可以说，农产品仓单质押具有理论上的可行性。

实践中，就农村金融服务产品供给而言，在满足乡村产业振兴金融需求层面，还存在较大的创新空间。针对新型农业经营主体融资难、融资贵问题，以及金融服务乡村产业振兴面临的信息障碍和成本障碍，成都市政府部门、金融机构、农业企业等各方协调配合，探索创造出基于农产品等动产质押的新的融资机制。

2017 年，成都彭州市农产品仓单质押融资项目受邀在世界银行等北京主办的“第五届仓储融资和担保品管理国际研讨会”上进行了交流展示。截至 2020 年 6 月，彭州市辖内 6 家银行累计发放农产品仓单质押融资贷款 2 999 万元①。因此，选择彭州农产品仓单质押贷款作为案例进行分析。

二、案例背景

成都彭州市是全国五大蔬菜生产基地之一，以面向省外销售为主，经营范围覆盖湖北、甘肃、陕西、北京、内蒙古、新疆、西藏等地。彭州市拥有“中国大蒜之乡”“中国莴笋之乡”“中国川穹之乡”国家地理保护标志，是国家级蔬菜市场，是西部蔬菜之乡、全国第二个国家级蔬菜博览会永久举办地，拥有中国西部最大的农产品集散物流中心——四川国际农产品交易中心，全年农产品交易量达 500 亿元。蔬菜等农产品具有集中上市、收购资金需求量大的特点，彭州蔬菜生产经营者在流通环节的资金短缺往往会造成在收获季节出现大量蔬菜无人收购、价格暴跌甚至烂于田间的现象，制约了产品生产基地及流通集散市场的进一步发展壮大。2010 年 12 月，由于资金缺乏、柴油供应紧张等，彭州蔬菜生产基地 5 000 多亩的莴笋面临滞销困境，田间收购价低至 1 毛钱，依然鲜有人问津②。蔬菜在长途运输的过程中极易腐烂，因此要大力发展农产品仓储业。彭州市利用全市 52 处仓库（冻库），26 万吨存储量（居全国第二）的优势，通过体制机制的全面配套完善，积极探索以耐储存的蔬菜、中药材、禽畜肉类、黄谷等农产品仓单质押融资业务。

彭州市农产品仓单质押融资模式在仓储物品存储位置上属于本地仓单质押，在融资主体上属于银行质押，在质押方式上属于静态质押，即经销商将质押农产品交给仓储公司，取得贷款后则不再变动，直至质押结束贷款清偿后质押农产品才能够重新流

① 粟新林．彭州市创新农产品“仓单贷”［EB/OL］．（2020－06－22）［2021－06－17］．https：//www. sohu. com/a/403375603_355475.

② 许茹，陈健．四川彭州丰收莴笋无人问津　卖菜难根在柴油荒［EB/OL］．（2010－12－07）［2021－06－17］．http：//news. sohu. com/20101207/n278153552. shtml.

通使用。这种模式的优势在于可以利用本地的仓库进行货物储存，仓储公司承担的风险较小，监管成本较低。具体做法：

第一，成立金融仓储公司和农村产权评估公司来解决质押农产品管理和评估难的问题。彭州市成立了成都首家农产品金融仓储公司——成都旭力农产品仓储有限公司，由仓储公司出具仓单作为质押要件，并为银行提供贷前调查、质押物管理等服务。

第二，以巡查和定期价格推送来提升质押农产品的管理效果。仓储公司负责质押管理，对质押农产品进行巡查，并定期向银行、保险公司报告质押物情况。此外，金融仓储公司依托在全国一级农产品批发市场设立的农产品价格信息平台，定期向银行推送质押农产品价格，在一定程度上解决了农产品价格信息不对称的问题。

第三，以平仓和允许提前解质的方式来提高处理质押品的灵活性。在规定的工作日不补仓的，由银行通知仓储公司进行平仓，化解农产品价格剧烈波动带来的风险。在农产品质押期间，如果借款农户或农产品生产企业需要部分或全部提前出贷，可选择由彭州旭力农村资金互助社提供解质资金，解决部分农户和企业临时变现资金不足的问题①。

三、案例分析

长期以来，彭州市新型农业经营主体特别是流通环节的经营者，由于缺乏自有资金，且缺少正规金融机构所要求的抵押担保物，难以从银行获得贷款，因此有较强烈的融资需求。对农产品进行仓储质押面临的最大风险就是农产品的贬值风险高。一方面，农产品本身的数量、质量易贬值，以大蒜为例，好的冻库能将大蒜的水分损失控制在5%以下，而差一些的冻库里的大蒜，其水分损失可能达到10%—20%，实际数量不足值了，并且国内冻库技术普遍还不是非常成熟，农产品被冻坏的可能性也很大。另一方面，市场风险使市场价格波动造成农产品贬值。再加上农产品仓单质押融资作为农业适度规模经营条件下的金融创新实践，在国内还处于初级阶段，由于这类融资涉及的主体较多，融资机制往往包含一些比较精细的制度设计。此外，农产品质押融资还存在农产品价值评估难、没有专业机构为银行提供金融仓储服务、贷后管理困难等问题。在成都彭州市的农产品仓单质押融资探索案例中，整个融资环节涉及的巡查、定期价格推送、平仓和允许提前解质等机制，就是该类金融产品精细化设计思想的体

① 李波，李宏伟．农村金融改革与发展［M］．北京：中国金融出版社，2018：105－107.

现，从而也成为成都市农村金融改革金融产品创新的一个亮点。

为降低农产品贬值等风险，2016 年，彭州市统筹城乡综合配套改革专项小组印发了《彭州市开展农产品金融仓储改革实施方案（试行）》的通知，彭州市人民政府、人民银行、金融机构密切配合，创新建立“十大机制”，实现彭州地区农产品仓单质押融资。创新农产品仓单质押融资工作机制具体包括：第一，建立政策机制，彭州市出台了《彭州市开展农产品金融仓储改革实施方案（试行）》等系列文件，为银行介入提供有效的政策依据。第二，建立农产品金融仓储服务机制，成立成都市首家农产品金融仓储公司，整合彭州辖内分散的仓库（冻库）资源，解决了无专业机构为银行提供贷前调查和贷后管理等服务问题。第三，建立价值评估机制，成立成都首家农村产权评估公司，解决农产品价值评估难问题。第四，建立保险机制，缓解质押物存储损坏等意外风险。第五，建立价格推送机制，依托市委统筹办与蔬菜协会在全国一级农产品批发市场设立的农产品价格信息平台，解决农产品价格信息不对称问题。第六，建立仓储公司巡查机制，并积极探索远程监控模式，解决贷后管理难题。第七，建立提前解质和仓单置换机制，解决新型农业经营主体临时变现资金不足的问题。

彭州市农产品仓单质押融资的业务流程主要是农户或农业企业向银行提出贷款申请后，将农产品存储到指定的仓库中，由仓储公司开具仓单并进行监管。保险公司、评估公司分别对农产品货物进行保险和价值评估。之后，仓储公司、银行、农户或农业企业三方签订仓单质押协议，银行按照一定比例放款。最后，借款农户或企业在到期后偿还欠款，取回货物。在质押过程中，仓储公司定期反馈农产品管理情况（见图 1）。

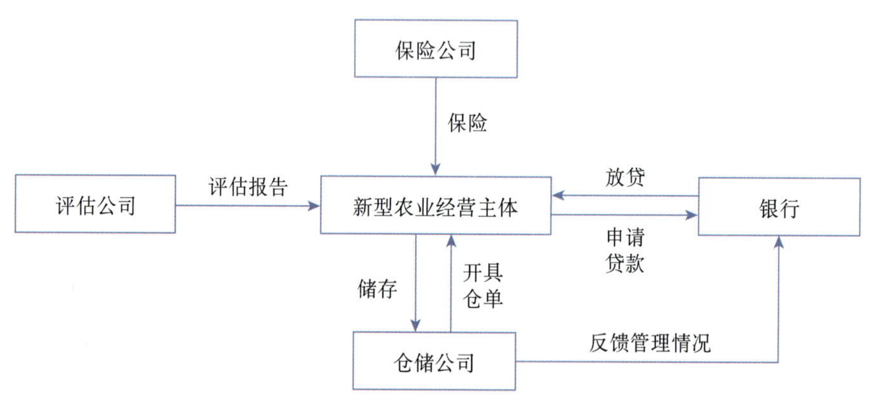

图 1　农产品仓单质押业务流程

彭州农产品仓单质押融资拓宽了银行业务，调动了银行的积极性。彭州在农产品仓单质押融资探索中的创新性做法主要有以下 5 点。

第一，彭州市针对当地仓储设施多、仓容量大的特点，成立了成都旭力农产品仓储有限公司。该公司实质是一个信息汇总平台，将经销商的经营情况、信用情况等信息汇总起来，同时将仓库的冻库技术情况、资质情况、口碑情况等信息汇总。该仓储公司给经销商出具仓单作为质押条件，并为银行提供贷前调查、质押物管理等服务。同时，彭州市成立由农村产权职能部门专业技术人员和长期经营农产品的经纪人组成的民益农村产权评估有限公司，负责农产品和农村产权价值评估与咨询，并出具可行性评估报告。

第二，彭州市创新保险产品并成立风险基金以防范融资风险。由于农产品具有自身较难保存和市场价格波动幅度大的特性，农产品仓单质押融资业务的风险要远高于工业产品。实地调研发现，彭州市农产品仓单质押融资的每一笔贷款都投有一份由中华联合财险彭州支公司量身定制的财产一切险，保险责任包括火灾、恒温设备问题、偷盗等自然灾害和意外风险造成的损失。另外，根据仓储时间和贷款时间，保险有 3 个月、6 个月等短期产品供客户灵活选择。彭州市将农产品纳入农村产权抵押融资风险基金范围，当贷款出现损失时，按照8:2 的风险分担比例由彭州市农村产权融资风险基金和银行共同承担，切实解决风险兜底问题。

第三，针对市场风险，彭州市通过设置巡查和定期价格推送机制，支持和管理质押的农产品。为保证银行和保险公司掌握储存在仓储公司的质押农产品的情况，成都旭力农产品仓储公司需要实时对经销商质押的农产品进行巡查，并定期向银行和保险公司报告质押农产品的相关情况，有效缓解了金融机构信息不对称的问题。同时，成都旭力农产品仓储公司和蔬菜流通协会不断为银行推送最新的农产品市场价格，这种实时监管的方式能够有效防范市场风险带来的损失。

第四，彭州市设置强制平仓和提前解质机制，保障金融机构和经销商的利益。课题组通过实地调研了解到，当质押农产品的市场价格跌到评估时价格的 70% 及以下，银行将要求经销商补仓或者补款，否则将实施强制平仓，保障了金融机构的利益不受市场风险的影响。因此，农产品仓单质押融资适用于易保管、易变现、市场价格易掌握的大宗农产品批发商的融资。同样，当市场价格上涨，或者经销商农产品销售快时，也允许经销商提前还贷款，方便其解除质押出售农产品，提高了经销商出货的积极性和经济效益。

第五，彭州市政府财政支持新型农业经营主体融资发展。为促进农产品仓单质押融资改革，深化城乡生产要素自由流动，彭州市制订了农产品贷款贴息和保费补贴政策，对农产品仓单质押贷款按照贷款利率的20%进行贴息，同时对经销商给予50%的保费补贴，有效缓解新型农业经营主体融资贵的难题。

四、结论及建议

彭州市农产品仓单质押融资在一定程度上解决了新型农业经营主体在收购季节资金短缺导致的农产品难卖、农产品烂地等问题，创新地开拓了新型农业经营主体的融资渠道，使新型农业经营主体能够获得更多的流动资金，以达到经营规模扩大和提高经济效益的目的。

在发展现代农业的时代背景下，新型农业经营主体不断壮大，彭州市农产品仓单质押融资可谓金融支持新型农业经营主体发展的创新产品，集约化、规模化地发展农产品仓单质押融资，能够有效盘活各类农村资产，拓宽新型农业经营主体融资渠道的同时，有力地支撑了我国现代化农业全产业链发展以及乡村振兴战略的实施。彭州市仓单质押融资案例的创新经验在结合各地特色产业发展情况的前提下，推荐复制到其他地区。

同时应该看到，彭州市农产品仓单质押融资是政府、金融机构、仓储公司以及新型农业经营主体等多主体共同积极参与的结果，任何一方，尤其是政府的退出，都可能导致农产品仓单质押的“流产”。如果未来取消了政府财政对新型农业经营主体的贷款贴息和对仓储公司的保费补贴政策，如何解决新型农业经营主体融资贵的问题亟待思考。

参考文献

［1］黄向宇，王忠伟，庞燕．基于结构分析的农产品仓单质押风险联动研究［J］．中南林业科技大学学报，2016，36（10）：141－146.

［2］中国人民银行彭州市支行彭州市财政局西南财经大学联合调研课题组．乡村振兴背景下完善农村金融资源回流与重置机制——“彭州实践”探索［J］．西南金融，2020（11）：3－12.

（执笔人：郭沛　王晓丽）

案例三

金融支持国家现代农业产业园：福建安溪铁观音模式

一、引言

现代农业发展催生农业产业集群发展，近年来农业产业集群化发展作为转变农业发展方式、促进农业可持续发展的重要途径，对于保障农业效益、提高农产品竞争力的作用愈发明显。2019 年中央“一号文件”指出“支持主产区依托县域形成农产品加工产业集群”的农业产业发展新要求，2020 年中央“一号文件”也明确提出“支持各地立足资源优势打造各具特色的农业全产业链，建立健全农民分享产业链增值收益机制，形成有竞争力的产业集群，推动农村第一、二、三产业融合发展”。农业产业集群具有空间集聚性、生产创新专业化、网络性、根植性、知识资源互补性等特点，能有效降低信息不对称性、企业违约可能性，缓解农业经营主体融资难、融资贵等问题，降低金融机构面临的逆向选择和道德风险，发展农业产业集群对实现乡村振兴具有重要作用。

金融支农是推动农业产业发展、实现乡村振兴的重要手段，越来越多的学者开始关注金融支持农业产业集群发展的创新研究，力求通过创新金融帮扶模式更好地支持农业产业集群发展。如王刚贞等（2017）提出“农业价值链 + 电商平台”融资模式、“网商银行 + 电商平台 + 农户”融资模式；查斌仪等（2019）认为“物联网金融 + 农业”将成为现代农业产业链融资的新途径；丁劲光（2018）认为金融机构在支持农业产业集群发展的过程中应当提供“产业集群进乡”综合金融服务。但目前大部分文献仅从理论层面对农业产业集群的金融需求和支持模式进行阐述，缺乏对某一区域农业产业集群金融支持模式的分析。安溪铁观音国家现代农业产业园作为福建省首个国家现代农业产业园，金融机构对促进产业园发展起到了不可或缺的作用，且其金融支持模式已较为成熟且成效较为显著，研究该地金融机构对安溪铁观音国家现代农业产业园的支持模式有助于为金融机构支持其他农业产业集群发展提供参考，对推进农业现代化发展具有一定的实践意义。

二、案例背景

福建省安溪县是中国乌龙茶之乡、名茶铁观音的发源地，号称中国茶都，连续 9 年位居中国重点产茶县第一位。截至 2020 年 2 月，安溪全县茶园面积达 60 万亩，年产量 6.5 万吨，涉茶总产值 175 亿元，安溪铁观音连续 4 年蝉联全国茶叶类品牌价值首位，2019 年品牌价值达 1 425.43 亿元[①]。安溪全县茶产业集聚度高，辖内约 80 万人从事涉茶行业，占全县总人口的 67% 左右，茶业收入约占全县人均纯收入的 56%[②]。

为更好推动安溪茶产业链条延伸和集群发展，2017 年 9 月福建省安溪县申请并获批创建国家级现代农业产业园，园区创建区域面积 1 154.52 平方公里，包括茶叶种植、加工、销售、物流、研发、人才、配套等全产业链区域，涵盖县辖西坪、虎邱、龙涓、尚卿等 7 个茶叶主产乡镇，园区农业人口达 42.83 万人[③]。为满足安溪现代农业产业园区的金融需求，安溪县政府联合安溪县农商银行、泉州银行安溪分行、农业银行安溪分行等多家金融机构针对安溪现代农业产业园特点提供一系列特定的金融支持服务，

① 仙景传媒．好消息！安溪铁观音再获一项国家级殊荣！［EB/OL］.（2020－02－27）［2021－06－19］. https：//www.sohu.com/a/376365408_713556.

② 安溪商人．包揽 9 项第一！咱安溪就是这么任性！［EB/OL］.（2019－04－09）［2021－06－21］. https：//www.sohu.com/a/306856773_120053523.

③ 中国农业规划网．福建省安溪县现代农业产业园［EB/OL］.（2019－07－29）［2021－06－22］. http：//www.agriplan.cn/case/2019－07/zy－4368_49.htm.

形成了一套覆盖全产业园、涉及不同经营主体的现代产业园贷款模式，极大地促进了安溪茶产业集群的升级发展。

三、案例分析

（一）创新做法

为适应互联网金融发展趋势，立足安溪茶叶主产区特色，安溪县金融机构积极拓展金融服务网络，持续加大金融服务实体、服务民生、服务乡村振兴的力度，提升普惠金融服务的覆盖面，实行“新、快、准、信、惠、简”六位一体的贷款模式。

1. 形成“三链合一”的新型贷款机制

传统的贷款模式往往采用点对点信用检查、资产抵押、授信贷款的方式，一方面增加了金融机构贷前审核、贷中监管、贷后追踪的放贷成本，迫使金融机构提高贷款利率，出现融资贵问题，另一方面由于农业经营主体缺乏合规抵押物，无法达到金融机构的贷款条件，出现融资难问题。为缓解以上问题，安溪县金融机构通过整合产业园的产业链、服务链、信息链，加快贷前审核，完善贷中监管，简化贷后追踪等方式，促进当地茶产业发展。产业链方面，安溪铁观音国家现代农业产业园已形成供给稳定、品质优良的上游供应链，通过建设现代技术装备集成区，集加工、开发、物流、服务、示范为一体，完善中游产业链，注重茶叶的加工检测，提升茶叶综合利用能力，通过市场批发、互联网营销、多平台推广等模式，不断拓展销售渠道。服务链方面，产业园现已迈入体系化发展，建设第一、二、三产业融合发展区，通过茶园体验、门店服务、茶叶定制、主题民宿等方式打造个性化茶园文化，提升品牌形象的同时促进经济增长，推进乡村振兴。信息链方面，安溪县金融机构利用产业园现有产业链和服务链搭建大数据信息平台，通过信息平台快速获取经营主体的供销信息，设立“农贷白名单”，按季度从农资监管平台提取茶农基础数据，结合政府农茶局、供销社、农资经销点等数据，定期对“农贷白名单”进行维护更新，缓解经营主体和金融机构之间信息不对称问题，降低金融机构授信成本，便于金融机构对贷款进行贷中监管和贷后追查。“三链合一”的贷款机制有效缓解了园内经营主体缺乏合规抵押物无法贷款的困境，降低了金融机构的放贷成本和放贷风险，形成了互惠互利的良好态势。

2. 构建全产业覆盖的信用评估体系

农业具有较强的波动性和风险性，相较于工业、服务业等产业，其每个环节的联系性和紧密性较弱，如何对产业集群中每个环节的经营主体进行准确授信是困扰农业产业集群贷款模式的难题。安溪县金融机构积极加强与县政府相关部门、县农业局、县供销社、农资监管平台和农资经销点等相关单位的沟通与协作，共同推进农资监管平台数据信息的规范录入和动态管理，进一步完善农资监管平台中茶农的基本信息、茶园面积、农资购买记录等信息，从而准确构建茶农的信用评估体系；同时，通过农资监管平台对茶农的农资交易记录进行监测，对于交易数量、次数出现较大偏离的客户，由经办网点及时采取进村入户、实地查看等贷后管理措施，准确掌握茶农实际生产经营情况，确保贷款用途真实有效，并加强对贷款农户的信贷政策宣传。此外，做好相关金融贷款产品的业务统计分析和工作反馈，按月报送业务相关数据和业务发展情况，及时收集整理贷款金融产品运行过程中出现的问题和反馈意见并加以改进，确保平台信息和信用评估的准确性。现代农业产业园区大数据的收集分析和各类网上平台和网点的建设，极大降低了金融机构对产业园内经营主体信用评估的难度和成本，提高了贷款授信的准确性和时效性，在一定程度上提升了园区内经营主体的资金需求满足度。

3. 创新精准服务的金融贷款产品

传统金融贷款产品的服务对象大多局限于贷款金额较少、贷款期限较短的个体农户，随着现代农业的集群化、规模化发展，传统金融贷款产品已越来越无法满足规模较大、种类繁多的新型农业经营主体的流动性和扩张性资金需求，进而影响现代农业产业的进一步发展。安溪县以种植茶叶为主，经数十年的发展已形成规模破百亿元的现代农业产业链，产业链经营主体规模纷繁多样，单一的金融贷款产品已无法满足产业园内不同经营主体的贷款需求。因此，安溪县各金融机构围绕安溪茶产业园资金需求特点，针对不同茶产业经营主体的特点和贷款需求，创新推出“茶三通”涉茶信贷产品。

“茶三通”包含“茶农通”“茶店通”“茶企通”。

“茶农通”主要面向产业园生产端的茶农群体，针对茶农缺少合规抵押担保物的问题，通过对茶农茶园面积、茶叶产量、加工能力等非传统抵押物进行考察，结合茶农在产业园的供销数据，对茶农进行授信，茶农无需抵押物即可从金融机构获得低利率贷款，极大缓解了茶农在生产环节的资金需求问题。

“茶店通”主要面向产业园内收购贩售茶叶的企业或商贩。茶叶生产和销售周期性较强。在茶叶的产出季，茶企往往需要大量的流动性资金用于茶叶的收购、加工和包装存储。安溪金融机构针对这一贷款需求推出“茶店通”，其提前授信、随贷随还的特点充分满足了茶企茶商的周期性贷款需求，避免贷款旺季茶企茶商因无法及时获得贷款，出现资金周转不灵的问题，方便茶企茶商获得贷款的同时提高了金融机构的贷款回收率。

“茶企通”主要面向产业园的龙头企业，针对其建设资金需求量大、信誉良好的特点提供贷款金额较高的无抵押信用贷款，为茶叶生产、供应、销售等环节提供全方位的信贷支持，促进安溪铁观音国家现代农业产业园又好又快发展。

除了“茶三通”外，安溪县金融机构还针对产业园内不同经营主体的贷款需求创新推出了“简易贷”“金穗快农贷”“茶农惠农 e 贷”等产品，通过档案分离、整合简化手续、内部优化操作、延长贷款期限、批量操作等措施，提升涉茶贷款办理效率，为经营主体解决资金后顾之忧，及时满足产业园经营主体不同的生产经营资金需求。

4. 打造融入生活的金融服务体系

安溪铁观音国家现代农业产业园将相关经营主体进行整合，安溪县金融机构以产业园为平台，成立工作小组到产业园内对涉茶产业的茶农、茶商和茶企进行集中式金融知识普及，原本需要走访 24 个乡镇、400 个村的金融知识普及工作，通过安溪现代农业茶叶园的联系和组织，一个晚上即可完成，降低金融机构工作量的同时提升了普惠金融的覆盖面，加强涉茶经营主体对金融的了解和认识，普及了金融基础知识，提升了经营主体的风险意识和信用意识。此外，安溪县金融机构利用产业园搭建的平台整合内外部资源，拓展生产经营和生活消费中的高频次互联网场景，把金融服务嵌入涉茶经营主体的生产经营、投资开发等各类场景。例如，金融机构与产业园经营主体合作，打造了福建农林大学安溪茶学院、安溪五中等智慧校园，安溪自来水智慧缴费，国宇、虎邱卫生院等为代表的智慧医院，拓宽产业园和金融机构经营业务范围的同时，为更多经营主体提供高效便捷的金融服务。

5. 引入政府增信机制

金融机构为降低放贷成本往往设置较高的贷款门槛，导致经营主体贷款积极性不高。为降低金融机构的放贷成本，激发经营主体的贷款积极性，安溪县人民政府引入政府增信机制。由安溪县人民政府出资200万元成立农业担保风险基金，金融机构按风险基金的20倍以上额度发放农业贷款，产业园内经营主体可以将厂房、茶叶加工机器设备、茶叶库存、农机具、冷库、茶园土地经营收益权等作为质押物，按实现估价的50%给予抵押贷款，并向政府农业担保风险基金申请担保服务。经营主体可以采用其在产业园内的供销记录作为贷款凭证，由农业现代产业园区、政府风险担保基金和金融机构联合确定其授信额度，经营主体的贷款评级、授信、用信一次性完成，一方面降低了金融机构的放贷压力和放贷成本，提高了金融机构的放贷积极性，另一方面简化了经营主体获取贷款的手续流程，在一定程度上解决了经营主体的资金需求，降低了贷款风险管控压力，是农业集群化发展在金融领域的成功实践和运用。

（二）存在问题分析

1. 参与主体利益分配不均

无论是产业园内各经营主体还是金融机构，其最终目的都是实现利润最大化，产业园内茶农需要借助核心企业的信用进行贷款，但只有当茶农的收益足够大时才会选择守信还款，核心企业也想获得更多收益，在与茶农签订合同或契约时可能故意压低交易价格或提出不合理的要求损害茶农利益。政府虽然采取了较多支农政策，但近年来商业银行普遍面临营业网点被大规模撤并、经营管理结构调整转型的尴尬处境，在多项支农政策面前显得有心无力，支农作用受到一定程度的限制，参与主体间无法就利益分配达成较为统一的意见成为阻碍产业园贷款模式发展的重要原因之一。

2. 风险评估体系缺乏整体性

虽然安溪铁观音国家现代农业产业园的贷款模式在一定程度上满足了产业园内经营主体的贷款需求，风险评估体系取得了一定的成效，但各家金融机构出于数据的保密性构建的风险评估体系具有一定的独立性，尚未实现互通互联，缺乏数据共享机制，风险评估范围有限，风险评估体系仍待完善，产业信贷仍存在一定的市场风险和行业风险。

四、结论及建议

通过以上案例分析可以看出，安溪铁观音国家现代农业产业园金融支持模式在一定程度上打破了传统授信融资方式对农户信用等级较低、抵押担保不足等问题的限制，缓解了涉农经营主体融资难融资贵的问题，降低了商业银行等金融机构的信贷风险和信贷成本，为新型农业经营主体贷款融资提供了新渠道，促使产业园内各经营主体和金融机构实现共赢，其金融支持模式具有一定的现实意义和参考价值，但仍需要注意完善以下几点：

首先，完善参与主体的收益分配机制。发展“订单农业”，坚持“利益共享，风险共担”的分配原则，根据贡献率及风险大小设计签订合同，注重随行就市、利润返还、保底收购等条例。政府也应出台相应的法律法规，规范农民专业合作社，从法律意义上对核心企业及经营主体的权利和义务进行划分，促进金融机构支持产业集群的发展。

其次，构建多层次支农金融体系。由于农业产业具有投资回报率低、投资时间长、风险大等特点，商业银行纷纷减少甚至撤出农村金融业务，导致农业经营主体融资渠道较为单一。农业是我国重要的支柱性产业，监管部门应降低金融机构的市场准入门槛，从财政上鼓励金融机构提供更多元的农村金融服务，引导社会资金向农村地区和农业产业回流，加强金融机构对农业产业集群的支持力度。

最后，加强数字金融渗透作用。随着农村互联网金融基础设施的逐渐完善和服务的深入渗透，“互联网 + 金融”的创新形式将逐渐成为农村经济发展的推动器，农业产业集群的发展离不开网络体系的构建，完善产业数据库迫在眉睫。政府应加快农村互联网金融的立法工作，金融机构也应积极搭建大数据共享平台，以期助力农村金融的现代化发展。

参考文献

［1］查斌仪，聂振平，汪洋等．“物联网金融 +”：现代农业产业链融资新路径［J］．群众，2019，（22）：25 – 26.

［2］丁劲光．金融支持乡村振兴战略的调查与思考［J］．西部金融，2018，（11）：78 – 80.

［3］王刚贞，何睿．基于旺农贷的“农业价值链 + 电商平台”的融资模式研究［J］．齐齐哈尔大学学报（哲学社会科学版），2017，（08）：76 – 79.

（执笔人：郭沛　李梦琪）

案例四

增信、分险、赋能：鲁担惠农贷模式

一、引言

新型农业经营主体以专业大户、家庭农场、农民专业合作社和农业企业为代表，是推动农业高质量发展的重要依托。但是，往往新型农业经营主体的投入产出周期较长，投资回报见效慢，面临的不确定性较大，并且农村产权资产无法向金融机构有效担保（孟光辉，2013），因此金融机构在信贷投放上会在抵押担保、授信额度等方面进行严格限制，以控制风险，两者之间的矛盾制约了新型农业经营主体经营规模的扩大，使得金融支持新型农业经营主体面临诸多困难。王锦荣等（2014）认为困难主要体现为：第一，土地承包权抵押难，农民缺乏其他抵押品，也没有专门的担保基金或机构为农户提供担保；第二，金融机构贷款期限难以满足新型农业经营主体中长期融资需求，并且缺乏差别化服务不同类新型农业经营主体的策略。

在担保贷款方面，受农村地区担保利润较低且担保门槛较高和农业主体资金规模的制约，商业性担保和互助性担保在农村地区缺乏积极性。因此，成立政策性担保公司，介入农村信用担保市场，成为解决市场失灵和促进农村担保贷款发展的有效工具。2015 年 5 月，中央决定建立全国农业信贷担保体系，调整三项补贴，统筹用于支持粮食适度规模经营，支持粮食适度规模经营补贴资金。2016 年 5 月，山东省人民政府发文，批准组建山东省农担公司，专注农业尤其是农业适度规模经营主体，解决农业融资难、融资贵问题。

二、案例背景

“鲁担惠农贷”是山东省农业发展信贷担保有限责任公司为贯彻落实中央和省有关强农惠农政策开发的政策性农业信贷担保模式，目的是促进新型农业经营主体的发展，引导金融资本流向农业、金融资源流向农业适度规模经营主体，从而促进乡村振兴。

课题组到访的鲁农担齐河县办事处于 2017 年成立，办事处工作人员既有山东省农担公司的派驻人员，也有政府部门如财政局、农业农村局借调的工作人员。“鲁担惠农贷”业务于 2018 年开展。以鲁农担办事处为例，“鲁担惠农贷”的客户来源主要有 3 种：一是农担公司联合政府，从政府获得的有贷款需求的农户和新型农业经营主体；二是“鲁担惠农贷”所合作的银行自身的涉农类型客户；三是主动上门要求使用“鲁担惠农贷”的符合条件的客户。“鲁担惠农贷”要求客户群体有信用，诚信记录良好；有规模，符合适度规模经营参考标准；有经验，持续经营 1 年以上；有效益，有偿还贷款能力；有明确清晰的主业和合理的贷款需求。

在惠农贷融资成本上，“鲁担惠农贷”利率上浮不超过贷款基准利率的 50%，加上 1%—2% 的担保费，贷款的总成本在 8% 以内[①]。融资根据不同类型的主体有不同的额度，如表 1 所示。

新冠肺炎疫情发生以前，客户申请“鲁担惠农贷”需要准备两套申请资料，分别交给银行客户经理以及农担客户经理，银行在收集客户信息并完成审批后提交给农担进行业务审批，农担审批完成后进行担保，银行从而放款。疫情期间，为加快审批过程，更好服务涉农主体，满足其资金需求，农担完全信任银行审批结果，减少了一道

① 汶上财政．“鲁担惠农贷”政策简介［EB/OL］．(2019－08－06)［2021－06－22］．https：// www. sohu. com/a/331996129_100014217.

表1　“鲁担惠农贷”各类融资主体融资额度

融资主体类型	融资额度
家庭农场、种养大户、农民合作社、农业社会化服务组织、小微农业企业等经营主体，以及国有农场	10万—200万元
大规模农业机械化作业的经营主体	最高不超过300万元
农业产业化龙头企业，以及实施农田基础设施等提高粮食生产能力的项目	最高不超过1 000万元

数据来源：齐河县农担办事处。

审批手续。当前银行已经与农担公司签订了互信协议，农担公司直接为通过银行审批的新型农业经营主体等提供担保，进一步缩短了审核周期，加快了放款速度。

2020年7月8日，“鲁担惠农贷”上线全流程线上操作的“农耕贷”，客户可以通过“鲁担惠农贷”小程序和工商银行手机银行App完成业务办理。“农耕贷”在邹平上线的首日，共有6名客户完成业务办理，累计授信金额达117.3万元，从申请到放款最快仅需20分钟就可完成①。以我们到访的德州市陵城区为例，截至2020年9月11日，共发放“鲁担惠农贷”贷款625笔，共计约2.45亿元。该县自成立农担办事处以来，累计发放“鲁担惠农贷”676笔，约2.74亿元②，贷款覆盖面广且出借资金量大，支持新型农业经营主体发展的成效显著。

三、“鲁担惠农贷”案例分析

（一）运作机制分析

鲁农担公司作为银行与新型农业经营主体的纽带，发挥重要联结作用。“鲁担惠农贷”是在山东省人民政府的支持下运行的，由地方政府出资设立政策性农业信贷担保机构，为信用基础条件较好、农业生产经营规模较大、生产经营有一定经验并取得良好效益、存在信贷需求的新型主体提供信贷担保服务。各地农业农村局、镇（街）政府、村委会和省农担公司通过调查摸底、层层审核，掌握每个新型农业经营主体生产经营的基础信息，为其建立一个身份档案。所有建立身份档案认定的新型农业经营主体都可以获得农担公司“鲁担惠农贷”的担保资格。其运作机制如图1所示。

① 韩金枝．全线上版“鲁担惠农贷—农耕贷”首批6笔业务落地邹平［EB/OL］.（2020－07－15）［2021－06－22］. http：//binzhou. dzwww. com/zouping/202007/t20200715_625546 8. htm.

② 根据笔者赴山东省农业融资担保公司德州市陵城区办事处调研资料整理。

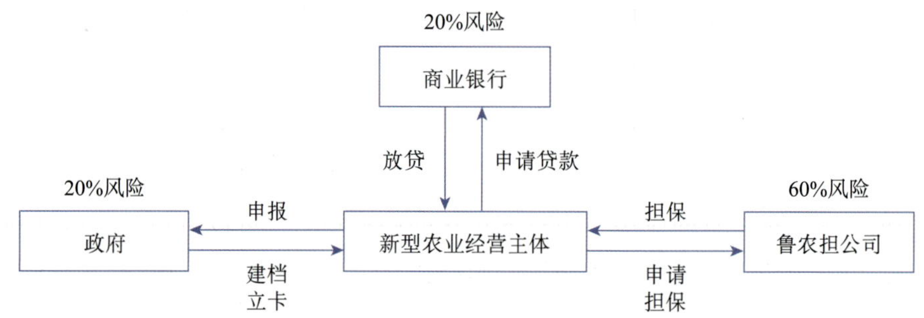

图 1　“鲁担惠农贷”运作机制

首先是新型农业经营主体主动申报自身生产经营信息，从而获得担保资格认证，政府为获得资格的新型农业经营主体建档立卡。在需要贷款时，新型农业经营主体可直接在线向银行申请，农担公司直接信任银行审核结果从而提供担保，并且担保无需新型农业经营主体提供反担保物，随后直接向新型农业经营主体经营者手机发送附有担保费二维码的审批单，新型主体在线支付担保费，缴费后两日内即可通过银行线上审批，审批后直接线上放款。新型主体在使用贷款的过程中，在额度内循环使用，随用随还。

在风险分担方面，政府、银行和农担公司实现线上三方数据共享，实时互联和交叉验证，构建了科学合理的多元风险分担机制。2019 年后“鲁担惠农贷”形成的风险分担比例为政府分担 20% 的风险、银行分担 20% 的风险、省农担公司分担 60% 的风险，三方根据各自的风控体系控制风险，从而形成“农担 + 银行 + 政府风险补偿基金”模式。

（二）运行效果分析

1. 科技赋能，减少信贷过程信息不对称

山东省农担公司成立了鲁担数科公司，打通金融场景与乡村场景的链接，通过归集和加工新型农业经营主体建档立卡的信息数据，整合政府、银行、新型农业经营主体生产经营多方信息，建立完善的信用管理系统，开发出“画像系统”“鲁担惠农云”等大数据工具，从而实现了批量获客、精准画像、业务办理、保后管理的标准化、线上化和数字化，缓解了银行与新型农业经营主体信息不对称。

通过“画像系统”“鲁担惠农云”，对于新型农业经营主体来说，线上申请担保贷款手续不仅节约大量“鞋底成本”，在提交申请后等待的时间成本也迅速降低，充分享

受数字金融带来的便利化信贷服务。对于政府来说，将建档立卡的新型农业经营主体信息交由鲁担数科公司进行大数据分析，能更加全面地掌握当地新型农业经营主体的真实情况，使相关扶持政策更加精准。对省农担公司来说，能够对相关担保主体进行精准分类，实现了对原有在保客户和新客户的大数据风险筛查，提升审批效率。对合作银行来说，大数据工具的应用与银行零售化的趋势相符，可以更快完成信贷的审批和发放，并可通过线上手段加强贷后管理和监督，提高了银行服务新型农业经营主体的能力。

2. 财政贴息力度大，提高新型农业经营主体借贷积极性

传统农村金融市场中，银行为卖方市场，新型农业经营主体贷款需求大且融资渠道单一，又因为缺乏合格的抵押物来获得贷款，所以存在较大的资金缺口，供需矛盾使得新型农业经营主体的融资成本居高不下，导致银行贷款额度低，或者要求新型农业经营主体提供强担保。此外，农村担保机制不健全，缺乏针对性的担保机构也推高了农业主体的贷款利率。较高的利息费用降低了新型农业经营主体贷款的积极性，使得农业生产经营本就不大的利润空间变得更小。

“鲁担惠农贷”根据大部分新型农业经营主体抵押物少、缺少完善治理结构的特点，坚持服务新型农业经营主体的发展理念和不以营利为目的的定位，将利率规定为上浮不超过基准利率的30%，并规定了农担的担保费用，其中粮食种植户为1%，其他涉农主体为1.5%，并且贷款额度在10万—300万元之间可以享受贴息，贴息为基准利率的一半，即2.175%，300万—1 000万元的贷款则不享受贴息。疫情期间实行担保费减半征收，贴息增加一个百分点按3.175%进行贴息。因此，按照疫情期间的费率标准，综合测算下来，粮食种植户实际担负的贷款利率为1.675%，其他涉农主体实际担负的利率为1.925%①，实际担负的贷款利率水平已经明显低于同期银行存款利率，有效降低了新型农业经营主体的融资成本。较低的利率有利于激励新型农业经营主体通过贷款方式来扩大生产经营规模和购置更新农业机械，尤其可以促进过去保守经营、量入为出的新型农业经营主体尝试贷款经营，扩大规模，促进新型农业经营主体的可持续发展。

3. 借贷方式灵活，有效降低综合成本

山东省农担公司根据新型农业经营主体的特点以及行业属性，将担保业务和信贷

① 根据笔者赴山东省农业融资担保公司德州市陵城区办事处调研资料整理。

产品结合，采用循环贷模式，随借随还，按日计息，不用不付息。例如，过去新型农业经营主体每年需要10万元贷款用于种苗的购买，则只能通过银行将房产、车辆等固定资产进行抵押，获得一年期10万元贷款，10万元全额计息并且无法提前还款。现在使用“鲁担惠农贷”，新型农业经营主体会获得贷款额度，只要贷款金额在额度内，就可以实现随时借款，按日计息，极大降低了资金的使用成本。

2020年，受到疫情的影响，“鲁担惠农贷”更是为新型农业经营主体开辟了“绿色通道”，做到“应贷尽贷”，在新型农业经营主体提交贷款申请后，农担公司与银行合作快速调查、快速评审、快速放款，切实满足农业生产的季节性资金需求。齐河县农担公司经理介绍，从业务受理到放款最短仅需两天时间。

4. 创新线上业务模式，不断丰富产品类型

工商银行山东省分行与山东省农业发展信贷担保有限责任公司在“鲁担惠农贷”基础上，在邹平市合作推出了特色产品“农耕贷”，充分利用大数据、云计算技术，将整个信贷流程转移到线上，审批效率高、利率优惠，使得新型农业经营主体的信贷需求“足不出户”即可得到满足。同时，农担与工行联合审批，并通过共建风险模型的方式，保持了双方授信结果大概率的一致性。线上申请与审批相比于线下，操作流程极大简化，申请与审批时间也已得到极大缩减，使得农业适度规模经营主体获得信贷的过程更加便捷，是“鲁担惠农贷”模式下的一大创新。

随着“鲁担惠农贷”的不断创新，2020年末时已有差异化信贷产品如“农耕贷”“生猪贷”“本草贷”“强村贷”等，将更好促进打造乡村振兴“齐鲁样板”。

（三）潜在问题分析

1. 主体权利不完善

在调研部分农民专业合作社的过程中发现，大部分合作社在当地以合作社的名义无法申请“鲁担惠农贷”贷款，只能以理事长的个人名义申请贷款，这样一来，以理事长个人名义取得贷款用于合作社经营获得收益为合作社成员共享，但是风险仅有理事长一人承担，收益与风险的不匹配极大地降低了理事长贷款的积极性，从而降低了合作社贷款发展的可能性。例如，调研中访谈的3位合作社理事长均表示，如果以合作社的名义担保贷款，则会使用“鲁担惠农贷”，以自身名义担保，则不会使用，可见合作社的贷款主体问题是“鲁担惠农贷”迫切需要解决的问题。

2. 后续监管难度大

“鲁担惠农贷”的利率在财政贴息后极低，甚至低于同期银行存款利率，因此不排除很多农户和新型农业经营主体会使用“鲁担惠农贷”贷出资金后挪作他用，而并不用于农业生产，产生道德风险。尽管银行有贷后监督管理与定期检查措施，但是资金若不通过银行转账，转化为现金流通，银行的监督与检查就很难继续追踪到资金流向，这对银行的贷后检查提出了较大挑战。

四、结论及建议

山东省农业发展信贷担保公司通过“鲁担惠农贷”模式支持新型农业经营主体的发展，有效提高了新型农业主体的贷款可得性，切实降低了贷款主体融资成本和金融机构的贷款风险，支持农业发展成效显著。“鲁担惠农贷”这一信用担保模式有利于加强政府、银行、担保机构之间的良性互动，应积极鼓励并推广这一成功模式应用到其他地区实施。

为了更好发挥惠农贷模式的作用，涉农金融机构要学习和推广“农耕贷”全线上流程的模式，通过使用信息技术来提高农村金融服务质量，促进农村信贷流程的规范化和线上化，切实提高审批效率和放款效率。另外，还可以开发农户个性化服务的业务，如开设贷款服务热线、手机网上银行、银行卡信息服务等，为农业经营主体提供生产资料、产品销售等一系列增值服务（肖福英，2017）。

要继续加大银行信贷产品的创新，根据不同新型农业经营主体的经营特性，研发不同类型的信贷产品分别满足其金融需求。各类银行要创新金融产品，推行林权抵押、地上附着物抵押等贷款产品，降低贷款的硬性要求，同时与资金互助社等非正规金融机构合作，形成合力满足新型农业经营主体的金融需求。金融机构要切实站在农业适度规模经营主体的角度上，减少还款后续贷的资金空缺时间。

最后，对于新型农业经营主体风险保障发展滞后的问题，政府要尽快健全保险体系，扩大政策性农业保险覆盖范围，将新型农业经营主体经营的种植物、养殖物等均纳入保险范畴，为新型农业经营主体在生产、深加工、销售等环节提供保险与担保服务，提供针对不同主体的差异性保险服务，提高新型农业经营主体风险防控能力。在此基础上，继续完善农业再保险，比如通过农产品期货对冲风险，建立并完善“保险+期货”模式，使新型农业经营主体直接参与风险管理，保障新型农业经营主体的收入，降低其信贷违约风险，打造新型农业经营主体的风险闭环；或者通过政府组建风险灾害补偿基金，为新型农业经营主体承保的政策性农业保险提供再保险服务。

参考文献

[1] 孟光辉．农村产权资产融资担保方式研究［J］．农业经济问题，2013，34(08)：69－76＋111.

[2] 王锦荣，温新，崔有林．新型农业经营主体发展与金融支持的调查思考——以长治市为例［J］．华北金融，2014（03）：28－31.

[3] 肖福英．支持新型农业经营主体发展的金融创新路径［J］．农业经济，2017(03)：95－97.

（执笔人：郭沛　侯昊天）

案例五

金融科技融合惠普金融：黑龙江省云贷款模式

一、引言

随着我国农业经济蓬勃发展，新型农业经营主体日益显示巨大活力，成为乡村振兴的重要推动力量。新型农业经营主体与一般农户相比，经营土地规模更大，固定资产投入更多，对于金融需求更加旺盛，因此国家在主体建设、人才培养、信贷支持、保险服务等方面都给予了不同程度的扶持和优惠。但是，由于农业生产本身“靠天吃饭”存在的高风险性和新型农业经营主体发展的不确定性，大部分新型农业经营主体的融资渠道狭窄，资金来源主要依靠自有资金，融资额度大、使用期限长的资金得不到满足，大多数新型主体资金缺口难以填补，并且农地经营权抵押存在法律和金融机构双重障碍（林乐芬等，2015），与非农领域相比，农业融资难问题依然突出，这也成为制约新型农业经营主体发展的最大障碍之一。

传统线下金融模式下，新型农业经营主体存在信贷需求时，基本要到县域的实体银行相关网点办理手续，仅有少数地区可在乡镇网点完成信贷业务的办理。新型农业经营主体需要花费一定的时间成本和交通成本，并且很难实现“最多跑一趟”。又因新型农业经营主体的资产主要是土地及农业机械，缺乏合格的抵押物来获得贷款，并且金融机构与新型农业经营主体之间存在较为严重的信息不对称，金融机构对从事农业生产的新型农业经营主体的信贷需求的积极性和主动性不足。

那么在这种情况下，加大对新型农业经营主体的金融支持力度，尤为必要和迫切。新型农业经营主体的蓬勃发展离不开金融的有力支持，因此要突破传统模式下新型农业经营主体信贷约束问题，就必须通过创新金融产品、改进服务方式等手段，满足其金融需求，支持新型农业经营主体可持续发展。

二、云贷款模式简介

黑龙江省作为我国的农业大省，是全国重要的商品粮生产基地，新型农业经营主体发展态势良好。通过创新黑龙江省新型农业经营主体的金融服务模式，促进现代农业的发展，既可以促进黑龙江省新型农业经营主体的培育和发展，又可以对全国其他地区通过金融支持新型农业经营主体的发展起到良好的示范带动作用。因此，将传统金融服务与现代金融科技相结合，利用大数据、区块链、云计算等新技术服务于新型农业经营主体的金融服务，成为建设银行黑龙江省分行（以下简称建行黑龙江省分行）的重点目标。

2018 年，建行黑龙江省分行践行总行普惠金融发展战略，积极拓展普惠金融发展的新模式、新服务，由国家农业农村部牵头立项，省农业农村厅投入资金 430 万元，建设银行投入资金 2 000 万元，联合农业农村厅、哈尔滨工业大学组建研发团队，共同研发了“农村金融服务平台”，为农民提供“地押云贷”和“农信云贷”两款产品，额度最高为 300 万元，利率低至年利率 5%①。这两款产品均可随借随还、额度可循环、线上全流程操作。此外，建行黑龙江省分行在黑龙江省财政厅、北大荒集团、各管局和基层农场的大力支持下，在 2018 年 11 月 24 日还首发上线了“金融科技 + 大数据”

① 郑新章．“地押云贷”惠及“三农”［EB/OL］．（2019 - 08 - 20）［2021 - 06 - 22］．https：//www. fx361. com/page/2019/0820/5441642. shtml.

产品——垦区“农户快贷”①。

建设银行云贷款业务模式如图 1 所示。

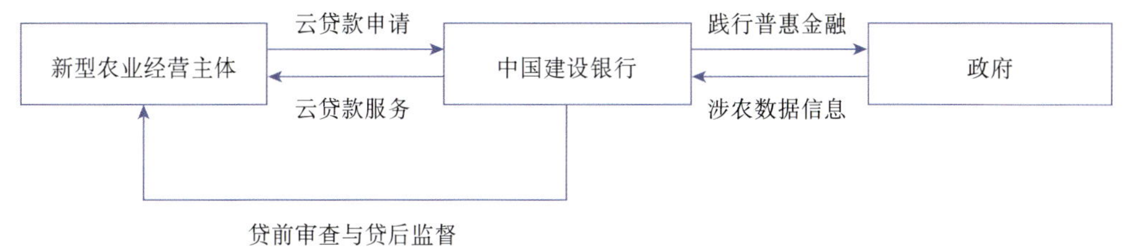

图 1　建设银行云贷款业务模式

在此业务模式下，首先政府相关部门将农户土地、粮农补贴、房屋产权等信息提供给建行，建立起涉农数据库，作为建行发放云贷款额度的依据。以涉农数据库的大数据为依托，将大数据相关信息直接导入银行数据库，新型农业经营主体在申请贷款时，不再需要准备、打印各种证明材料提交银行，直接通过线上操作建行“惠懂你”App，通过电子渠道在线申请、实时审批、签约、线上办理抵押登记，实时获知贷款额度，全流程线上办理，随借随还，额度循环，真正减少了操作环节。

新冠肺炎疫情期间，建行黑龙江省分行在 2020 年 2 月 14 日又上线了“云义贷”。该产品是建行为医疗等新冠肺炎疫情防控全产业链以及受疫情影响的小微企业及企业主、个体工商户等普惠金融客群办理的专属信贷业务，上线当日授信金额即突破 3 000 万元，授信金额达到 3 017. 6 万元，惠及客户 25 户②。

截至 2020 年 9 月底，建行黑龙江省分行的云贷款系列产品已有“农户抵押快贷”“农户信用快贷”“垦区快贷”“地押云贷”“农信云贷”5 款线上贷款产品，通过改变传统的线下受理模式，利用金融科技手段，借助黑龙江省特有的“智慧乡村”农村金融服务平台和新型农业经营主体与农户的大数据信息，推动农村金融发展的新生态。

① 黑龙江日报. 建设银行黑龙江省分行垦区“农户快贷”正式上线［EB/OL］.（2019-12-04）［2021-06-22］. http://epaper. hljnews. cn/hljrb/20181204/395722. html.

② 东北网. 抗疫加速度！建行黑龙江省分行“云义贷”上线首日即突破 3 000 万元［EB/OL］.（2020-02-16）［2021-06-23］. https://finance. dbw. cn/system/2020/02/16/05834 4603. shtml.

三、云贷款模式案例分析

（一）云贷款模式创新点分析

1. 数字化精准认证信贷资格

由于云贷款系列产品具有利率低、审批快等众多优点，难免会出现搭便车等行为，挤占真正对云贷款有需求的农户和新型农业经营主体资源。以往的惠农信贷产品，有的就以农户的名义贷出资金后，用于购房、还债等非生产性支出，没有做到专款专用和服务农村建设发展，降低了金融资源配置效率。

为了确保贷款发放真实有效，把贷款真正地“用到刀刃上”，农户的贷款资格由建行直接按照客户粮食种植者补贴的数据确定，通过整合农户土地、粮农补贴、房屋产权等信息建立涉农数据库，这就保证了真正可以把“地押云贷”用到种地的农户身上。对银行来说，贷款资格通过涉农数据库确立，不但数据准确无误，使得资格认证更加公平公正，而且极大地减轻了建行手动认定农户贷款资格的工作量。在整个贷款使用期间内，建行黑龙江省分行又根据土地流转系统数据，建立了数据防控系统，线上数据与线下调查相配合，实时保证贷款有效性，目的是确保农户和新型农业经营主体将借贷资金用于农业生产经营。

此外，建行黑龙江省分行还通过加强贷后回访与线上资金流向的监督，做好贷款的精细化管理。垦区“农户快贷”则精准面向垦区职工和农户，用于支付地租和购买农资农具，专款专用满足农业生产需要。总之，一系列金融科技手段与传统金融服务结合，大大提高了信贷资金配给效率，保证了贷款确实用于新型农业经营主体及农户的农业生产发展需要（见图2）。

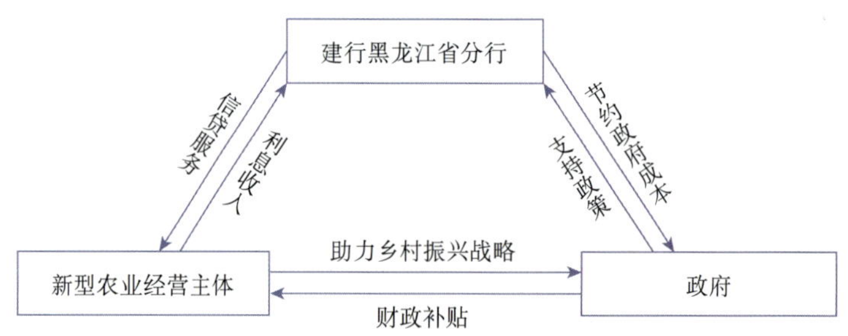

图2　建设云贷款模式主体关系

2. 线上化精简办理流程

在传统贷款过程中，往往存在申请贷款的手续烦琐以及审批周期长的问题，这在无形中会增加贷款过程中的隐性交易费用等问题，这些增加的成本最终都由新型农业经营主体和农户买单；而农业生产具有很强的时效性，如果审批周期过长，资金到账时间较慢，一旦错过农业生产最佳时令，就会造成难以挽回的损失。

针对贷款手续烦琐、审批周期长的老大难问题，建行黑龙江省分行给出了具体的解决对策。例如，垦区“农户快贷”是手机银行端的创新产品，将整个金融服务过程都转移到了线上，以垦区农户生产的大数据为依托，将大数据相关信息直接导入银行数据库，因此不再需要农户准备、打印各种证明材料提交银行，直接线上操作就可以了，极大提高了办理速度和效率。“地押农贷”的贷款人通过手机便可实时获知贷款额度，也实现了全流程线上办理，随借随还，额度循环，真正减少了操作环节，保证了贷款的高效发放，提升了数字金融服务新型农业经营主体的能力和质量。在疫情期间推出的“云义贷”更是体现出数字金融的优势，虽然道路封锁，交通不便，但足不出户即可申请线上贷款，保证了普惠金融客户群的资金需求。通过线下活动转移到线上，对有需求的新型农业经营主体和农户来说，不会再出现因为准备材料不足或错误而导致多次无功而返，节约了交通成本和多次往返的时间成本；对银行来说，数字化材料更易于记录和归类保存，不容易丢失，提高了工作效率。

另外，由于农村地区银行的营业网点较少且往往交通不便，通过线上操作建行“惠懂你”App 以及建行手机银行等应用，将资金流转全部转为线上，相比以前只能在银行工作时间办理业务来说，不但延长了金融服务的业务办理时限，而且一定程度上加强了资金的安全性。

3. 灵活度极高的借贷方式

以“农户快贷”产品为例，以前的贷款月利率为 8—9 厘，现在“农户快贷”贷款月利率只有 4 厘多，相较以往贷款利息可节约一半，大大降低了农户和新型农业经营主体的资金成本。除了直接降低贷款利率，激励新型农业经营主体和农户使用云贷款等普惠金融产品，建行黑龙江省分行云贷款系列产品还可在贷款额度和期限内循环使用，并可以随时归还，同时按实际金额和天数计息，实现降低贷款利率的目标。新型农业经营主体的资金需求量大且往往季节性较强，因此在这种模式下，新型农业经营主体使用云贷款的意愿不断增强，贷款需求不断增加。

例如，传统模式下，新型农业经营主体申请获得20万元贷款，银行会将20万元全部贷给新型农业经营主体并按照20万元计息，并且无法提前还款。当新型农业经营主体生产季节使用其中部分贷款时，剩下贷款闲置，但也要计算利息。在云贷款模式下，新型农业经营主体申请获得的20万元贷款成为额度的上限，新型农业经营主体可在生产季节需要购置种苗、农资时按照实际资金需求量使用云贷款购入，自主决定在额度内的贷款量，并可在收获季节销售农产品后将所借资金及时归还，按照实际使用的天数计息，与传统方式相比，既大大降低了资金使用成本，也提高了新型农业经营主体还款的积极性。

4. 创新抵押担保方式

新型农业经营主体的资产主要是农业生产的机械设备及厂房仓库等固定资产以及能够进行流转的土地。由于土地流转交易不规范，民间交易行为占多数，实际录入产权交易中心的土地流转交易不仅数量很少，流转面积也只占少数，造成土地承包经营权作为抵押物存在不准确、核实成本高等问题。此外，农户还存在一些不确定因素，让土地流转更加困难[①]。使用商业担保获得贷款则又面临着高昂的担保费用，抑制了新型农业经营主体的借贷意愿。因此，“地押农贷”通过抵押土地承包经营权，激活了农村土地的经济价值，盘活了生产要素，能够使得土地流转信息数字化，线上操作也更加规范便捷，提高了土地流转和抵押的效率，体现出“互联网＋农业”的大数据价值，将有助于土地承包与流转规范化、系统化、信息化管理。除了“地押农贷”，下一步，“农户抵押快贷”也将进一步创新和完善，针对土地承包经营权、宅基地、养殖水面和地上附着物等产权的抵押将会创新抵押模式，逐步推行以种养大户、家庭农场、农民专业合作社和农业产业化龙头企业拥有的相对稳定的土地承包经营权收益，以及地上附着物、养殖物为抵押的贷款，为新型农业经营主体的融资提供更为广阔的融资空间。

（二）云贷款模式效果分析

“建行云贷款”通过线下活动转移到线上，对有需求的新型农业经营主体和农户来说，一方面不会再出现因为准备材料不足或错误而导致多次无功而返，节约了交通成本和多次往返的时间成本；另一方面，新型农业经营主体通过线上操作建行“惠懂你”

① 孙江莛．建行云企贷创新上线“地押云贷”［N/OL］．春城晚报，2020－08－12［2021－06－22］．https：//xw. qq. com/cmsid/20200812A05T2W00？ADTAG＝baidutw.

App 以及建行手机银行等应用，突破了过去只能在银行营业时间享受金融服务的局限性，更加便捷。对银行来说，一方面新型农业经营主体贷款资格通过涉农数据库确立，不但数据准确无误，使得资格认证更加公平公正；另一方面数字化材料更易于记录和归类保存，不容易丢失，提高了工作效率，也一定程度上加强了资金的安全性。此外，土地数据、身份信息等采集录入形成的农业大数据，为银行的大数据风控模型和用户识别分类提供了依据。对政府来说，银行对新型农业经营主体的支持是承担社会责任的表现，节约了政府成本，助力乡村振兴战略。

（三）云贷款模式的不足

1. 风险补偿措施滞后

农业生产面临的风险较多，既会面临自然灾害、病虫害等风险可能会导致减产甚至绝收，也会面临农产品、农资、农机等价格大幅波动带来的市场风险，这些风险都将使新型农业经营主体和农户更加脆弱，在贷款经营时由于杠杆作用，风险进一步放大，容易产生坏账。

由于云贷款系列产品利率低，方便快捷，新型农业经营主体的使用意愿较高。但是，在风险保障措施方面，当前涉农保险仍然存在品种少、理赔手续复杂等问题，使得新型农业经营主体投保意愿较低。此外，保险机构开设的涉农险种过少，家庭农场和专业种植合作社等经营的品类并无此类农业保险，导致投保难。新型农业经营主体和农户在使用云贷款扩大生产经营规模或者购置机械设备时，经营风险放大却没有跟进的保险服务，风险补偿措施明显滞后。

2. 信用评级体系缺乏整体协同性

尽管云贷款系列产品极大促进了黑龙江省新型农业经营主体和农户的融资贷款需求，但由于目前仍然缺乏统一规范的涉农主体的信用评级体系，涉农金融机构的信用评级体系尚未互联互通，各金融机构构建了不同的信用评级体系，缺乏共享数据的激励，因此新型农业经营主体的金融服务选择范围仍然有限，要想比较或者使用多家金融机构的金融服务，可能需要重复诸多手续与申报程序，在一定程度上丧失了效率。

四、结论及建议

通过以上案例分析可以看出，“云贷款”的各种衍生模式支持新型农业经营主体效果比较显著，充分体现出数字普惠金融的优势，利用金融科技有利于更加高效快捷的为新型农业经营主体提供所需的金融服务。今后将传统金融服务与金融科技结合起来，将成为各个金融机构采用创新模式服务新型农业经营主体发展的趋势。要更好发挥云贷款的作用，还应注意以下几点：

首先，要完善新型农业经营主体相关经营管理者的培训工作，引导经营管理人员学习农业生产的风险防范知识和金融知识，提高风险防控意识和债务偿还能力，进而提高经营管理水平和完善相关规章制度，提高新型农业经营主体的职业化水平，能够熟练使用云贷款等新型金融产品服务于自身农业生产经营。对政府和保险公司来说，要建立健全农业保险体系的建设，扩大农业保险覆盖范围，结合新型农业经营主体经营范围开发新的险种并完善农业政策型保险来提高农业生产的稳定性，由政府组建农业再保险公司，通过提高各类新型农业经营主体的抗风险能力降低因使用云贷款而放大的风险。

其次，要继续加大服务于新型农业经营主体和农户的金融产品和服务的创新力度，根据各地的实际情况因地制宜提供差异化金融产品和服务，例如根据当地产业集群创新性的提供种植类或养殖类贷款等，如“板栗贷”“蜜桃贷”等。在此基础上，完善以农村土地承包经营权、农村集体产权等作为抵押的贷款服务，并进一步创新抵押担保模式，将农机设备、农产品订单引入抵押担保（洪名勇等，2017），逐步扩大贷款服务的规模和范围，并灵活调整贷款期限和还款方式，例如流动性资金为 1 年期限，农机、农具贷款期限为 3—5 年，对于深加工设备或者生产周期特别长的作物的贷款周期延长到 10 年，从而真正破解新型农业经营主体和农户融资难、融资贵的难题。

最后，银行应根据云贷款依托的农户生产大数据等资料库进一步完善农户信用评价体系，建立农户信用档案，加强银行之间的合作并实现涉农金融机构之间共享信用评价结果和评级信息，构建良好的信用环境。农村金融机构要增加农村服务网点，提高农村金融服务覆盖面，对于云贷款等惠农产品加强宣传与引导，能够使得新型农业经营主体和农户深刻了解云贷款系列产品，并进一步加强和优化数字金融服务新型农业经营主体的 App，方便新型农业经营主体和农户享受更加方便快捷和线上金融服务，打造“智慧乡村”。

参考文献

［1］林乐芬，法宁．新型农业经营主体融资难的深层原因及化解路径［J］．南京

社会科学，2015（7）：150－156.

［2］夏雪. 金融创新支持新型农业经营主体发展研究［D］. 安徽大学，2015.

［3］刘振江. 从金融支持角度看新型农业经营主体发展路径——以黑龙江省宁安市为例［J］. 黑龙江金融，2015（12）：15－17.

［4］洪名勇，林梦婷. 新型农业经营主体融资矛盾问题研究［J］. 中国集体经济，2017（9）：72－73.

（执笔人：郭沛　侯昊天）

案例六

金融激活农村产权抵押贷款：湖北大冶模式

一、引言

随着农业现代化发展，我国农业由劳动密集型逐步向集群化、自动化、规模化方向发展，但农业风险大、农民抵押物少、农村金融服务不完备等问题也日益凸显。中央“一号文件”多次提出“健全土地流转规范管理制度，发展多种形式农业适度规模经营，允许承包土地的经营权担保融资”“全面推开农村集体产权制度改革试点，激活市场、激活要素、激活主体”的指导意见，充分表明中央对推动土地经营权入市入贷，促进土地流转和规模化经营的尝试和肯定，为解决农村土地集体产权精准确权问题、明晰产权主体地位、推动农村集体产权尤其是土地承包经营权入市入贷排除了政策阻碍。

在土地经营权、所有权、承包权实现“三权分置”的背景下，如何让“沉睡”的土地“活”起来已成为农村产权制度改革的关键问题之一。推动农村产权入市入贷，让农民手中的土地真正成为农民的资产，是当前农村产权制度改革的核心和重点，而农村产权抵押贷款模式正是这一思路在金融领域的探索方向。农村产权抵押贷款指的是拥有农村土地产权的抵押人将产权作为债权的担保，在不转移抵押财产占有的前提下和抵押权人订立书面约定，从而获得贷款融资的方式。关于农村土地产权抵押贷款，国内外学者普遍认为该模式虽然可以充分优化农地资源配置，挖掘农地经济价值，有效缓解农业经营主体缺乏抵押物的困境，但面临农村产权交易市场发展不完善、农村产权范围较大、权属不明、评估较难等难题，存在一定的推广困难（皮俊锋，2019；周明栋，2018；牛玉莲，2017）。

作为全国农村承包土地经营权抵押贷款的改革试点，湖北省大冶市通过设立“三农”金融服务中心（农村综合产权交易中心）、实行“三免二贴一降”政策、设立涉农贷款风险补偿基金、构建信用评价体系、完善金融服务等方式，促进当地“实产”变“实权”、“实权”变“实钱”，有效缓解了大冶市农贷“难”“慢”“贵”问题，促进当地乡村振兴的发展。因此，我们以湖北省大冶市农村产权抵押贷款模式为例，分析该地农村产权抵押贷款模式成功的创新性做法及经验，旨在为各地开展农村产权抵押贷款模式提供有益借鉴，推动我国“三农”金融服务的发展。

二、案例背景

湖北省大冶市作为中国县域经济与县域综合发展前100名的县级市，多年位居湖北省县域经济和综合发展首位，2015年12月被正式确立为全国农村承包土地经营权抵押贷款试点市。全市总面积1 566.3平方千米，共有耕地面积501.5平方千米，约占总面积的32%；全市总人口87.9万人，其中农业人口74.6万人，占总人口的84.9%。作为湖北省的农业大市，大冶市已形成特种水产、优质林木瓜果经济作物种植、畜禽养殖和优质粮油生产相结合的生态农业体系。大冶市积极推动农村土地承包经营权抵押贷款的发展，引导和鼓励农村土地承包经营权入市入贷，激活农村土地承包经营权的经济活力。中央及地方政府相继出台了《湖北省农村承包土地的经营权和农民住房财产权抵押贷款试点工作实施方案》《农民住房财产权抵押贷款试点暂行办法》等，通过系列方针政策完善农村产权抵押贷款模式，建立健全产权评估和风险控制体系，促进“实产”变“实权”、“实权”变“实钱”，全面提升了“三农”活力和社会经济效益。本案例是湖北大冶农村产权抵押贷款模式的案例研究，参考大冶市“三农”金融服务中心的产权交易信息，案例中提及的产权主要包含：土地承包经营权、林地使用权、养殖水面承包经营权和林木所有权4项农业产权。

三、案例分析

自农村产权制度改革推动实施以来，土地承包权、经营权、所有权逐步分置，抵押权能的必要性和重要性受到社会广泛关注，各地纷纷响应中央号召开展农村土地经营权抵押贷款模式，但取得成效微乎其微，主要存在缺乏土地产权价值评估及流转平台、产权抵押贷款手续烦琐、产权抵押贷款成本高、风险防范制度不完善等问题。大冶市建立由政府主导的多层次信贷风险控制机制，打造鉴证抵押、产权交易、涉农征信、农业生产、涉农金融“五位一体”农业服务路径，采取了一系列创新做法（见图1）。

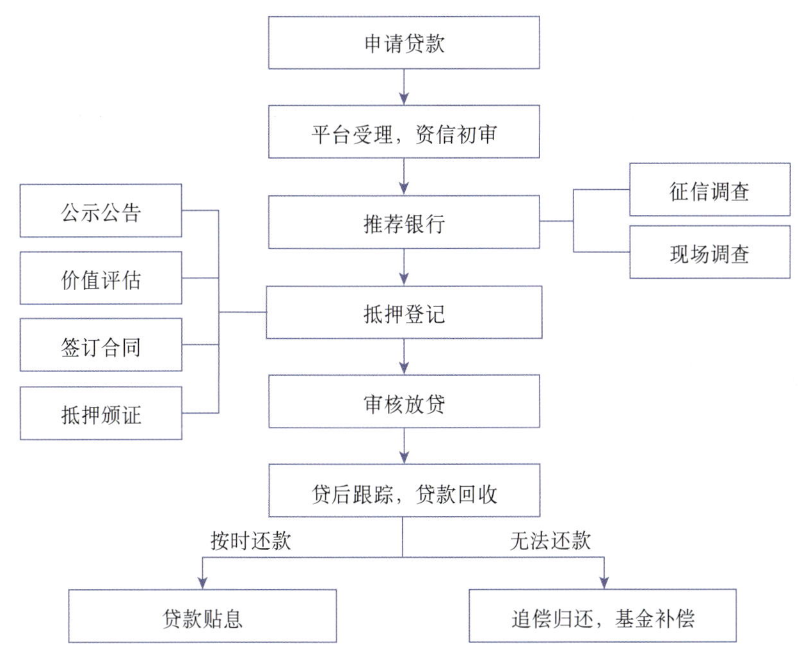

图1　湖北大冶市农村产权抵押贷款流程

（一）试点的创新做法

一是设立农村综合产权交易中心，发放“农村综合产权交易鉴证书”。土地的颁证确权是开展产权抵押流转工作的重要前提，对土地产权价值进行评估需要具有经营资历及社会认可度的中介机构。因此，大冶市率先在湖北省设立农村综合产权交易中心，建立农村产权流转交易市场，确立统一的土地产权评定标准，保证土地流转交易行为合法合规。为方便农业经营主体办理鉴证书，大冶市在市、镇、村设有交易平台，经营主体可凭借“农村综合产权交易鉴证书”申请“农村承包土地流转经营权证书”，待确定经营权权属后，再依据经营权证书办理抵押贷款①。截至 2016 年 9 月，大冶市 332 个村、14.1 万户农户、55.5 万亩农村承包土地的确权、登记、颁证工作全面完成，共发放农村土地承包经营权证 14.1 万本，农户签字率 100%，权证颁发到户率 100%。截至 2019 年 11 月，大冶市共设立镇级综合产权交易分中心 15 个，村级综合产权交易服务站 333 个，负责区域范围内各类农村产权交易的信息收集、权属调查、纠纷调解、产权抵押物的保护和处理等，已办理承包土地经营权、林地使用权、养殖水面承包经营权和林木所有权等交易 4 972 宗，成交金额达 5.3 亿元，农村土地流转平台已累计流转面积 37.8 万亩，流转率达 69%，通过集体工程招投标程序节约村集体资金 5 600 余万元，通过集体资产资源拍卖程序增加集体收入 1 900 余万元②，为农村产权抵押贷款工作的顺利开展打下了坚实的基础。

二是组建“三农”金融服务中心。由于农业经营主体具有小而多、收益较低、缺乏抵押担保物、农产品季节性较强且风险较大等特点，金融机构对农业经营主体进行征信较为困难，贷款流程也较为烦琐。为简化农村产权抵押贷款模式，大冶市政府与农村商业银行、邮政储蓄银行、中国农业银行、村镇银行等银行合作，联合保险公司、担保公司、村级集体经济组织组建“三农”金融服务中心，为农业经营主体提供一站式服务。采用“一行一策，分类主办”的方法，根据各经营主体不同土地流转规模，为农业经营主体提供定制化服务，经营主体只需到服务中心即可了解并办理各个金融机构的产品业务。通过“三农”金融服务中心平台，农业经营主体可以在平台上选择经营权抵押、道义保证、经营权抵押担保等贷款方式，无需到各金融机构网点办理抵押权证和权属证明，只需要向服务中心线上平台提交申请，极大缩减了农业经营主体的贷款流程。此外，服务中心建立了统一的贷款需求档案，便于各部门获取经营主体的信用信息，方便金融机构对每笔贷款进行贷前调查、贷中审查和贷后检查，制订较全面的产权评估标准及制度、产权评估流程、产权价值评估指标。通过“第三方评估+分类主办”模式，运用大数据征信并指派专人统一办理相关手续，极大降低了金融

---

① 大冶市政府. 大冶市人民政府关于印发大冶市农村综合产权抵押评估担保融资管理办法的通知［2015］［A/OL］.（2015-09-18）［2021-06-22］. http://jyh.huangshi.gov.cn/pub/dyszf/zwgk/zfxxgkzl/xxgkml/zwgw/gfxwj/201512/t20151201_215781.html.

② 今日大冶. 杜红星：改革路上没有终点［EB/OL］.（2019-11-13）［2021-06-23］. http://hbdy.wenming.cn/mfhr/201911/t20191113_3091305.shtml.

机构的征信成本，办理贷款时间从 10 天缩减为 3 天，加快了贷款评估和审批速度，提升了金融机构的工作效率。截至 2020 年 8 月，大冶市土地经营权抵押累计贷款 4 380 万元①，有效增加了农村金融供给，进一步满足了农业经营主体的贷款需求。

三是实行“三免二贴一降”政策。由于农业经营主体的合规抵押物较少且收入具有较大的波动性，银行出于营利性目的往往采取提高贷款利率的方式，出现“劣币驱逐良币”的逆向选择，加剧了农业经营主体融资难、融资贵的问题。为支持农业发展，稳定农民收入，大冶市政府出台“三免二贴一降”政策，“三免”即免除农业经营主体的担保费、评估费、产权交易鉴证费，“二贴”即对涉农贷款给予 50% 贴息、对农业生产项目保险给予保费 30% 的补贴，“一降”即降低农业经营主体贷款利率，通过增加融资渠道、免除中间环节费用、降低银行贷款利率等一系列措施，农业经营主体只需承担贷款利息，将农贷成本控制在贷款总额的 5% 左右，极大地降低了农业经营主体的生产经营成本和贷款成本，推动了农村产权抵押贷款模式的发展。此外，针对农业周期较长、经营主体资金回笼较慢的问题，大冶市积极推行“过桥资金”，资金可在 3 年内进行续贷，减免涉农财务成本，无需累计偿还，有效缓解了农业经营主体融资贵的困境。

四是设立涉农贷款风险补偿基金。为确保风险可控，大冶市建立以政府为主导的多层次信贷风险控制机制，为涉农贷款配置“安全屋”，在一定程度上控制了涉农贷款风险。此外，大冶市政府划拨 5 000 万元财政资金，湖北省注入 3 000 万元财政资金，作为涉农贷款担保与风险补偿基金，银行按基金 5—10 倍比例进行放大，用于发放农业经营主体的贷款，最多可撬动 8 亿元涉农融资贷款，扩大了农业经营主体的贷款总量。为更好地推动涉农经营主体的贷款意愿和积极性，大冶市人民政府成立了“涉农贷款风险补偿基金监督委员会”，承担基金日常管理工作和监督工作，将银行贷款代偿率纳入有关部门年末考核范围，提升相关部门的放贷积极性。该市创新性地提出“6:4 的贷款风险分摊机制”，当涉农“两权”贷款发生信用违约，依照法定程序完成追偿后仍无法追回的贷款损失，将由政府风险补偿基金承担 60% 的损失，贷款银行承担 40% 的损失。设立代偿风险警戒线，当涉农“两权”贷款代偿率达到 5% 时，各金融机构可以暂停相关的抵押贷款业务。积极引进第三方保险机构共同分散风险，对于保险贷品种，保险公司与合作银行对损失金额采取 7:3 比例承担风险，鼓励借款人办理农业生

① 东楚网. 我市开创农村金融改革新路径［EB/OL］.（2016-07-25）［2021-06-25］. https://www.sohu.com/a/107575121_119954.

产性保险、贷款保证保险，约定合作银行为第一受益人，有效分散了贷款风险，为农业经营主体的融资增信，实现风险可控。

五是构建信用评价体系。建立农民合作社会员信息共享数据库，对信用良好、能按时履约的守信者，金融机构将在信用授予、借贷业务、担保抵押等方面给予优惠。对于信用状况恶劣、频繁违约的失信者，将建立失信黑名单进行贷款限制。构建风险防范控制和应急处置机制，针对农村承包土地经营权抵押贷款，建立相应的抵押贷款评价体系，密切关注农业经营主体的资金使用情况和生产经营状况，通过量化汇总农业生产中的各类现象和特征，对土地流转集中大户进行专业分析，对隐性风险进行科学研判，同时不定期核对合作银行监管信息，切实提高监管工作质量。当农村承包土地经营权抵押贷款借款人未履行还款义务时，"三农"金融服务中心将统一受理借款人抵押资产的处置工作，对抵押资产进行前置审核，通过拍卖方式或由"三农"金融服务中心公开发布市场信息，通过交易市场将抵押土地承包经营权进行二次流转，从而解决农村承包土地经营权抵押贷款的风险处置问题。

六是完善金融服务。针对农业经营主体种类复杂、不同农业经营主体金融需求差异明显状况，大冶市"三农"金融服务中心创新推出信用贷、抵押贷、担保贷、保险贷、扶贫贷、联保贷、集体贷等 7 款贷款产品，不同农业经营主体可根据自身实际需求和条件进行选择，通过融资产品创新尽可能满足农村不同经营主体的融资需求。全面实施农村金融服务网格化工程，引导金融机构将金融网点向农村地区延伸，金融乡镇网点覆盖率达 100%，其中"'三农'金融服务站""助农服务站"覆盖 15 个乡镇（场、街道办事处、开发区），助农取款业务的服务点达 351 个，新型支付工具如农村地区转账电话、ATM 机和 POS 机等在乡镇一级的覆盖率均达到 100%[①]。自试点工作开展以来，大冶市新增合作社、家庭农场等新型经营主体 313 个，截至 2019 年 11 月，"三农"金融服务中心为各类农业经营主体累计发放涉农贷款 2 074 笔、53 123 万元[②]，全面提升了农村金融服务的便捷性、实用性。

（二）贷款流程

第一步是申请登记。各类涉农经营主体在市"三农"金融服务中心申请涉农贷款，

---

① 今日大冶. 杜红星：改革路上没有终点[EB/OL].（2019-11-13）[2021-06-23]. http://hbdy.wenming.cn/mfhr/201911/t20191113_3091305.shtml.

② 东楚网. 我市开创农村金融改革新路径[EB/OL].（2016-07-25）[2021-06-25]. https://www.sohu.com/a/107575121_119954.

由市“三农”金融服务中心进行初审，初审合格后，按照资信状况、贷款额度等向担保公司、保险公司和合作银行推荐。

第二步是贷款审批。合作银行会同市“三农”金融服务中心、担保公司、保险公司进行信贷调查和审核，根据农业经营主体提供的资料证明，依照“自愿办理、自负风险，自理收益”的基本原则，开展贷前审查等程序，对借贷人的信用情况、借贷需求度与偿还能力、土地承包经营权的实际价值和流转形式等进行综合审核，按银行资金贷款流程对借款人进行信用评级和授信，并承担抵押贷款的信贷风险。

第三步是抵押登记。凡大冶市内规模经营的农村承包土地经营权，必须按照《大冶市农村综合产权交易管理办法（试行）》要求，在市农村综合产权交易中心进行统一受理，经过产权评估、权属主管部门确认权属、交易审批等审核程序后，由交易中心颁发“大冶市农村综合产权交易鉴证书”，并签订规范的《农村土地承包经营权流转合同》，接着凭借“大冶市农村综合产权交易鉴证书”、《农村土地承包经营权流转合同》和其他同样具备法律效应的产权所属证明材料即可向银行等金融机构办理抵押手续。

第四步是审核放款。对符合抵押登记条件的，市“三农”金融服务中心（市农村综合产权交易中心）将于收到抵押申请材料 5 日内办理抵押登记手续，同时将抵押情况告知所在乡镇土地流转服务中心，并在权属所在村委会公示 7 日。公示无异议后，农业经营主体与农村综合产权交易中心签订“抵押合同”，市“三农”金融服务中心发放“抵押证书”。“抵押证书”由抵押人自行妥善报关，金融机构将发放贷款。

第五步是贷后追踪和追偿。金融机构和“三农”金融服务中心（市农村综合产权交易中心）对借款人资金情况进行追踪，对借款人的财务状况、贷款用途、经营情况等进行定期检查。若借款人按时还款，则可享受贷款贴息，若到期无法偿还债务或按借贷双方约定的情形需要依法行使抵押权的，担保公司、合作银行、保险公司应该向市“三农”金融服务中心提交担保函、贷款合同、保险合同等相关资料进行备份，申请涉农贷款风险补偿基金弥补损失，并委托“三农”金融服务中心（市农村综合产权交易中心）对借款人抵押的土地经营权进行挂牌再流转，获得的收益优先弥补金融机构发放贷款的损失，对在市“三农”金融服务中心没有记录、未备案的贷款，发生损失的不予补偿。

（三）存在的问题

一是产权评估价体系不健全，产权估值错位。农村产权抵押贷款模式能否取得成功关键在于产权价值能否得到金融机构的认可，是否有健全的产权评估体系支撑农村产权入市入贷。通过对大冶市农村综合产权交易中心抵押信息的整理分析可以发现，借款人和贷款人对产权价值的估值存在错位，借款人普遍觉得产权评估价值偏低不愿意抵押，金融机构则认为产权价值被高估，出现惜贷现象。评估体系不健全导致的估值错位在一定程度上限制了产权抵押模式的推广，也限制了农业产权进一步入市入贷。

二是农业产权抵押存在法律空白，缺乏可操作性与保障性。虽然我国已经出台了《农村土地承包法》《担保法》《物权法》等涉及农村产权的相关法律，但农村土地产权作为一种特殊性质的产权，其性质界定、抵押操作流程和规范性都存在较大的法律空白。由于农村产权的产权性质、抵押价值等方面的标准较为模糊，金融机构对农村产权抵押物进行二次挂牌交易难度较大，农村产权转移缺乏法律保护，一旦农村产权抵押出现违约，政府和金融机构很难通过产权抵押物追回损失，双方都将承受较大的损失，极大打击了金融机构支持和推动农村产权抵押的积极性。

三是农业产权抵押接受度低，缺乏社会基础。土地作为生产资料在农业生产中具有特殊的地位和价值。对于长期从事农业的小农户和新型农业经营主体而言，土地是赖以生存和发展的基础，对于以土地承包经营权作为抵押物进行贷款，大部分农业经营主体存在较强的排斥心理和风险畏惧心理，加之农业本身具有极高的风险行和波动性，因此大部分农业经营主体并不愿意通过抵押土地承包经营权来获得资金扩大生产。借贷双方在地位、资源上的不平等使农业经营主体对银行等金融机构信任度不高，在与银行等金融机构进行信贷交易的过程中往往存在较强的“被剥夺感”。加之政府、金融机构等对相关政策的普及力度不强，农业经营主体对产权抵押模式及相关信贷产品了解不深，这种避险意识和警惕感愈加严重。对于推广农业产权抵押而言，应加强农业经营主体的金融意识，消除农业经营主体的被剥夺感，构建信贷双方的良好关系。

四、结论及建议

目前，大冶市农村产权抵押贷款模式已基本形成，成功构建“三农”金融服务、农村综合产权交易服务、农合联会员服务、中介机构评估服务“四大体系”，打造政策指导、产权交易、借贷担保、农业保险、征信服务、鉴证抵押、生产服务、金融创新、技术推广、市场营销“十大平台”，推行多部门、多窗口联合办公，为“三农”金融创新和综合产权交易提供“一站式”服务，改善了“三农”金融环境，对推进“三农”金融服务具有一定的借鉴意义。但是，目前仍存在产权评估价体系不健全，产权估值错位；农业产权抵押存在法律空白，缺乏可操作性与保障性；农业产权抵押接受度低，缺乏社会基础等问题。在未来，产权抵押贷款模式发展应注意以下几点，以期助力该模式更好更快发展，推进普惠“三农”进程。

一是健全关于产权评估标准、抵押交易渠道、贷款额度限制等方面的法律法规。积极推动《农村承包土地的经营权抵押贷款试点暂行办法》《担保法》《物权法》等农村产权相关法律的贯彻落实，以农村产权制度改革试点经验为基础，对现有相关法律法规进行补充完善，形成农村产权抵押流转的秩序规范，加强农村产权纠纷调解仲裁机制建设，促进农村产权抵押融资可持续发展。

二是完善土地流转交易市场和风险保障机制。将土地产权交易规范化、制度化，简化土地流转交易手续，细化土地流转交易各个环节。完善风险保障机制，加快推动政策性农业保险发展，建立健全风险补偿金制度，降低风险补偿门槛，优化风险补偿办理程序。政府应发挥土地流转交易中间人作用，确保农业经营主体不会因为自身的弱势地位在土地流转中蒙受损失。

三是加强宣传，引导各方重视并积极参与农村产权抵押贷款模式。土地作为生产资料在农业生产中具有特殊的地位和价值，大部分农业经营主体对以土地承包经营权作为抵押物进行贷款存在较强的排斥心理和风险畏惧心理。对此，政府及金融机构应积极宣传农村产权抵押的合法性和合理性，消除他们对农村产权交易法律认可和社会认可的忧虑，调动其贷款积极性。此外，还应创新财政涉农资金分配使用方式，对农村产权评估、鉴证、交易、处置等涉农中介服务机构给予适当补贴，从而更好地推动农村产权抵押贷款模式的发展。

参考文献

［1］皮俊锋，陈德敏．农村产权抵押融资的制度建构——以重庆市地方现状为分析样本［J］．江淮论坛，2019（6）：105－110.

［2］周明栋．农村土地承包经营权抵押贷款试点案例与启示——基于对试点地区2861笔贷款业务的调查［J］．西南金融，2018（12）：58－63.

［3］牛玉莲．农村“两权”特殊性及抵押处置问题研究［J］．金融发展研究，2017（6）：83－85.

（执笔人：郭沛　李梦琪）

案例七

金融撬动“实产”变“实钱”：河南存货质押融资模式

一、引言

农业产业链指的是在一定农业产区内，原材料生产、加工、储存运输、销售等活动在内的一系列链状经营活动（Albert Otto Hirschman，1958）。随着传统农业向现代农业转变，产业化、规模化逐步成为现代农业的发展趋势。与传统农业经营主体相比，农业产业链的金融需求量大，面对新的战略目标和社会经济形势，扶持促进农业产业链发展，需要探究适合农业产业链发展的融资模式，为金融支农提供精准切入点。目前多数学者认为应收账款融资模式、存货融资模式、预付账款模式是产业链中小融资企业主要采取的三种融资模式（柴正猛和黄轩，2020；高金山，2019），在未来，电子商务也将成为产业链中小企业融资的重要平台（童年成和黄圣杰，2019；周月书等，2020）。由于产业链金融在我国起步和应用的时间较短，目前的研究大多只是从理论角度分析产业链融资的可能模式，方法较为单一且缺乏实际案例支撑，对产业链融资问题存在的原因没有做深入分析，鲜见对涉农中小企业产业链融资需求进行分析。

河南省是全国艾草、毛尖、鸡公山酒的主要产区，现已形成一定规模的产业链，本案例以南阳艾草产业链、信阳毛尖产业链、信阳鸡公山酒产业链为例，对三条产业链基本情况进行介绍，归纳分析三条产业链的共性特征及融资模式，并据此提出对策建议，旨在结合实际调研案例对涉农中小企业产业链的融资需求进行分析，提出更具针对性的建议，以期促进河南省涉农产业链持续健康发展，为推动乡村振兴贡献力量。

二、案例背景

（一）南阳艾草产业链

河南省南阳市是艾草的主要产区，目前已形成集种植生产、加工研究、经营销售、培训售后等为一体的全产业链发展模式，产业规模居全国前列。截至2019年12月，南阳艾草种植面积达24万亩，野生艾叶年开发利用12万吨（约20万亩），注册艾草企业达1 529家，南阳市艾草产品在淘宝、京东等电子商务平台的销售量占全国艾草产品在电子商务平台总销售量的70%以上，南阳市经营艾制品的商户达3 000余家，占全国经营艾制品商户的80%以上，年销售额达80亿元①。

（二）信阳毛尖产业链

作为国家级茶叶市场，信阳毛尖产业是信阳市农村经济发展的支柱产业，是全市农户增收的主导产业，政府先后颁布《信阳市人民政府关于加快五云茶叶（集团）有限公司发展的意见》（信政〔2011〕7号）、《农业部关于支持国家级信阳茶叶市场建设有关意见的函》（农市函〔2014〕2号）等文件，给予入驻茶城的企业和经营户税收优惠政策，加快推进国家级信阳茶叶产业链建设。截至2020年6月，信阳市茶园面积达210余万亩，带动农户增产增收约120万人，茶农数占全市农村人口的35.3%，全市共有茶厂1 230余家，茶叶加工企业800余家②。

---

① 数据来源：南阳市人民政府办公室文件，http：//www.nytcm.cn/h－nd－451.html.

② 数据来源：信阳最新快讯，https：//mp.weixin.qq.com/s/sQTOk8KKiLciYfTRxf3wXQ.

（三）信阳鸡公山酒产业链

信阳鸡公山酒被誉为“信阳名片”，曾获“中国白酒行业自主创新十大领先品牌”“巴黎国际名优酒金奖”“河南省十大名酒”等荣誉，目前已形成以信阳市鸡公山酒业有限公司为核心企业的白酒酿造产业链。产业链上游由信阳盛禾生态农业综合开发有限公司主导，目前上游稳定种植户可以满足信阳鸡公酒 70% 的原材料供给。产业链中游以信阳市鸡公山酒业有限公司为主体，原酒储备能力达 12 000 吨。产业链下游由河南鸡公山品牌营销有限公司主导，主要负责鸡公山酒的营销、酒文化的宣传等。

三、案例分析

（一）产业链特点

一是农业经营主体小而多，多采用“订单农业”的方式保证原材料的质量和产量。由于产业链原材料艾蒿、茶叶、高粱等具有成活率较高、成本较低、时间占用少、单位收益较高等特点，当地种植农户多且分布零散，“订单农业”的契约性、预期性、市场性能较好将散户集中起来，中游加工企业通过与当地合作社、家庭农场、龙头企业等新型农业经营主体签订农业订单，一方面有助于涉农中小企业以销定产，降低成本，采用托底收购的方式保证双方收益，另一方面有助于避免农产品供过于求，实现农业生产的规模化、专业化，促进农业和产业链的可持续发展。

二是原材料季节性较强，产成品库存量较大。农业产业链原材料的种植生长受自然环境的影响较大，随季节变化呈现一定的周期性，为保证原材料及产品的连续供给，产业链上中下游企业都将对原材料或产成品进行入库保存；加之艾草和鸡公山酒具有较强的保值增值性，其价值和存放时间成正比，在一定程度上促使产业链上各个企业增加其库存量，增加了产成品的时间收益。

三是适应需求的相关种植类保险较少，存储风险较高。虽然艾草和鸡公山酒具有较高的时间价值，但艾蒿和鸡公山酒具有可燃性高、存储面积大等特点，毛尖也具有易潮、易发霉等特性，加之农业保险风险大、成本高，赔付率屡增不减，惜赔、拒赔的案例越来越多，保险公司出于经营绩效的考虑，对其进行的保险的力度较小，可供涉农中小企业选择的险种寥寥无几，中小企业投保意识不强，购买保险比例偏低。

（二）产业链融资模式

基于以上特点，河南南阳艾草产业链、信阳毛尖产业链、鸡公酒产业链普遍采用存货融资模式，其融资模式主要包括以下几个环节：首先，涉农产业链中小融资企业向金融机构提交存货质押融资申请，由商业银行等金融机构委托第三方物流公司对存货进行价值评估并出具评估证明，金融机构核对评估证明无误后与融资企业、第三方物流共同签订三方仓储监管协议；其次，涉农中小融资企业将存货移交第三方物流公司，金融机构在收到货权单据后与融资企业签订贷款合同并向融资企业发放贷款，贷款期间由第三方物流公司负责对存货进行监管；最后，涉农中小融资企业在收到销售回款后应及时向银行等金融机构偿还相应的贷款，待金融机构向第三方物流发放解除监管指令后，可凭借银行出具的提货通知书向第三方物流企业提货。具体流程如图 1 所示。

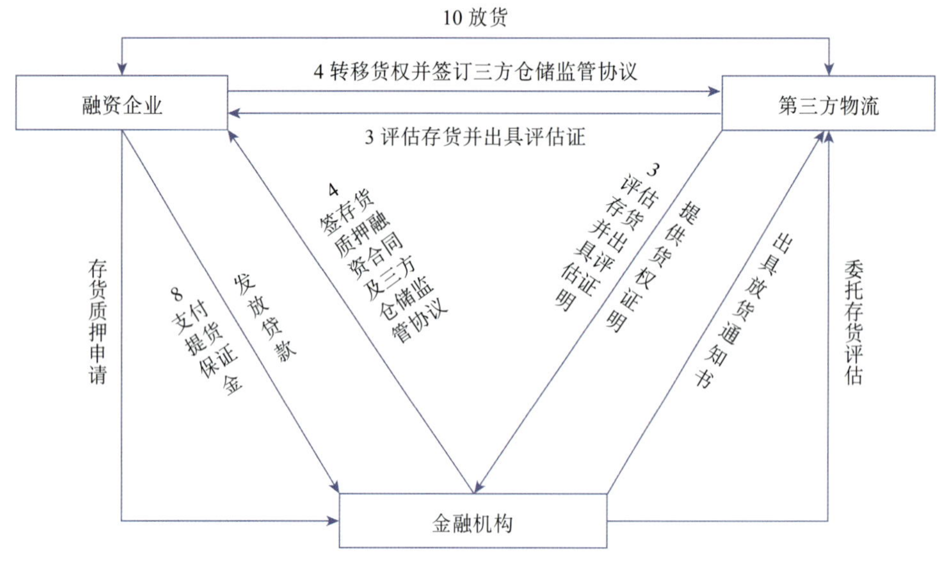

图 1　存货质押融资模式流程

目前，河南省存货质押融资模式已取得以下成效：一是缓解涉农中小企业产业链融资难的情况。该模式有效盘活涉农产业链中小融资企业存货，开拓融资便利渠道，增加可用现金流，提高资金流转速度，中小企业可根据实际需要分批赎货，避免一次性筹资的大量资金需求，有助于涉农中小企业扩大销售规模、合理开展生产经营规划，降低经营成本和储存风险，避免因不可抗力造成原材料大量损毁的经济损失，促进涉农产业链可持续发展。二是降低金融机构贷款风险。增设第三方物流公司有助于金融机构对企业的经营情况、质押物的安全情况及价格波动进行实时监控，降低信息不对称风险，一定程度上解决了传统抵押贷款中无法对抵押物进行有效监管的难题。三是引入第三方物流企业打破了传统信贷模式中银行等金融机构的主导地位，将收益和风险的承担主体向第三方物流企业转移，一定程度上增加了信贷市场的竞争力，拓宽了信贷业务市场，有助于增强金融市场活力，加快市场经济发展进程。

存货质押融资虽然在一定程度上缓解了涉农中小企业产业链融资难、融资贵的困境，但仍存在一定的问题及风险。一是第三方物流公司监管风险。由于艾蒿、毛尖、鸡公山酒等均具有不易储存的特点，对运输方式、储存地点要求较高，容易受天气等不可抗力的影响发生损耗，造成品质风险，加之农业保险推广度不高，部分第三方物流公司对其持谨慎态度，参与度有待提高。二是存货价格波动及流动性风险。存货质押融资过程中第三方物流公司通过控制存货来抵御风险，虽然在质押前第三方物流公司会根据行业发展现状对存货价格进行评估，但仍存在一定的市场风险，若存货价格或流动性下降，将导致存货变现能力降低，第三方物流公司只能折价出售存货，可能出现无法弥补涉农中小融资企业违约损失的情况。三是涉农中小融资企业的违约风险。受宏观政策、行业发展前景、自身经营情况的影响，若出现产成品市场行情不佳、价格剧烈下跌、企业资金周转不灵等情况，涉农中小融资企业可能放弃对存货的所有权，第三方物流公司可能面临既要承担融资企业的违约风险，又要承担存货无法变现的风险，加之部分涉农中小企业为获取贷款，可能欺瞒企业的真实经营状况和财务状况，或者以次充好将贷款资金挪作他用，增加了第三方物流公司因信息不对称造成的道德风险。

四、结论及建议

通过以上案例分析可以看出，河南省存货质押融资模式已取得一定成效，在一定程度上缓解了涉农中小企业产业链融资难的情况、降低了金融机构的贷款风险、增加了信贷市场的竞争力、拓宽了信贷业务市场，但仍存在第三方物流公司监管风险、存货价格波动及流动性风险、涉农中小融资企业违约风险等，在未来的发展中应注意以下几点。

第一，拓宽农业保险服务领域。相比于其他农业大省，河南省种植类保险险种相对较少，当地特色产业处于“无保可上”的尴尬处境，保险的缺失增加了产业链涉农中小企业的贷款难度，拓宽农业保险覆盖面迫在眉睫。政府及金融机构应扩大农业保险的投保覆盖面，推动“政府+银行+保险”贷款模式，通过政府、保险公司的支持，降低银行的贷款风险，提高涉农中小企业贷款的可获得性，增加涉农中小企业可用资金量，便于产业链的规模化经营和扩大再生产。

第二，树立多渠道融资意识。如今不少农业经营主体仍存在银行是唯一贷款渠道的错误认知，甚至对银行等金融机构带有偏见和抵触心理，认为其不具备借贷资金的安全性，如何让产业链各经营主体正确认识并选择最适合自身的融资方式是破解融资难、融资贵问题的关键。政府、金融机构、村委会等应积极完善农村金融教育体系，联合高等院校、金融机构、各级农协等，开设各类免费学习班，用最朴实的语言把政治理论、乡村振兴、金融知识、金融产品及致富信息介绍给广大农业经营主体，从而扩充经营主体的金融知识储备，提升金融知识素养。

第三，打造专业涉农人才队伍。信阳市明港农村信用联社开办银行超市为农业经营主体提供贷款渠道介绍、存取款等便利服务，虽在一定程度上方便当地经营主体进行贷款，但工作人员招聘难问题愈发凸显，大部分具有农村金融相关知识及组织管理能力的年轻人不愿意回乡工作。为解决此类问题，政府应引导农村金融领域人才向农村基层一线流动，通过市场机制吸引社会人才参与，完善公务员、事业单位、国企等单位涉农金融岗位竞聘机制，并提高其待遇，落实相关工作人员的生活保障，对表现突出的涉农金融人才进行表彰或资金激励。

第四，完善大数据增信平台。云计算、区块链、大数据等现代科学技术的运用为完善大数据增信平台提供了重要的技术支持。金融机构应有效利用大数据网络平台，自动汇总统计涉农中小企业的现金流情况、财务报表、审计报告、购销合同、相关单据等信贷资料，缓解信息不对称问题，根据大数据平台快速对产业链所有企业进行信用评估，节约人力、物力、财力，有助于实现供需的平衡和资源的共享。

参考文献

[1] 柴正猛，黄轩．供应链金融风险管理研究综述 [J]．管理现代化，2020，40 (2)：109－115.

[2] 高金山，董纪昌，许健，张聪聪．基于核心企业的供应链金融创新模式——以G集团为例 [J]．科技促进发展，2019，15 (1)：20－25.

[3] 童年成，黄圣杰．基于电子商务的供应链金融融资模式探讨 [J]．商业经济

研究，2019（20）：150－154.

［4］周月书，笪钰婕，于莹．“互联网＋农业产业链”金融创新模式运行分析——以大北农生猪产业链为例［J］．农业经济问题，2020（1）：94－103.

（执笔人：郭沛　李梦琪）

案例八

新型农业经营主体风险管理新路径：“保险+期货”模式

一、引言

农产品价格的波动和产量的不确定是引发农业新型经营主体收入波动的最重要因素。但农业生产周期较长，受到天气等自然灾害的影响大，产量不确定性大，且农产品需求价格弹性低，易受国际市场价格的影响，价格一直呈现频繁波动的状态，自然风险和市场风险的双重叠加导致农民的种粮收入不稳定，严重影响了农民种粮积极性和收入水平。俗话说的“望天收”“丰产不丰收”一直是黄土地上勤勤恳恳的农民最大的心结。

金融中期货和期权等金融衍生工具有价格指引、规避市场风险、锁定经营利润的重要作用，价格发现和风险对冲是金融衍生工具首要两大功能，是否可以运用金融衍生产品市场对农产品价格的波动进行有效规避，保障新型经营主体的收入？虽然我国金融衍生品市场已发展多年，形成了初步的规模，但产品种类主要还集中在农产品期货，仅有极少数品种开展场内期权交易，同时从需求方面来讲，诸多农民专业合作社、生产大户缺乏衍生品交易的基础知识，对期货等产品不甚了解。因此，如何充分利用现有的金融工具，设计符合农民需求易于农民接受的金融产品，是值得探索的问题。2017—2020 年中央“一号文件”连续提到“保险 + 期货”试点，“保险 + 期货”是通过保险公司保险产品和期货公司场外期权的协同合作，将价格风险从农民一方最终转移到场内期货市场对冲，让农民减少了种粮面临的价格风险，保障农民最低收入，服务实体经济，提高农业竞争力。

本案例拟以某开展的“保险 + 期货”大豆收入保险试点项目为例，分析金融衍生工具在农产品生产和销售中的运用。项目在大连商品交易所（以下简称大商所）支持下，南华期货股份有限公司（以下简称南华期货）联合阳光农业保险公司（以下简称阳光农险）及九三粮油工业集团有限公司（以下简称九三集团），在黑龙江省赵光农场（龙头企业）开展了“保险 + 期货”大豆收入保险试点项目，三方联合设计的“保险 + 期货”产品，通过保险合约对面临的收入风险提供保障，通过场外期权将风险转移和对冲，并采用基差采购的模式解决投保新型经营主体售粮难、卖不上好价钱的问题。

二、案例背景

（一）赵光农场的多重风险管理需求

赵光农场地理位置优越，位于黑龙江省北安市中部，克东县东部，拥有土地面积 69. 585 万亩，其中耕地面积 42. 6 万亩。当地土质为黑壤土，利于作物生长，有机质在 5%—7% 之间，土质肥沃，空气清洁，水质良好。年积温 2 500℃左右，无霜期 120 天，年降雨量 500—600 毫米，是国家重要的商品粮生产基地。全场下辖 9 个农业管理区，现代化大农业建设初具规模，田间综合机械化率 99% 以上，农场连续多年被农垦总局列为农业标准化提升标兵单位。

大豆是农场的重要种植作物之一，多在 5 月初开始下种，9 月秋分前后开始收获，平均亩产约 0. 2 吨，赵光农场在 2014 年种植约 15 万亩大豆，产量 30 000 吨，2015 年种植 20 万亩大豆，产量 40 000 吨，2016 年种植 30 万亩大豆，占总耕地面积的 70%，产量约 60 000 吨。

大豆作为主要的种植品种，其种植收入受到价格和产量的双重影响。从近几年的价格走势来看，大豆一直是价格波动较频繁的农产品品种。2012 年大豆价格在达到 4 600 元/吨的高点之后不断下滑，2015 年 9 月的收购价仅为 3 680 元/吨，2016 年 9 月份继续下跌到 3 400 元/吨，到 2017 年 5 月左右大豆价格重新回到 3 700 元/吨，从最高的 4 600 元/吨到最低的 3 400 元/吨，每亩地少收 480 元，即使考虑各种补贴收入可以弥补一部分损失的情况下，大豆种植的收入波动依然较大。

其次，产量也是影响农场收益的重要因素，如果价格维持稳定，但受到自然灾害等影响，严重减产，那么整体种粮的收入也将受到影响。

最后，农场还经常因信息不对称、供需错配等导致“卖粮难”。在粮食丰收时期，由于粮食的集中上市，收购商往往压低价格，提高质量要求，而如果当时不卖出去，农场职工又面临储存成本增加和资金难以及时回收的问题。虽然以往赵光农场一直购买大豆种植险产品，主要的承保方是阳光农险公司，但种植险产品主要针对产量的波动，即针对自然灾害等造成的减产甚至绝产有较大作用。

种植险是指当农作物生长过程中发生保险责任灾害损失时，保险人对被保险人承担损失责任的保险。农作物的保险金额一般参照投保农作物前 5 年平均产量的价值计算，保障水平为平均产量的价值的 50%—70%，其余损失由被保险人自己承担。2016 年农场均参保阳光农险的大豆种植险产品，种植险产品为农场提供最高 400 元/亩的保费，当由于自然灾害颗粒无收时，农场可以获得 400 元/亩的赔偿。但是产量保险仅能够保障遭受重大自然灾害时或者颗粒无收时的最低保障水平，无法对价格风险进行补偿，如当年虽然丰产，但是市场价格下跌，农场就无法获得赔偿，收入无法得到保障。拥有更高水平的保险保障一直是农场职工的心愿。

（二）“保险 + 期货”方案设计

赵光农场有提升收入保障和保障销售渠道的需求，在多方的共同诉求下，阳光农险和南华期货为赵光农场设计了“保险 + 期货”的金融产品，同时引入期货市场定价机制，联合九三集团通过订单农业的方式解决销售问题，解决对未来收入不确定和卖粮难的担忧。

具体的实施步骤是：阳光农险公司升级保险品种，将原先保产量的种植险升级为保障收入水平的收入险品种，同时将收入险的价格波动部分，以购买场外期权的方式转移给善于进行风险管理的浙江南华资本管理有限公司（以下简称南华资本）[①]。南华资本在期货交易所进行相应的动态对冲操作，实现场外期权的风险对冲，最终农产品价格风险转移到场内的期货市场。大商所对场外期权费用通过项目的形式补贴，降低新型经营主体经营成本。

考虑到赵光农场面临着价格和产量波动的双重风险，在进行"保险+期货"产品设计时，阳光农险拓展了传统农业保险主要针对自然灾害进行保险的范畴，农业保险产品从传统"种植险"升级至"收入险"，综合规避了最担心的受产量、价格、灾情等因素影响导致收入减少的风险（见表1），农业保险体制机制进一步完善。将价格和产量有机结合，对农民的保障更为全面。

表1　　阳光农险收入险要素情况

	保险产品设计及费率厘定
保险大豆约定价格	4 000 元/吨
大豆保障亩产量	0.16 吨/亩
保险责任水平	85%
保险费率	12.5%
亩保费	68 元
亩保额	544 元/亩
保险大豆结算价格	大豆1801合约9月、10月两个月份期货收盘价的算术平均价

根据赵光农场历史种植数据，阳光农险设定大豆保障亩产量是0.16吨，保险价格为每吨4 000元，以2017年9月、10月大商所黄大豆一号1801合约收盘平均价为比价标准，保险责任水平为85%，亩产保额为544元。如果大豆期货价格2017年9—10月1801合约价格为4 050元/吨，投保实际单产仅为0.1吨/亩，则保险赔偿为0.16×85%×4 000－0.1×4 050＝544－405＝139元/亩；如果大豆期货价格在秋收降低到3 500元/吨，投保者实际单产仅为0.1吨/亩，则保险赔偿为0.16×85%×4 000－0.1×3 500＝544－350＝194元/亩。

"收入险"一经推出，就得到赵光农场的积极响应（见表2），拟投保的种植面积大大超出项目试点的总投保面积，但受到试点规模的限制，最终投保了231亩，其他154亩投保传统的"种植险"。

---

① 浙江南华资本管理有限公司是由南华期货股份有限公司全资下设的风险管理子公司，负责场外衍生品相关业务。

表 2　　赵光农场收入险承保情况

试点名称	南华期货开展大豆"收入险"试点
连接标的	大连商品交易所黄大豆一号 1801 合约
承保户数	201 户
承保数量	6 000 吨大豆
承保面积	37 500 亩
保单期限	2017 年 5 月—2017 年 10 月
保险费率	12.5%
保险价格	4 000 元/吨
结算价格	大豆 1801 合约 9 月、10 月两个月份期货收盘价的算术平均价

（三）"订单农业 + 基差交易"：卖粮实现"华丽跳跃"

虽然种植成本方面有了"收入保险"兜底，但赵光农场职工仍然担心，如果实际售粮中销路不畅，卖不上好价钱，收入还是无法得到保障。九三集团作为采购方适时加入，以"订单农业"的方式与农民签订粮食收购合同，使农场售粮有保障。

在收购价格方面，充分利用期货市场，采用国外基差采购模式，以"期货 + 基差"的方式定价，即农民可以在约定期限之前的任一交易日收盘前选择当日期货价格来定价，售粮有了更大的销售自主权，且价格相对确定。

九三集团与投保户在 8 月签订大豆基差采购合同，与投保户约定在年底前农户可按照连豆 1801 合约价格减 160 元/吨升贴水点价卖粮。

如果农户交易当天连豆 1801 合约的价格是 4 050 元/吨，则按照 160 元/吨的贴水，实际售粮价格是 3 890 元/吨；如果农户交易当天连豆 1801 合约的价格是 3 500 元/吨，同理减去 160 元/吨的贴水，实际的售粮价格是 3 340 元/吨。

（四）"保险 + 期货"实施效果分析

2017 年 9—10 月 A1801 合约的算术平均收盘价为 3 782.97 元/吨，且 2017 年整天春天干旱，秋天发生洪涝灾害，不少土地减产，实际测产平均产量约 0.126 吨/亩，按照算术平均收盘价乘以平均亩产，每亩的平均收入为 476.65 元，低于保险的 544 元/亩的水平，触发理赔。

实际赔偿中，由于每亩地产量不一致，保险公司经过精确测算后，总体理赔

247.06 万元，不同地区的保险情况见表 3。表 4 详细比较了传统种植险和“期货 + 保险”两者的差异，由于有大商所保费的补贴，缴纳的保费没有差别，但是收入险的理赔额度大大高于种植险，每亩高出 32.27 元，提高了保障水平，稳定了收入。计算参加收入险的土地，如果参保传统种植险，将少获得 112 万元的赔付，收入险切实提高了赵光农场的收入保障水平。

表 3　　赵光农场收入险理赔情况

地区	承保面积（亩）	签单保费（元）	成灾面积（亩）	理赔金额（元）	赔付率（%）	人数（人）
赵光农场	34 770.00	2 364 360	15 759.30	2 388 964.00	101.0	
一区	3 759.00	255 612	2 158	145 354.00	56.9	21
二区	3 210.00	218 280	1 164	116 823.00	53.5	7
三区	3 842.00	261 256	2 126	252 844.00	96.8	7
四区	3 182.00	216 376			0.0	8
五区	2 943.00	200 124	922	179 981.00	89.9	9
六区	4 479.00	304 572	1 434	72 791.00	23.9	10
七区	1 612.00	109 616	1 249	108 301.00	98.8	95
八区	4 890.00	332 520	4 612.7	1 241 588.00	373.4	18
九区	6 853.00	466 004	2 093.6	271 282.00	58.2	25
襄河农场	2 730.00	185 640		81 682.00	44.0	1
总计	37 500.00	2 550 000		2 470 646.00	96.9	201

表 4　　政策性种植险和收入险理赔情况比较

项目	农民缴纳保费（元/亩）	投保土地数量（万亩）	单位理赔额度（元/亩）
政策性种植险	11.25	31.9	36.44
收入险	11.25	3.477	68.71
差额			+32.27

（五）基差交易实施效果

在南华期货的指导下，签订基差合同后分别在 10 月中旬点价售粮，折合成现货价格约在 1.82 斤/元，而当期由于粮食集中上市，现货价格并不高，帮助实现了增收。

九三集团副总裁张理博说，本次签订基差合同的农户基本在 10 月中旬完成点价售粮，实际售粮价格高于当期现货市场价格 200—400 元/吨。据了解，目前九三集团 70% 以上的豆粕贸易和近 50% 的散油贸易采用基差销售，原材料的基差采购缩小了与基差销售之间的差距，九三集团仅需要关注基差的变化就好。

三、案例分析

在整个“保险 + 期货”的实施过程中，从金融产品设计来看，有两个环节非常关键，第一个是保险公司在售出收入险产品后，如何对风险尤其是价格风险进行规避和转移（转移至期货公司风险子公司），第二个是期货公司风险子公司如何将风险再通过期货市场对冲。

（一）阳光农险购买场外看跌期权：价格风险完美转移

阳光农险销售收入险的产品之后，获得 255 万元的保费，但承担了原先由农场职工承担的风险。保险的实质是将原属农场职工的“产量”与“价格”波动的风险转嫁到保险公司方面，虽然保护了农民的种粮利润，但保险公司仍然面临着因产量和价格的不确定而存在的巨大风险敞口。应该如何将该部分风险进行分散和转移？这是阳光农险面临的问题。

针对产量的波动，阳光农险与之前产量保险的风险转移方法相同，通过向再保险公司购买赔偿率相同的超赔再保险来分散收入降低的风险，但是针对价格的波动，阳光农险没有相关经验，应该如何将价格风险转移出去？

在此情况下，阳光农险与具有专业运营经验的南华资本合作，化解价格风险。期货公司的期权子公司具有丰富的场外期权设计经验。场外期权可以根据企业的实际需求量身定制，企业只需提出具体需求，如保值规模、保值价格目标、保值时间周期、保值成本、保值方式，其余的专业性工作可以转移给南华资本这样的风险管理子公司完成。通过分工与合作，阳光农险只需付出有限的权利金，同时根据自身需求定制个性化的保值方案，即可将价格波动风险转移（见表 5）。

2017 年 7 月 5 日，阳光农险收入险产品由保监会审批通过，保险产品生效。面临如下的价格风险：当大豆 1801 合约 9 月、10 月两个月份期货收盘价的算术平均价低于 4 000 元/吨时，阳光农险需要赔付：（4 000 元/吨 – 平均值元/吨） ×6 000 吨的金额；如果大豆 1801 合约 9 月、10 月两个月份期货收盘价的算术平均价高于 4 000 元/吨，阳光农险不需要赔付，恰好符合亚式看跌期权的特征。

表 5　　阳光农险风险转移情况

试点名称	南华期货开展大豆“收入险”试点
连接标的	大连商品交易所黄大豆一号 1801 合约
承保数量	6 000 吨大豆
期限	2017 年 7 月 5 日—2017 年 10 月 31 日
保险价格	4 000 元/吨
结算价格	大豆 1801 合约 9 月、10 月两个月份期货收盘价的算术平均价
期权策略	亚式看跌期权
风险分散原理	保险公司向再保险公司购买赔付率超赔再保险，用以分散收入降低的风险，并向期货公司购买场外看跌期权，用以分散价格风险

由此，南华资本针对阳光农险的价格风险设计了亚式场外期权产品，场外期权的时间从 2015 年 7 月 5 日到 2017 年 10 月 31 日，标的为大商所黄大豆一号 1801 合约，期权的数量是 6 000 吨大豆，执行价格是 4 000 元/吨。

当大豆 1801 合约 9 月、10 月两个月份期货收盘价的算术平均价低于 4 000 元时，南华资本向阳光农险支付（4 000 元/吨 - 平均值元/吨）×6 000 吨的收益；当大豆 1801 合约 9 月、10 月两个月份期货收盘价的算术平均价高于 4 000 元时，南华资本不偿付。

阳光农险通过向南华期货购买该亚式期权，恰好转移了收入险的价格风险，当阳光农险需要赔付时，仅需要将场外期权获得的收益转移给赵光农场职工；如果收入险产品不需要赔付，阳光农险也不从场外期权获得任何收益，实现了风险的完美转移。

购买场外期权，阳光农险需要考虑的是场外期权的价格，即期权的权利金，如果场外期权过贵，需要支付的权利金超过了保险费的收益，那么阳光农险是亏损的，如果权利金低于保险费的收益，那么阳光农险还可以盈利。

期权的定价中，波动率是权利金确定的关键因素，据测算，2017 年 7 月大商所大豆 1801 合约的长期历史波动率约为 16%，中短期波动率在 10%—22% 范围内持续震荡，考虑保险的存续期间为 4 个月，南华资本将波动率 21% 作为定价基础。南华资本根本自身的资金成本，将无风险收益率定为 6%，由此计算出总的权利金为 256 元/吨，即保险公司向南华资本有限公司共计支付 153.6 万元，阳光农险觉得该场外期权定价合理，购买该期权，成功转移价格风险（见表 6）。

表 6　场外期权要素

下单日期	期货收盘价（元/吨）	现货规模（吨）	到期日	产品类型	执行价格（元/吨）	标的合约	权利金（元/吨）	行权日期
2017 年 7 月 5 日	3 866	6 000	2017 年 10 月 31 日	亚式看跌期权	4 000	A1801	256	2017 年 10 月 31 日

（二）从场外期权到场内期货：对冲风险的利器

农产品价格波动的风险从赵光农场转移到阳光农险后，最终转移到南华资本，那么南华资本如何对风险进行分摊呢?

金融衍生工具市场的基本功能是风险对冲，很多情况下也称为套期保值，场内交易者可以利用期货、期权等多种工具来规避标的资产的价格波动。目前针对大豆产品，我国仅有大豆期货这一场内品种，利用大豆期货对场外期权进行套期保值，可以有效地将风险转移给期货市场的对手方，实现场外看跌亚式期权的套期保值。

南华资本在此案例中面临 6 000 吨、期限 4 个月、行权价为 400 元/吨的大豆 1801 亚式看跌期权，为避免价格下跌的风险，南华资本利用 Delta 中性，计算出应该避险的场内 A1801 期货手数，并每天调整，通过期货市场来进行风险对冲。也就是说，面对 6 000 吨、期限 3 个月、行权价为 4 000 元/吨的大豆 1801 期货合约的亚式看跌期权，在期货市场卖出同标的大豆 1801 期货合约进行避险对冲，有力地实现了风险对冲。

根据之前阳光农险与南华资本签订的场外期权合同，2017 年 9 月—10 月 A1801 合约的算术平均收盘价为 3 782. 97 元/吨，低于 4 000 元，期权的卖方（南华资本）向买方（阳光农险）支付 13 021 80 元［（4 000 元/吨 -3 782. 97 元/吨）×6 000 吨］。但是，南华资本通过购买场内 A1801 大豆合约有效地进行了风险对冲，期货市场的获利抵消了场外卖出看跌期权的损失。考虑到收取的权利金和对冲成本，仍然是获利的。

四、结论及建议

“保险 + 期货”试点项目的开展有效探索了服务“三农”的新模式，增强新型经营主体采用金融工具规避价格风险的意识，对加快推进农产品价格市场形成机制改革、实现经济和社会效益等具有重要意义。

（一）新型经营主体规避价格风险的有效保障

对于新型经营主体来说，“保险 + 期货”模式能够有效保障其免受因价格下跌而遭受的损失，帮助参保新型经营主体有效防范和规避市场风险。新型经营主体购买保险后，当价格下跌时，新型经营主体将获得保险赔付；而当价格上涨时，新型经营主体正常以市场价格售出，获取收益。市场为新型经营主体面临的价格波动风险买单，而不用新型经营主体自己承担风险。新型经营主体在收益得到保障的情况下，可以不必担忧市场价格波动造成的收入影响，专心从事种植，大大提高了新型经营主体参与种植的积极性。

（二）服务“三农”新模式的有效探索

如果以保险公司作为媒介，新型经营主体或农业企业以购买保险公司农产品价格保险产品的形式来确保稳定收益，保险公司再以购买期货公司场外期权产品等来有效转移赔付风险，实现“再保险”的目的，期货公司通过场内期货市场实现对冲，以此分散价格风险，那么就会形成一个风险分散链条。保险公司和期货公司共同承担了价格波动风险，使保险行业和期货行业的各自优势形成互补。保险公司充分发挥其资源服务优势，期货公司发挥了其专业的风险管理优势，该服务“三农”和实体经济的创新模式，最终实现新型经营主体、保险公司和期货公司三方共赢。

（三）农产品市场化定价的有力推进

随着“保险＋期货”项目试点的开展，新型经营主体、涉农企业等生产经营主体对农产品价格风险认识更加深入，防范风险意识逐步提升，抵御市场风险能力提高，有效规避市场价格不确定因素对新型经营主体生产以及农产品供给造成的冲击，对深化农产品价格形成机制改革具有重要意义。此外，“保险＋期货”试点发挥了农村保险服务网络的优势，扩大了期货市场交易量，提高了期货市场的活跃程度，期货市场的价格发现和风险管理功能逐步强化，有利于推进大豆的市场化定价。

（四）探索构建新型农业补贴体系

相较于农产品收储等农业补贴政策，“保险＋期货”项目同样能应对农产品价格风险，但更加市场化，是收储政策退出后保障新型经营主体种植收益的可靠工具。在近年来愈演愈烈的国际贸易争端中，价格险试点更适应时代要求，是构建新型农业补贴体系的积极探索。同时，试点通过为新型经营主体支付保费的形式，等同于给予新型经营主体免费保险，但不生产不能享有，相较于直接的现金转移支付，更利于激励生产，发挥“自我造血”功能。

（五）经济效益与社会效益双丰收的重要实现

经济效益方面，在“保险＋期货”模式下，单位农产品保险费用低于目标价格政策补贴单位成本，在实现相同政策目标的前提下，“保险＋期货”的补贴成本更低。由于采价及赔付等环节均由保险公司及期货公司进行商业化运作，“保险＋期货”可在短时间内迅速完成结算及赔付工作，补贴发放速度和时效性高于目标价格政策，从而实现稳定新型经营主体种植预期、减轻政府人力物力负担的目的，共同助力乡村振兴战略。

（执笔人：何婧　何广文　郭沛）

案例九

激发服务新型经营主体新路径：金融科技赋能模式

一、引言

新型经营主体融资难的问题制约着农业现代化进程和乡村振兴的顺利实现。在现有传统银行为核心、非银行业金融机构和其他微型金融组织并存的农村金融服务体系的结构下，以互联网、大数据、人工智能、区块链、云计算等为代表的金融科技同国民经济的各个领域深度融合，也为服务农业新型经营主体给出了新的发展思路。

从理论来看，数字产生信用，解决传统农村金融抵质押物缺失问题。近年来，互联网、手机移动终端在农村地区不断普及，电商、社交等移动应用的迅速发展为开展农村金融业务积累了大量原始数据。依托这些原始数据，可以从不同纬度分析、描绘用户画像，客户的生活习惯、交易记录、违约记录等信息都可以作为评价用户的依据，这为原本举步维艰的农村征信提供了新的可能。

数字科技打破时空限制，革新金融服务基础设施，降本增效。借助移动终端和应用，并结合人脸识别等远程技术，金融机构将贷款申请、资料上传、授信审批等很多服务流程向线上转移，减少了对实体网点的依赖程度，革新了金融服务的媒介和基础设施。这一方面打破了传统金融服务时间和空间的限制，将触角延展到更多偏远、贫困的农村地区；另一方面也优化了服务流程，提升了客户体验，节约了业务成本。

数字科技丰富农村金融产品种类，打破城乡之间的数字化鸿沟。供应链金融、消费金融、互联网众筹、智能理财等创新型金融产品依托数科技不断涌现。以往这些业务由于流程复杂、门槛高、占用人力资本等很难在农村地区广泛推广。借助互联网渠道和数字技术，这些产品也相继在农村地区落地，城乡之间的数字化鸿沟逐渐被打破。

在此情况下，传统的金融机构面临更大的挑战，如何在现有服务模式下有效利用金融科技手段，与传统的新型经营主体服务模式结合，拓展服务广度，提高服务深度，是值得探讨的问题。本案例从农业银行“惠农 e 贷”系列产品出发，阐释传统金融服务方式如何与现代金融科技手段结合。

二、农业银行“惠农 e 贷”基本情况

为了适应互联网金融发展的趋势，农业银行利用互联网、大数据等现代金融科技手段，为新型农业经营主体提供方便快捷的金融服务。2017 年，农业银行将互联网金融服务“三农”作为全行工作的“一号工程”，在传统“惠农贷”产品的基础上，自主研发上线“惠农 e 通”平台。“惠农 e 通”平台包括“惠农 e 贷”网络融资、“惠农 e 付”支付结算、“惠农 e 商”农村电商三大服务功能，努力让包括新型农业经营主体在内的“三农”客户“用农行的 App，扫农行的码、贷农行的款、享受农行的现代化线上综合金融服务”。

在“惠农 e 贷”网络融资平台中，通过运用大数据技术，将农行客户的金融资产交易行为数据搬到线上，形成线上数据库，同时还与外部各类数据对接，整合形成“白名单”数据库，进行批量化营销服务，并通过网络化，自动化的流程设计，提升服务效率，降低成本。

同时，在具体服务模式上，考虑到中国地域广大，发展情况不尽相同，又充分考虑各省的实际情况，结合各省的农村金融特点，以及之前线下的服务模式，形成诸如特色产业模式、信用村新用户模式、政府增信模式、农担公司担保模式、产业链模式、乡村振兴带头人模式、专业市场模式等多种具体的服务形式。

截至2019年末，“惠农e贷”余额突破1 986亿元，覆盖农户17 378万户。本案例将分别选择一些具有特点的结合模式，具体分析传统的金融机构如何结合金融科技，升级传统的产品和服务，更好地服务新型经营主体。

三、“惠农e贷”的特色产业模式

福建安溪是中国乌龙茶之乡，当地茶叶种植历史悠久、种植规模较大，产业链完善，已形成较多家庭农场、茶叶类企业等农业新型经营主体。在“惠农e贷”平台开发后，福建省也探索如何将产业特色有效融入“惠农e贷”平台，运用数字化技术更好地服务产业（见图1）。

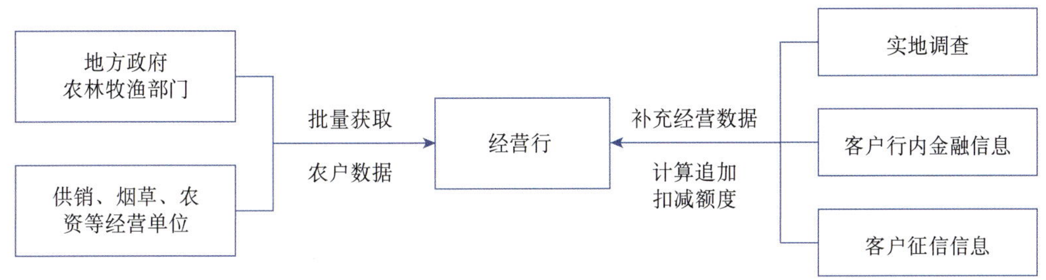

图1　“惠农e贷”特色产业模式数据来源

（一）有效利用茶叶生产数据，积累茶叶产业大数据

在数字科技时代，数字技术的使用首先有赖于数据的积累，当地茶叶产业新型经营主体的茶叶生产、流通相关数据，实质提供了宝贵的数据资源。同时，农业银行发现当地安溪县政府牵头建立茶叶质量安全可追溯体系，即全国首创的“农资监管与物流追踪平台”，因此主动对接政府农资监管平台，着力推动“两卡合一、平台互通、数据共享、渠道共用”，为研发“金穗快农贷”的研发奠定基础。“两卡合一”即实现金穗惠农社保卡与农资购买卡两卡合一；“平台互通”即“e农管家”与农资监管平台对接；“数据共享”即应用大数据技术对农资监管平台记载的基础信息、交易数据进行分析处理，转化为茶农真实的生产经营数据，作为茶农融资的可靠依据。

（二）创建“白名单”数据库

农业银行安溪支行通过与政府农资监管平台对接，分析挖掘平台内14.3万户茶农的种植年限、面积、农资购买和茶叶销售记录、征信记录等数据，自动生成符合准入条件的“白名单”。其准入条件为：必须是经安溪农资监管平台核准的经营主体，经营规模大于1亩且近1年内有购买农资交易记录。

（三）研发设计茶农授信模型

依据收集和挖掘的各类数据，针对“白名单”客户，构建授信模型，通过模型自动计算授信额度。授信模型主要基于新型经营主体的生产规模、成本投入、业务收入等经营数据，客户行内金融信息以及征信信息等因素综合测算授信额度，具体来看，授信额度计算由基础额度、追加额度、扣减额度综合得出。其中，基础额度由茶农种植面积、生产经营成本及农资购买行为记录及征信行为记录综合计算；追加额度根据茶农近12个月日均金融资产的一定比例确定。

（四）做好针对性风险防控

数字金融时代，数据质量是关键。因此，风险管理的重要环节是把好基础数据采集关。指定专人定期通过人工抽查验证、内部逻辑校验等方式对茶农基础数据进行核查，确保获取的基础数据真实、可靠、有效。同时，信贷模型设计也尤为重要，需及时研判茶产业发展情况，根据调查掌握的茶农整体经营情况对授信参数进行动态调整。“线上”也需要与“线下”相结合，可定期采取进村入户、实地查看等贷后回访方式，准确掌握茶农实际生产经营情况，确保贷款用途真实有效。最后是引入政府增信机制。将金穗快农贷业务纳入“安溪县农业贷款风险补偿专项资金”的管理和使用范围，建立风险共担机制。

从实施效果来看，对于银行来说，网上平台提供了一条在物理网点和客户经理不足的情况下，低成本、规模化、批量化服务“三农”小微客户的有效路径。通过系统自动完成客户筛选、审查审批和风险预警，节省了大量的人力资源，降低了信贷成本；通过数据分析挖掘和系统自动操作，减少人为干预，降低了贷款的内部操作风险；通过“白名单”锁定目标客户，开展精准营销，抢抓了一批优质农户。

线上平台在安溪累计带动新增掌银客户4 169户、网银客户4 239户、短信通客户4 086户、信用卡客户2 268户，累计上线“惠农e商”的惠农通服务点166户，新增有效“惠农e商”终端商户501户，推动惠农社保卡存款增加6.69亿元。截至2019年3月末，安溪支行各项存款余额达到105.82亿元，两年多来存款余额净增31.78亿元，增幅达42.92%，存量、增量均排名四大银行第一，四大银行各项存款余额市场占比达

46.62%，其中个人存款余额82.87亿元，市场份额四大银行占比达50.48%。

从社会效益来看，运用大数据分析技术筛选客户，以信用的方式发放贷款，突破了传统准入限制，简化了业务流程，降低了新型经营主体的融资成本，提高了其贷款可得性、便捷性，有效缓解了担保难、贷款难、贷款贵问题。

四、"惠农e贷"的产业链模式

金融科技也可以与产业链金融有效结合。产业链金融是通过与产业化龙头企业合作，根据产业链上下游订单信息、支付记录等交易数据，收集产业链相关企业信息，以此进行授信（见图2）。

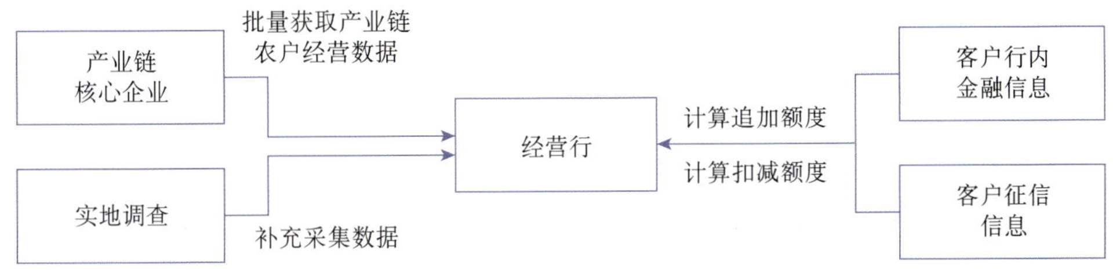

图2 "惠农e贷"的产业链模式数据来源示意

在金融科技时代，信息不仅来自线下的数据采集，而且可以依靠企业的信息系统及多种渠道收集，企业ERP系统等都是扩大产业链相关信息获取，更加精准地服务产业链相关企业的有效信息收集渠道。同时，线上也便于观测资金的流向，有条件的地方甚至可以采用封闭运行的模式进行资金管控，便于控制风险。

数字产业链金融适用于拥有产业链核心企业且上下游农户较多的地区。适用对象为主要为产业链上下游种植、养殖、加工、购销农户及新型经营主体。

广东天禾农资股份有限公司（以下简称天禾农资）是广东省重点农业龙头企业和最大的农资经销商，主要经营化肥、农药、种子及配套仓储物流等业务，目前在全国农资市场经营规模居第七位。天禾农资服务省内近7 000家门店、5 000多户种植农户，且企业内部搭建了较为完善的供应链管理机制和平台，具备了利用金融科技开展业务的基础

在此基础上，广东分行发现其上下游连接的农户和新型经营主体甚为广泛，因此探讨与天禾农资深入合作，创新推出"天禾农资惠农e贷"，支持其下游农户开展生产经营，助力龙头企业和农户共同发展。同时引入农业担保公司，进一步分摊风险，

2018 年 3 月，广东分行“惠农 e 贷”服务农业龙头企业产业链项目正式启动，农业银行与天禾农资、广东省农业信贷担保公司签订三方合作协议，截至 2019 年 3 月末，仅仅一年的时间内，“天禾农资惠农 e 贷”共建立白名单 260 户，已投放贷款 1 161 万元、145 户。

首先，在数据的获取上，主要是由产业链核心企业提供数据，具体是由天禾农资推荐信誉良好的目标客户数据。根据年均销售额、经营系数等建立授信模型，并结合门店完整经营数据设定追加额度。

具体来说，天禾农资门店客户清单通过专线传输到银行，天禾农资按照三方协议约定，对推送的客户信息真实性，包括经营数据的真实性负责，并配合银行承担下游门店的服务义务，包括定期对省内新型经营主体提供上门协查服务、设置专门管理机构等风险管控手段等。银行客户经理按照项目服务方案规定严格遴选客户，并测算授信额度。

其次，在风险分摊上，引入农担模式。为缓释风险，天禾农资项目引入广东农业信贷担保公司作为项目担保方，并在担保费率、贷款利率上给予优惠，有效化解农业农村发展融资难、融资贵问题。一旦出现难以偿付的情况，损失由银行，农担公司和核心企业共同承担。

再次，线上申请，方便快捷，节约单位服务成本。通过“惠农 e 贷”平台，实现了线上申贷系统，客户可以直接线上申贷、线上审查资料、自动生成并上传白名单等功能，有效缩短流程、提高效率、提升用户体验，也降低了银行的单位服务成本。

最后，通过强化资金监控，对天禾农资门店的农资采购订单全部采取受托支付方式逐笔发放，保证贷款资金不被挪用。

五、结论及建议

农业银行在从线下服务为主到线上与线下相结合的过程中，在具体实践中，还有多种模式，这些模式主要有以下几点共性。

第一，金融科技解决新型经营主体融资难问题的关键在于扩展了信息的可获得性，减少了金融机构与借款者之间的信息不对称问题，与传统金融的重要区别在于在金融科技的力量下，信息的来源更加多元化，往往包含政府、上下游企业、信息认证中心等多元主体，同时信息发现、收集和传递机制发生了变化，不再遵循传统金融中信息从农业经营者到金融机构的二元单向的转移方式。在诸多主体的参与下，信息传递渠道得以拓宽，诸多传统方式难以量化的信息得以量化，解决了农村地区很多新型经营主体缺乏抵押担保的重要问题，提高了农村金融的信贷可获得性。

第二，金融科技提高了新型经营主体信贷投放过程中的风险管理水平。传统农村金融的风险控制一直是难以逾越的鸿沟。数字农贷模式一方面利用量化模型计算每一笔贷款的风险，在农业生产过程中做到对风险的实时监控，大大提高了贷款人在诸如虚构背调信息等方面的成本，使骗贷变得“不经济”，另一方面将信贷资金精准投放到农业生产的各个环节，并不与农户直接发生资金交易，这就彻底解决了农村信贷中生产性贷款挪作消费的“死穴”，极大地降低了农村金融的信贷风险。

第三，金融科技降低了服务新型经营主体的运营成本难题。一方面，降低了农户的资金使用成本，分时分批放贷使农户只需为每一环节的贷款付息，而无须承担所有贷款在全周期中的使用成本。另一方面，极大地降低了单户的信审成本。信贷小额分散的特点决定利差收入很难覆盖信审成本，金融科技的发展虽然前期需要投入大量的成本，如投入固定成本搭建数字化的量化模型，形成 App 等，但一旦投入运行，后期将大大节约人力成本，使得单个借款人的审批边际可变成本几乎为0。

第四，金融科技与农业数字产业相结合，甚至可以提高农业的经营管理水平，如数字农贷模式将农业生产管理与资金管理、风险管理有机结合起来，比如数字农贷帮助养鸡农户管理信贷资金的同时，也帮助农民管理鸡舍温度、养殖环境、饲料放量、出栏时间等，提高了养殖的水平和效率。

当然，金融科技运用于农村金融还需要有诸多的条件，才能增强其可复制性。同时，这也需要金融机构、数字服务企业、行业主管部门等各方共同努力，共建数字农业金融的好生态。尤其是需要加强农村数字基础设施建设。完备的数字基础设施不仅是数字农业金融规模化应用的必要条件，更是数字农业建设的基础支撑。建议农业、财政部门加大对农业农村数字基础设施建设的政策和资金支持，加强农业农村数字基础设施的硬件建设，提升“硬标准”。此外，要加强农业农村数据资源整合和开放共享，保障数据安全，使数字农业具备坚强的软实力。

（执笔人：何婧　黄迈）

案例十

提升新型农业经营主体金融可得性：产业化联合体贷款模式

一、引言

随着第一、二、三产业的融合发展，农业经营主体之间的联系也日趋紧密，越来越多的家庭农场、农民合作社、农业产业化龙头企业、农业社会化服务组织等合作建立农产品生产、加工、流通和服务于一体的农业供应链体系，发展“种养加”、产供销、内外贸一体化的现代农业，农业产业化联合体由此产生。

2017年10月，农业部、国家发展改革委、财政部、国土资源部、人民银行、税务总局联合印发《关于促进农业产业化联合体发展的指导意见》（农经发〔2017〕9号，以下简称《意见》）。《意见》指出，农业产业化联合体是龙头企业、农民合作社和家庭农场等新型农业经营主体以分工协作为前提，以规模经营为依托，以利益联结为组带的一体化农业经营组织联盟，主要特征包括：独立经营，联合发展；龙头带动，合理分工；要素融通，稳定合作；产业增值，农民受益。各地结合自身特色优势产业，不断加大培育建设力度，形成了水稻、大米、面业、蔬菜、茶叶、生猪、牛羊、禽类、水产等一大批产业联合体，种类和规模持续扩大，形式不断丰富完善。

农业产业化联合体遵循“市场主导、独立经营、分工明确、高效运营、因地制宜”的原则，是以龙头企业为引领，农民专业合作社为纽带，家庭农场、种养大户为基础，按照产业联合、要素共享、利益联结、风险分担的方式，以分工协作为前提、以规模经营为依托、以利益联结为核心的一体化农业经营组织联盟。龙头企业利用其在经营、规模、品牌等方面的优势推动联合体内资源整合，积极承担制定农产品生产标准，向其他经营主体输送生产要素和创新经营模式。农民专业化合作社主要承担联合体的供销、种养等专业化和社会化服务，链接企业及农户。家庭农场、专业大户和一些中小农户主要承担联合体内土地流转和标准化种养任务，开展适度规模经营，发挥其在联合体内的基础作用。

与“公司＋农户”等传统合作模式相比，农业产业化联合体在生产、技术、市场、资金、信息等资源方面共建共享、协调统一，利益联结机制更加紧密；拥有共同章程，成员相对固定，合作机制和形式较为长期稳定。各成员发挥自身专长和优势，进一步提高了生产经营效率，有效降低了个体承担的风险。其中，龙头企业由于具有技术、资金、信息等方面的优势，能够把分散的合作社、家庭农场、农户等组织起来，话语权相对较强，一般处于核心地位。在其引领带动下，其他成员可以享受到龙头企业在采购、技术、融资、市场等方面提供的服务，有利于自身降低成本、专注主业、规范管理、畅通销售。

那么在这种情况下，如何对产业化联合体及其所属的新型经营主体提供一揽子金融服务，解决其发展过程中的资金问题。是值得思考的问题。本案例详细分析农业发展银行的“产业化联合体”贷款模式，试图为产业融合发展下的新型农业经营主体金融支持模式提供借鉴和参考。

二、传统的“农户＋合作社＋龙头企业”融资模式的缺陷

通过龙头企业提供担保、合作社内部信用合作和资金互助等模式拓宽融资渠道，农业产业化联合体在一定程度上缓解了合作社、家庭农场等成员生产资金短缺的局面，但受内外部条件限制，当前融资模式尚存在一些问题。

（一）农民合作社、家庭农场作为借款人存在一定的局限性

农民合作社的组织管理一般较为松散，财务报表不规范，有的甚至没有财务报表，财务会计信息不够透明，不便于金融机构了解其真实的经营状况和财务状况。家庭农场的生产经营一般由家庭主要成员个人决策，缺乏长远的发展规划，规模普遍较小，抗风险能力差。作为农业生产者，合作社和家庭农场拥有的资产主要是农资、初级农产品、农机等，价值不高、贮存不易、监管不便、变现不易，金融机构很难直接将其列为担保物。因此，如果以上述主体为借款人，可能有相当一部分合作社、家庭农场等达不到融资门槛，不够申请贷款的资格和条件，无法获得贷款；少部分即使勉强达到贷款条件，由于整体实力较弱，按照金融机构内部评审授信有关方法评估和测算后，能够获得的贷款额度也较为有限，对其所需资金只是杯水车薪。

（二）龙头企业作为担保人的积极性未充分调动

尽管从长期来看，为农民合作社、庭农场等主体提供担保有利于龙头企业建立稳定的原材料供应渠道、降低生产成本，但其担保积极性不一定一直保持，主要原因：一是龙头企业只是担保人，并不能直接获得金融机构发放的贷款。如果不能有效控制资金的用途和流向，贷款由谁使用、用于什么方向、最终由谁取得，将存在不确定性，可能无法达到龙头企业期望的使用效果。二是随着联合体的不断扩充发展，成员的数量和平均资金需求量是上升的，整体贷款需求量也随之上升。如果龙头企业出现经营风险或者发展速度过慢，导致担保能力的提升跟不上贷款需求的增长速度，则其可担保空间将会逐步缩小，无法满足联合体内部新增贷款需要。三是作为独立经营的法人单位，龙头企业需要综合考虑自身生产、经营、发展、融资等方面的问题，其中很多都对担保、负债等财务指标有着刚性约束，企业必须在二者之间取得某种平衡，甚至必要时削减对外担保和负债，以改善财务指标，这也会对联合体的融资造成影响。

（三）对内外两种资源的统筹利用不足

无论是龙头企业为其他成员提供担保，还是合作社内部开展信用合作或资金互助等行为，都是局限在联合体内部寻找解决担保、信用等方面问题的办法，如果联合体成员实力都较弱，采用这些办法取得的效果将较为有限。比如，有的地区发展不足，某一产业只有一两家相关企业，与其他地区的先进企业相比，资金、规模、经营管理等方面都较为一般，只能在当地勉强充当“龙头”，而实际并不具备相应的带动能力、

担保能力；有的农民合作社徒有其名，没有完善的制度，内部管理松散，发挥不出应有的实体经营和组织协调作用；有的家庭农场、农户不善生产，或者不积极从事生产，自我积累的速度缓慢。面对这种情况，如果继续在内部“兜圈子”，不放开眼界、拓宽思路，不积极从外部寻求资源和支持，融资问题将无法从根本上得到解决，联合体的发展也势必陷入困境。潜在的信贷管理风险影响了融资成效，农民合作社、家庭农场的数量较多，管理水平、发展层次不一，如果直接以其作为借款人，存在诸多不利之处。一是工作效率低下。面对大量的合作社、农场，仅凭金融机构自身的有限力量挨家挨户办理业务，任务重、效率低，难以满足所有生产主体的贷款需求。二是管理成本过高。贷款发放后，金融机构还要按照内外部要求开展各类信贷管理工作，确保贷款使用合规、资产质量稳定，而为数众多的中小或个人借款人将会使得信贷管理成本居高不下，工作精细化程度降低，从而形成潜在的信贷风险。三是风险防范化解难度大。对金融机构而言，一旦此类借款出现不良，追索的手段较为有限，一般只能采取依法收贷的方式，追索成本高、耗时长，稍有不慎还可能引发社会风险。这些情况导致金融机构与合作社、农户等主体的合作态度较为审慎，在加大对其信贷投放力度方面存在顾虑。

三、“五联贷”模式介绍

从前文介绍的情况来看，为了促进新型经营主体的整体发展，为产业化联合体的金融服务提供有力的支持，必须有新的服务方式和手段。农业发展银行作为政策性银行，紧跟政府的文件指引，探讨了对产业化联合体的金融支持模式。但作为新兴的经营主体，农发行之前暂无支持联合体的先例，面临着没有明确的制度办法、没有规范的操作流程、没有有效的风险防控措施的局面，如何在落实国家政策、企业融资需求和银行风险防控中寻求一个最大公约数，确保信贷资金“放得出、收得回”，是在产品设计的过程中需要思考的问题。

2017 年，农业发展银行安徽省分行选定现代农业产业化联合体起步较早、数量较多、运营相对规范、银政担企合作基础较好的蒙城县开展联合体创新支持试点，选择了蒙城县内 8 家现代农业产业化联合体和体内 101 家新型农业经营主体发展多种形式适度规模经营。通过积极与地方党政等有关部门对接，深入了解农业产业化联合体有关情况，并多次实地走访调研，与地方政府、农业主管单位和承贷主体沟通协调，统一各方思想，运用供应链融资理念，探索出“五联贷模式”，具体是“政府主导、平台承贷、担保公司担保、银行授信、联合体用信”五位一体，承贷主体统一贷款，各用信主体分别用款，承贷主体统一筹集资金归还贷款，既响应国家政策，支持了实体经济，又设置了银行和企业之间的‘防火墙’，有效防控了风险。

该笔贷款的承贷主体作为借款人，负责用信主体资金的使用和收回，承担农发行贷款本息的直接偿还责任，同时对用信主体的资金使用承担主要监管责任。贷款采取“逐级担保、风险共担”的风控模式，即由承贷主体与各用信主体落实担保措施并签订合法有效担保协议，农业产业化联合体龙头企业与其成员落实担保措施并签订合法有效的担保协议。具体做法是，由蒙城县人民政府主导成立的国有独资企业向农业发展银行申请贷款，并由其承担全部还本付息责任，贷款资金全部用于蒙城县 8 家现代农业产业化联合体和体内 101 家新型农业经营主体发展多种形式适度规模经营。首笔贷款金额 2 亿元，期限 1 年，采用抵押和保证组合担保方式，其中由承贷主体通过房地产提供贷款总额 75% 的抵押担保，由安徽省信用担保集团按照贷款额度的 25% 提供保证担保（见图 1）。

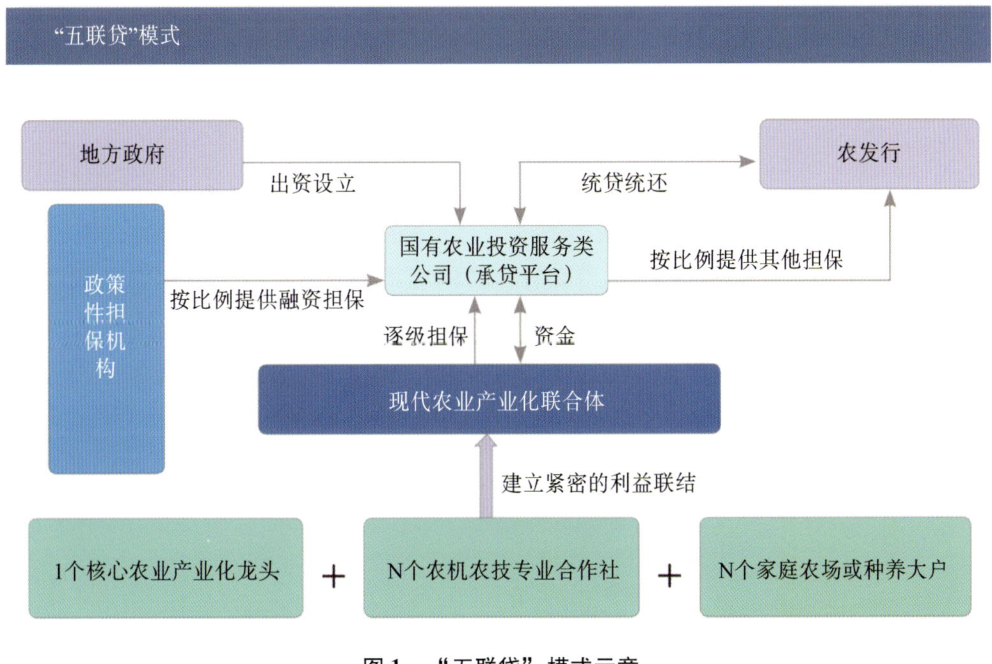

图 1　“五联贷”模式示意

四、“五联贷”运行机制分析

五联贷模式的持续运营，主要依赖于以下几点：

第一，引入地方政府支持，将地方政府作为连接金融机构和产业联合体的重要纽带。金融机构在信贷发放的过程中，最关注的是信贷风险的控制和还款来源的保证，而诸多产业化联合体，如果单独申请贷款，当前银行对企业的贷款多为短期流动资金贷款，固定资产贷款少，但许多农村产业融合项目对资金的需求往往周期长、规模大，导致许多农业产业化组织往往频繁“借新贷，还旧贷”。在新贷已还、旧贷未到的贷款“空窗期”，只得用高息的“过桥资金”周转，加大了融资成本。此外，许多产业化联合体整体资金需求量大、回收期长，投资回报不确定程度高，更需要长期资金和能分散投资风险的创新友好型金融给予支持，现有金融体系往往难以满足这种需求。

利用地方政府作为当地的借贷主体，往往能够规避这些问题，如安徽蒙城县的是采取75%的房地产抵押贷款，从金融机构的角度，具有较强的信用度，具有较强的还款来源。在此基础上，对信贷的额度、期限和利率等要素更加优惠，比单个经营主体分别向金融机构申请贷款，效率更高，更加有助于产业联合体内新型经营主体的发展。

第二，利用地方政府与产业化联合体内各农业新型经营主体的紧密联系，约束产业化联合体的经营主体，信贷的主体虽然是地方政府，但其实资金的使用是产业联合体内的新型经营主体，因此地方政府应充分利用其熟悉当地的农业生产经营情况和自身具有的组织优势、地缘优势和政策优势，将政府、产业、金融有机组织起来，整合三方资源，实现资源的有效连接，搭建合作互利共赢框架，对产业联合体内的新型经营主体进行较为有利的管理和约束，保证实际用信主体按时还款，构建有效的利益联结机制，这是重要的环节。

第三，引入政策性担保机构，完善风险分摊机制。农业项目面临着自然风险较大的问题，难以通过风险分散的方式完善消除。因此，有效利用各类政策性担保机构，能够提升参与者的参与意愿，降低各方风险的承担。案例中引入了安徽省信用担保集团，对风险的25%进行担保，进一步降低了参与方的风险，提升了积极性。除此之外，各级农业担保公司也是支持新型经营主体的有力机构。甚至在一些地区，还可以引入诸如风险补偿基金、保险公司等多种主体，促进各方参与主体共同应对资金风险，共同承担和化解风险，实现财务可持续和风险有效管理。

第四，产业联合体内部有效运行是关键，金融是服务实体经济，实体经济自身的有效运营是金融机构提供持续支持的关键，因此整个产业联合体及其产业链上的主体经营能力才是金融能够长期支持的有效保障。在贷前审核阶段，务必对整体产业联合体进行深入研究，对主体之间的利益联结和分配机制展开深入剖析，这才是“可复制、可推广”的核心，才能够根据不同的产业链特点和产业联合体特点设置不同的方案，提供个性化的服务。

五、“五联贷”模式效果分析

在解决融资难融资贵问题方面，贷款统一解决了现代农业产业化联合体内各类型农业经营主体的融资难问题，且通过优惠贷款利率让利于客户，利率较联合体成员在他行贷款的平均 8% 的利率标准降低约 3.65 个百分点，贷款期内可为联合体内各经营主体合计降低融资成本约 550 万元。

同时，“五联贷”也助力了脱贫攻坚，帮扶 400 个建档立卡贫困人口选择就近的公司就业，预计可带动人均增收 13 200 元，每 100 万元贷款能让每个贫困人口每年平均增收约 66 元。通过支持产业化联合体，龙头企业可以与各类新型经营主体构建连接紧密的利益共享机制，有效延伸产业链、提升价值链、拓宽增收链。

在降低农业生产成本方面，种粮大户、家庭农场和合作社的产品直接销售给龙头企业，节省了运输和晾晒成本；合作社定期为家庭农场开展农作物植保及收割，减少了农机具重复购买成本；龙头企业定期定点提供种子、农药、化肥等产品，既降低了家庭农场和合作社的生产成本，也降低了龙头企业的销售成本。通过这种一、二、三产业链形式的经营，可节省农业成本约 10%—20%，节省销售成本 10% 左右。

在提升农业服务能力方面，联合体内各主体之间通过专业化分工、多元化联合、紧密型衔接、标准化生产，生产服务能力进一步提高，产品市场竞争力进一步增强。如精益诚蔬菜农业产业化联合体，目前已辐射带动周边 2 万亩土地流转用作产品原料专供基地，产品出口已走向日本、欧美、韩国及东南亚等国家和地区。以精益诚联合体为例，“2017 年的时候作为精益诚联合体向农发行贷款，这个效果很好，通过使用这笔流动性资金贷款，以前的年产值是 3 000 万元左右，2018 年已经达到 4 000 万元，这个效果非常明显，带动农户也达到 500 户”。

在取得经济效益的同时，企业自身也得到进一步发展壮大。2017 年安徽省农业产业化指导委员会评定金冠、恒瑞、金桥、云峰、宏源、沃其特等联合体为省级示范现代农业产业化联合体，同时金冠面粉有限责任公司被授予省级龙头企业“甲级队”称号。

六、结论

随着产业融合的发展，新型经营主体的运行模式也从个体运行变为更多体现产业链、区域中心的概念，打破对单个主体单独进行金融支持的局面，将单主体变为多主体联合考虑，同时引入政府、政策性金融机构等多种风险分摊机制，以更低的成本、更高的效率为新型经营主体提供更好的金融服务，这为未来金融服务新型经营主体提供了新的思路。

（执笔人：何婧）

案例十一

应对自然与市场风险叠加的产品创新：新疆棉花收入保险模式

一、引言

农产品收入保险不仅能够保障自然灾害带来的产量损失，而且有效应对市场价格波动导致的收入下降（Makki，2001），在收入水平较低时为农户提供一定的支持（Skees，1997）。此外，也有研究表明，由于收入保险能够有效转移农业风险，参保农户也将更倾向于扩大种植面积（Goodwin，2004），增加生产资料投入（Pu，2014），最终有效提高农业产出，促进农业经济增长（Xu，2014）。

然而当前，中国的农业保险市场仍以产量险为主，农产品收入保险还处于起步阶段。近几年，中央“一号文件”均提出要发展农产品收入保险。中国在某些重要的农产品上，未来农产品收入保险可能会替代产量保险成为主要的农业保险形式。但受限于政策转变难度大、基础数据缺乏、实施经验不足，目前农产品收入保险还处于局部试点时期，农业保险政策主要是针对自然风险的产量保险设计的，农业市场风险仍然缺乏有效保障。

未来若要大力发展农产品收入保险，必须充分总结、提炼当前农产品收入保险试点区域的实施经验，为全国农产品收入保险的顶层设计、政策安排与实施机制提供重要的经验借鉴。特别是要选取具有代表性、典型性、可借鉴性的收入保险案例进行深入分析、解构和总结，以系统、深入地了解当前我国农产品收入保险试点实施中存在的问题、经验和建议。

选择新疆棉花收入保险作为典型案例进行深入分析的主要原因是：（1）开始时间早。新疆棉花收入保险早在2016年已开始试点，实施了4年之久，积累了丰富的实施经验和相关数据。（2）农户规模大。试点要求达到一定种植规模的农户方可投保，即针对家庭农场、合作社等新型农业经营主体开展保险业务，便于深入总结农业保险服务新型农业经营主体的典型经验。（3）棉花地位重要。棉花是重要战略物资，也是中国首先开展农产品价格市场化改革的重要作物，针对棉花收入保险研究，能为玉米、水稻、小麦等重要粮食作物价格支持政策改革提供重要借鉴。

二、案例背景

新疆是中国棉花的重要产区。由于自然条件的适宜性以及较大的政策扶持力度，中国棉花种植区域近年来逐步向西北内陆地区集中。其中，新疆是西北内陆主要的棉花种植地区。2017年，新疆棉花全年产量达到408.2万吨，占全国棉花总产量的74.4%，棉花的全年播种面积3326.2万亩，占全国棉花播种面积的70.0%[①]，对全国棉花产量以及价格具有十分重要的影响。

新疆棉花生产同时也面临自然和市场的双重风险。第一，尽管新疆的气候和地形非常适合棉花生产，但高温、冻害以及大风等自然灾害对棉花的稳定生产形成严重威胁。第二，2014年实行目标价格补贴政策后，新疆棉花价格逐步向市场回归，价格变动比较剧烈。中国加入世界贸易组织（WTO）时承诺每年89.4万吨的棉花进口配额，配额内税率低至1%，然而由于中国国内棉花生产成本较高，往往使得国内外棉花价格倒挂。与内地相比，新疆棉花出疆运费较高，因此价格高于内地棉花的价格，国内外

① 数据来源：中国国家统计局。

两方面的竞争，使得新疆棉花的产销始终面临市场风险。

因此，棉花种植户对棉花保险的需求较为强烈，但长期以来在该区域实施的棉花保险并不能有效满足风险保障需求。早在20世纪80年代，棉花保险在新疆就已开办，如今新疆棉花的参保面积达到90%，棉花保险的保费收入占新疆农业保险保费收入的一半以上，是新疆最主要的农业保险种类（王磊焱等，2016）。一方面，当前棉花保险仅能覆盖自然风险，无法保障价格风险；另一方面，当前棉花产量保险的保额偏低，风险保障水平不高，逐渐不能满足棉花种植户，尤其是新型经营主体的风险管理需求。

在此背景下，中华联合财产保险股份有限公司在新疆开办了棉花收入保险产品，成为覆盖自然风险和市场风险的创新型险种，为棉花生产过程中出现的减产风险和后期销售的市场风险提供重要的风险保障。

三、案例分析

（一）新疆棉花收入保险的发展历程

2016年，中华联合保险股份有限公司新疆分公司（以下简称中华联合新疆分公司）在石河子143团开展了首次棉花收入保险试点工作，承保面积1 500亩，参保农户10户，保费收入共计31.5万元，总保额为315万元。采取的皮棉目标价格为15 000元/吨，目标产量140公斤/亩，即目标收入2 100元/亩。合计理赔金额51.44万元，参加棉花收入保险的10位棉农全部受益，赔付率为163%。

2017年在上年试点的基础上进一步扩大了试点范围，全疆5个地州分公司开展了棉花收入保险，分别是五家渠分公司、博州分公司、喀什分公司、奎屯分公司和阿拉尔分公司，累计承保面积21.10万亩，参保农户575户，保费收入共计5 504万元，总保额为5.47亿元。各地州分公司采取的皮棉目标价格15 500—18 600元/吨，目标产量125—172公斤/亩。合计理赔金额1.17亿元，受益农户数497户，赔付率达到213%。

2018年，新疆棉花收入保险累计承保农户139户，承保棉花27万亩，保费收入共计5 952万元，总保额20.62亿元。各地州分公司采取的皮棉目标产量100—140公斤/亩，目标价格为16 500—17 000元/吨，每亩保险金额1 768—2 310元。合计赔款5 604万元，受益农户132户，赔付率为94%。

（二）新疆棉花收入保险的保险方案

1. 承保对象与承保标的

新疆棉花收入保险试点的承保对象为新疆维吾尔自治区以及新疆生产建设兵团的棉花种植户、家庭农场、专业合作社、种植企业等。

承保标的应为符合中华联合新疆棉花收入保险合同中规定的棉花品种，投保的棉花需要全部符合以下5个条件：（1）棉花投保面积在100亩以上；（2）投保的棉花品种属于政府审批合格的品种，棉花种植采用的相关标准与管理方式都符合当地政府的要求；（3）棉花的种植地点位于非蓄洪区和行洪区且在洪水水位线以上；（4）棉花的生长和管理处于正常状态；（5）投保人不得选择性投保，要把符合以上条件的棉花全部投保。

2. 保险责任

新疆棉花收入保险的基本责任包括，投保人在保险期间内，由于产量减少或价格下跌造成保险棉花实际收入低于约定收入时，视作保险事故发生，保险人要按照棉花收入保险合同条款对受损的农户进行相应的赔偿。棉花收入保险约定：每亩收入＝约定平均亩产×棉花保障价格。其中，约定平均亩产按照承保当地政府部门公布的棉花前3年平均产量确定；棉花保障价格参考新疆棉花的成本、预期收入以及播种期内棉花1701期货合约盘面价格，具体由保险公司制定。棉花收入保险的实际每亩收入＝实际平均亩产×实际价格。其中，实际平均亩产按照承保当地平均亩产测算方式，确定实际平均每亩产量。实际价格参照棉花的价格采集期内棉花期货1701合约各交易日收盘价的算术平均值。

3. 保费确定与理赔

新疆棉花收入保险中的每亩保险金额根据棉花所在区域种植收入水平，按照棉花所在预期单位产量和预期价格确定，以保险单载明的为准。棉花收入保险中的每亩保险金额＝约定每亩产量（公斤/亩）×约定每亩价格（元/公斤），保险金额＝每亩保险金额×承保面积。棉花收入保险的保险费用＝保险金额×保险费率，其中，保险费率为10%。

由于产量减少或价格下跌造成保险棉花实际收入低于约定收入时，保险人按以下方式计算赔偿金额：赔款金额＝（约定每亩收入－实际每亩收入）×保险面积。

4. 触发机制

棉花收入保险以棉花收入为保险标的，如果棉花在保险期限内因产量降低、价格下跌或产量价格共同下跌而导致棉农收入受损，棉花收入保险将支付投保人相应的赔款。在棉花收入保险中，保障价格与保障产量由保险公司制定，从而确定棉花的保障收入。当棉花收获之后，由棉花的收获价格和实际产量确定棉农的实际收入。如果棉农的实际收入低于保障收入，则触发棉花收入保险的赔偿机制。因此，棉花收入保险可以同时覆盖产量风险与价格风险，保障棉农收入的稳定性。

（三）新疆棉花收入保险的成效

1. 试点规模持续扩大，新型经营主体增多

新疆棉花收入保险开办之初，参保农户只有 10 户，面积仅 1 500 亩，到 2018 年参保农户达到 149 户，承保面积超过 27 万亩，整体增长了约 179 倍。此外，参保农户中一些生产大户、家庭农场和棉花生产合作社等新型农业经营主体所占比重逐渐扩大，小散户所占比重有所下降，表明新疆棉花收入保险具备一定的可行性。

2. 风险保障程度显著提升

2016 年棉花收入保险的保险金额只有 315 万元，2018 年超过 20 亿元，整体增长了约 650 倍，3 年保障金额累计达到 26.1 亿元。从保障程度来看，棉花收入保险的保障程度明显高于现行传统物化成本保险。以 2016 年为例，棉花收入保险的每亩保障金额为 2 100 元，而棉花成本保险的每亩平均保额为 980 元，收入保险的保额是传统成本保险的两倍左右，2016 年新疆棉花的总成本为 2 306 元/亩，收入保险相当于在保障棉花物化成本的基础上还保障了部分人力成本和土地成本，保额可以覆盖全部的生产成本以及总成本的 91%，而成本保险只能覆盖全部生产成本的 49%。

3. 应对市场风险效果显著

棉花价格市场化改革使得棉花价格面临较大波动，给棉农收入的稳定性和生产积极性带来一定的影响。收入保险实现了从保障自然风险向保障市场风险的跨越，在棉花价格下跌后可以弥补棉农的损失，稳定棉农收益，提高了棉农抗击自然风险的能力，助推棉农种植棉花的积极性。尤其是一些生产大户和农业合作社等新型农业经营主体，

相比于传统农户面临着更高的市场风险，风险敏感度也更高，收入保险能够为他们提供更全面更有效的风险保障，进一步降低投资风险。2016—2018 年，新疆棉花收入保险累计向新疆棉农支付赔款 1.7 亿元，累计受益农户达 639 户。

（四）新疆棉花收入保险试点存在的问题

1. 缺少专项财政补贴

自 2007 年开始，中国将棉花保险纳入政策性保费补贴险种，其中中央财政和地方财政各自补贴保费的 25%。近几年随着我国对农业保险的大力推广，补贴标准有所提高：中央财政补贴提高到 40%，地方财政补贴保费的 25%（吴银毫，2017）。但补贴比例与农业保险的种类和保障程度无关，仅仅和区域相关。财政补贴效率比较低，对一些创新性的险种还未覆盖。收入保险面临的首要难题就是财政补贴资金不足。因为目前我国的收入保险还未纳入政策性农险补贴范围，所以新疆的棉花收入保险业务不享受财政补贴政策，保费全部由棉农承担，大大加重了棉农的负担。如果能够设立中央和地方财政收入保险专项补贴，就能够减轻农户自交保费的负担，增加农户投保的积极性。

2. 现有的数据基础较为薄弱

棉花收入保险保费为棉花预期产量、棉花目标价格和费率的乘积。收入保险应当具备完善的农业生产和价格数据作为支撑，才能实现更精确的风险管理。收入保险的测算相对传统农业保险更为复杂，费率厘定需要大量样本数据的支持，而我国目前的农产品统计数据仍然不够完整，区域数据和单个经营主体的生产数据较为缺乏，无论是在长度上还是在完整度上，都远远落后于美国等农业保险发展较为成熟的国家，使得收入保险的费率厘定较为困难，也影响了农业保险创新的脚步。我国的农产品期货市场起步较晚，目前仍然处在发展之中，期货价格与现货价格之间的相关度较弱，无法充分发挥期货价格的预测作用，也给收入保险在厘定费率时带来了一定的困难。

3. 保险公司赔付压力大

自然风险和市场风险双重冲击，给棉花种植带来不小的风险，也给棉花收入保险业务的经营和发展带来较大压力。2016 年和 2017 年新疆棉花收入保险均出现了亏损的情况，以 2017 年为例，当年棉花收入保险的保费规模达到 5 504 万元，但赔偿金额超过1亿元。其原因主要有4个方面：一是棉花收入保险在新疆地区的开办时间较短，与其他险种相比业务规模较小，增加了保险公司的经营风险，收入保险的赔付率明显超过成本保险等一些传统险种，尤其是当棉花价格出现大幅下跌时，将引发严重的系统风险，从而增加了保险公司的赔付压力。二是保险公司分支机构现有技术资源、人力资源很难与快速发展的创新型业务相匹配，因而无法满足收入保险经营的相关需求。由于棉花生产主要集中在农村地区，精通农业保险和专业技术的人才少之又少，缺乏对农业知识的了解，更缺乏应有的风险查勘管理技术，导致公司经营管理较为粗放。三是收入保险需要丰富的数据积累、精确的费率计算和目标价格测算，我国目前还缺乏科学的产量和价格预测体系。四是目前的新疆农业保险市场尚未建立完备高效的风险分散渠道，而我国的再保险市场与发达国家相比还有一定差距，再保险业务还需要得到政府进一步的财政支持。

四、结论及建议

新疆棉花收入保险试点开办以来，在保障范围和保障程度方面都有显著的提高，实现了从保障自然风险向保障市场风险的跨越，改变了新疆棉花保险只保物化成本的现状，提高了棉农抗击自然风险和市场风险的能力，助推了棉农特别是一些生产大户和农业合作社等新型农业经营主体种植棉花的积极性。

未来收入保险进一步发展壮大也面临一些问题与挑战。一是财政补贴资金不足；二是农业生产和价格数据不完善；三是农业保险市场尚未建立完备高效的风险分散渠道，棉花收入保险的经营风险较高，保险公司赔付压力大。基于此，提出以下政策建议：

第一，设立棉花收入保险财政补贴政策。收入保险的推广和发展离不开财政补贴资金的支持，由于收入保险费率较高，棉农面临着较大的保费压力，降低了收入保险的发展速度。但目前新疆棉花收入保险还没有相应的中央或地方财政补贴，建议把收入保险纳入财政补贴范畴并实行差异化补贴政策，根据不同的保障水平和种植规模进行补贴，保障水平可以由农户自主选择。

还要考虑到农户之间的差异性：新型经营主体偏好风险保障程度较高的保险产品，他们的生产能力强，资金充足，财政补贴力度可以较小；小规模农户和较为贫困的农户由于资金不足，偏好保障程度较低的保险产品，保费补贴力度应适当加大，从而提高他们的风险管理能力，保障其收入的稳定性，在促进农民增产增收的同时提高国家财政资金使用效率。

第二，完善棉花的产量监测体系与价格形成机制。棉花收入保险应当获得完善的棉花生产数据作为支撑，才能实现更精确的风险管理。棉花收入保险的测算相对传统棉花成本保险更为复杂，费率厘定需要大量样本数据的支持，因此保险公司和当地政府应当注重积累棉花的单产、收入等信息以及棉花种植大户的种植规模、种植计划和土地信息，建立棉花的信息数据库和信息共享平台，并在此基础上做好区域的风险划分，以实现更科学准确的风险管理。在完善棉花产量测量工作的同时，也要构建科学的产量预测体系，以实现更精准的风险管理工作。

与此同时，要加快我国农产品期货市场的发展，完善农产品期货市场机制，提高期货的价格发现功能，使市场在价格形成中发挥主导作用，避免政策的过度干预，让期货价格能够真正为棉花收入保险提供数据支持。还应加强保险公司和新型经营主体的期货知识培训，培养专业人才，引导其理解和参与期货市场。

第三，健全风险分散机制，完善再保险体制。棉花是大宗农产品，价格受市场供需影响大，波动剧烈，而且我国的棉花价格市场化进程尚未完成，价格波动情况比较剧烈。新疆棉花种植面积大，面临的自然风险种类多，一旦发生风险就会造成大面积的棉花歉收甚至绝收，致使农民面临巨大的经济损失。保险公司面对如此巨灾很可能难以兑现巨额赔偿，或者说一旦实行理赔，保险公司资金链将面临很大挑战，保险公司的经营将面临问题。因此，建议对开展棉花收入保险的公司在风险控制与管理上加大扶持力度，通过再保险等方式提前做好风险的防范与分散。此外，也可以建立巨灾风险准备金，提前预防风险的发生。

参考文献

[1] Makki S S，Somwaru A. Evidence of adverse selection in crop insurance markets [J]. Journal of Risk & Insurance，2001，68（4）：685－708.

[2] Skees J R，Black J R，Barnett B J. Designing and rating an area yield crop insurance contract [J]. American Journal of Agricultural Economics，1997，79（2）：430－438.

[3] Goodwin B K，Vandeveer M L，Deal J L. An empirical analysis of acreage effects of participation in the federal crop insurance program [J]. American Journal of Agricultural Economics，2004，86（4）：1058－1077.

［4］ Xu J F, Pu L. Crop insurance, premium subsidy and agricultural output ［J］. Journal of Integrative Agriculture, 2014, 13 (11): 2537 -2545.

［5］ Coble K H, Miller J C, Zuniga M, et al. The joint effect of government crop insurance and loan programmes on the demand for futures hedging ［J］. European Review of Agricultural Economics, 2004, 31 (3): 309 -330.

［6］ 王保玲，孙健，江崇光. 我国引入农业收入保险的经济效应研究 ［J］. 保险研究，2017 (3): 71 -89.

［7］ 庹国柱，朱俊生. 论收入保险对完善农产品价格形成机制改革的重要性 ［J］. 保险研究，2016 (6): 3 -11.

［8］ 肖宇谷，王克. 中国开展农作物收入保险的意义和可行性初探 ［J］. 农业展望，2013，9 (10): 29 -32.

［9］ 宁满秀，苗齐，邢鹂，钟甫宁. 农户对农业保险支付意愿的实证分析——以新疆玛纳斯河流域为例 ［J］. 中国农村经济，2006 (6): 43 -51.

［10］ 王磊焱，徐向勇，孙莉萍. 改进创新新疆棉花保险产品研究 ［J］. 金融发展评论，2016 (4): 57 -79.

［11］ 吴银毫. 我国经济作物收入保险定价研究——以阿克苏棉花为例 ［J］. 金融理论与实践，2017，4 (1): 102 -106.

（执笔人：吕开宇　张崇尚　周超）

案例十二

对冲市场风险的金融衍生工具创新："保险+期货"模式

一、引言

农业是中国国民经济的基础，更是确保经济持续健康发展和社会大局稳定的关键。然而，生产过程中农业往往会受到自然因素和价格波动双重影响。新型农业经营主体更是如此，由于中国国内土地、劳动力成本高企，农业生产往往投资成本高、生产周期长，生产经营遭受冲击将更为严重。再加上不少新型农业经营主体种植价值较高的经济作物、养殖规模也较大，如果缺乏有效的价格支持政策，一旦市场价格波动较为剧烈，即便不存在自然灾害，也会因为市场价格下降而遭受较大损失。事实上，当前中国的农业保险产品仍以灾害损失险为主，众多农业生产者，尤其是新型农业经营主体仍然缺乏有效的市场风险管理工具。"保险+期货"产品的试点对于积极探索有效的市场风险分散方式提供了有益的借鉴。

为分散农产品市场风险、稳定农业收入，我国2016年开始出台相关政策鼓励各地及农业保险公司开展产品创新，推动农业市场价格保险产品试点。其中，“保险+期货”是主要工具之一。2016年，国家“十三五”规划纲要和中央“一号文件”都提出要稳步扩大“保险+期货”试点。此后连续5年，每年的中央“一号文件”都提及“保险+期货”模式，并明确提出优化“保险+期货”试点模式，发挥“保险+期货”在服务乡村产业发展中的作用。

目前来看，“保险+期货”产品的试点已经取得了一定成效。截至2019年10月，大连商品交易所（以下简称“大商所”）、郑州商品交易所（以下简称“郑商所”）、上海期货交易所（以下简称“上期所”）的试点都取得了一定成效。大商所的试点工作发展最为迅猛，试点之初只有玉米和鸡蛋两个品种，后续又增加了大豆、豆粕等品种，试点区域也从辽宁和湖北两省扩大到全国20个省份。郑商所试点工作也在不断发展，从2016年起，开展“保险+期货”试点的品种包括棉花及白糖，2019年试点品种变为白糖、苹果和红枣，试点项目从6个增加为60多个，覆盖区域从4省（区）扩大到9省（区）。上期所试点工作成效有限，由于试点品种较少，开展的天然橡胶“保险+期货”试点，更多是基于扶贫，也只覆盖云南和海南两省的数十个贫困县（赖宝全，2020）。

然而，“保险+期货”产品的运行机制是什么？效果如何？存在什么问题？如何进一步完善和推广？回答这些问题对于完善我国农业保险政策体系具有重要意义。本报告选择凉山州苹果、鸡蛋产业链“蛋果期贷保”试点产品进行深度分析。该产品在诸多试点中具有较强的代表性。从品种上看，该模式品种包含作物和畜禽产品，主要面向鸡蛋和水果特色农产品；从主体来看，该模式主要针对新型农业经营主体；从效果来看，该模式在分散经营风险的同时，也兼顾了扶贫。2019年7月，华西期货有限责任公司（以下简称“华西期货”）结合凉山州脱贫攻坚和经济发展需要以及金融衍生品特点，立足产业链发展的痛点与难点，以凉山州盐源县苹果、鸡蛋产业链风险管理为落脚点，开展了“场外期权+信贷增信”的综合风险管理创新模式。

二、案例背景

四川省凉山州盐源县，“三州三区”之一的大凉山连片特困区，曾是国家级贫困县，虽然已经于2019年脱贫摘帽，但仍然处于防返贫的关键时期。盐源县是西南地区最大的高原优质苹果生产基地，2018年苹果种植面积达48万亩，年产量达40万吨。

蛋鸡养殖产业也是盐源县的又一个重要产业。2018 年全县养殖蛋鸡近 5 万羽，鸡蛋年产量达 750 吨。由于苹果以及鸡蛋价格均面临季节性风险，当地新型农业经营主体一直面临着自有资金少、抗风险能力弱等风险，价格波动大成为当地农畜牧产业链提升发展无法回避的问题，也成为脱贫攻坚和巩固脱贫成果的新挑战，这对全县农业产业高质量发展提出了新要求。

基于盐源县脱贫攻坚和产业发展需要，华西期货启动了凉山州苹果、鸡蛋产业链“蛋果期贷保”风险管理试点项目方案，创新设计出“场外期权（保险、商品互换）+基差收购+贷款增信”的产品模式，从而提升全县苹果种植、蛋鸡养殖等新型农业经营主体的价格风险抵御能力。该模式为全县整个苹果鸡蛋产业链提供“一站式”全产业链风险管理服务，不仅增加了全产业链的韧性，而且为解决贷款难贷款贵问题提供了新方案。

华西期货风险管理试点项目的顺利运行，得益于金融机构和农业农村部门建立良好的合作机制，也得益于相关政府部门的大力支持。一是期间农业农村部门和期货公司、银行、保险公司等金融机构之间建立了良好的合作机制，通过履行好各自义务，来保障项目平稳运行。二是农业农村部门利用好各级财政专项扶贫基金、涉农补贴，为项目提供资金支持；期货公司利用好专业知识、量化工具，为项目提供价格保护；银行利用好扶贫小额信贷等优惠政策，为项目提供融资渠道；保险公司利用好农业收入保险等产品，为项目提供风险保障。三是在项目进程中，华西期货也与四川省农业农村厅多次合作举办相关培训班，深化相关部门及企业工作人员对“保险+期货”项目的认识，加深对如何切实做到利用金融产品服务“三农”的理解。培训不仅对项目本身起到很大的宣传作用，还筛选出有项目开展意愿和具备基础条件的市、州。

三、案例分析

（一）苹果“保险+期货”产品

立足西南地区最大的高原优质苹果生产基地，盐源县双柳苹果专业合作社主要从事苹果种植。双柳合作社由 116 户果农组成，其中建档立卡贫困户 10 户，合作社苹果年产量9 000 吨，但品质不一、销路不畅等原因导致苹果销售困难，果农收入惨淡。

华西期货设计的苹果“保险+期货”试点取得了较为明显的效果。2018 年 8 月，华西期货、盐源县农牧局、盐源县双柳苹果专业合作社共同签订了《四川省盐源县苹果项目合作协议》，这是华西期货主导的特色扶贫项目、也是凉山州第一个苹果场外期权项目。华西期货在该期权设计上进行了创新，可以确保农户获得赔款的概率高达90%以上，帮助农户提前锁定苹果销售价格，应对价格下跌的风险，为增加农户收入提供坚实保障。期间，承保苹果20吨，承保两个月内苹果期货价格不低于6.54元/斤，最终合作社行权共获得赔偿2.57万元（苏启桃，2019）。此次合作中，盐源县农牧局为扶贫资金的使用和管理提供监督、引导，有效地保证了项目顺利开展。

在前期试点的基础上，2019年8月项目开始正式实施。根据客户套保需求，华西期货分别于2019年10月18日、2019年10月23日、2019年11月6日、2020年3月25日与2020年3月27日下单5笔一共1 600吨苹果亚式看跌期权（带保底赔付），期权费共计51.2万元。合约存续期内，四川地区苹果现货价格震荡，华西期货提供的场外期权产品仍然对农户进行了赔付，对农户的生产经营起到了保障作用（周文军，2020）。具体看，项目实施具有以下特征：

应对市场风险效果显著、巩固脱贫成果作用明显。以保险和期货的综合形式为农产品价格提供保价，因为农户在开始种植农产品的时候就已经明确保险所保障的价格水平，提前锁定最终种植收益，所以能够有效应对市场价格波动风险。项目也对巩固脱贫攻坚成果发挥了积极作用，双柳合作社在发展自身的同时，也积极带动贫困户，不论是丰收还是歉收，项目都能有效保障贫困户的收入稳定，这对贫困地区巩固脱贫攻坚成果发挥了重要作用。

提高农户信用促进融资。为进一步满足盐源县双柳苹果合作社生产资金需求，华西期货联系凉山州当地银行，帮助盐源县双柳苹果合作社用场外期权交易确认书来进行增信，帮助合作社向中国邮政储蓄银行申请150万元贷款，贷款利息5.7%。对于新型农业经营主体而言，“保险+期货”模式实现了产融结合创新模式的升级。伴随生产规模扩大，新型农业经营主体对资金的需求随之增加，但又由于他们自有资金少，缺少有效抵押物，贷款难、融资成本高成为阻碍其发展的一大瓶颈。“保险+期货”模式的引入加上增信服务则有效解决了这一难题。此外，因为风险可控，新型农业经营主体往往可以借助保险资金或银行开展保单质押等融资支农业务。

（二）鸡蛋“保险+期货”产品

蛋鸡养殖产业也是盐源县的重要产业之一。西昌华宁农牧科技有限公司是由畜牧科技人员创办的集畜禽养殖、饲料加工、畜产品加工和科技服务为一体的民营企业，也是四川省级农业产业化经营重点龙头企业，蛋鸡养殖是该公司的主要业务，鸡蛋产量大。盐源县双柳苹果专业合作社在苹果“保险+期货”项目运行期间，意识到苹果和鸡蛋产业链在产业结合上具有一定的可行性和现实性，开始尝试蛋鸡养殖，到2020年已经初具规模。然而，鸡蛋价格同样面临着季节性风险，为有效解决鸡蛋价格波动风险大的问题，进一步推出了鸡蛋“保险+期货”产品。

有效对冲疫情冲击。2020年春节后，受新冠肺炎疫情影响，鸡蛋价格波动较大，且由于道路受阻、人员限流等原因，市场鸡蛋需求降低，价格有较大的下跌风险。特别是凉山州盐源县与西昌华宁农牧科技有限公司的蛋鸡养殖困难重重。为了应对疫情带来的价格冲击，2020年2月20日，根据凉山州盐源县双柳合作社需求，华西期货下单了100吨鸡蛋利润指数场外期权，期权费共计2.2万元。该项目于2020年3月20日结束，存续期间，鸡蛋价格持续下跌，为农户带来了3.7万元的赔付款，赔付率超过150%。

增强保险公司赔偿能力。“保险+期货”产品让原本都要“出海”的再保险需求可以通过国内期货市场得以满足。本质上，期货市场扮演了农业保险“再保险”的角色，把原本付给国外再保险公司的费用支出留给了国内期货期权市场，从而促进了中国期货、期权市场的发展。与传统农业保险相比，“保险+期货”的模式将风险更多转移到了期货市场，降低了保险公司的赔付风险，也有助于降低保险费率，降低农户投保成本。

降低蛋鸡成本，锁定利润。期货市场的套期保值设计有助于新型农业经营主体有效锁定蛋鸡养殖饲料成本，锁定利润。西昌华宁农牧科技有限公司于2020年4月10日下单400吨鸡蛋利润指数场外期权。该产品包括3笔场外期权，分别为1笔鸡蛋看跌期权、1笔玉米看涨期权和1笔豆粕看涨期权。该产品设计既能稳定鸡蛋销售价格，又能控制鸡饲料采购成本，锁定蛋农利润。

有效稳定农产品供给。保险与期货相结合，通过农产品期货市场分散现货价格波动风险，有效解决了新型农业经营主体的价格风险管理需求，切实保障了经营主体利益。“保险+期货”模式也打开了保险行业扶持农业的新思路，原有扶持农业的思路往往是从抵御农业自然风险和意外事故的角度，帮助农业经营主体解决灾后恢复再生产能力，最终实现农产品供给的稳定；现在新的思路确是通过有效保障农业经营主体获取稳定收入，实现农产品供给的稳定保障。

有效提高参保主体信用，增强融资能力。2020年4月，西昌华宁农牧科技有限公司提出贷款需求，在拥有场外衍生品交易确认书增信的条件下，公司向当地银行申请无抵押贷款300万元，已成功获批，且贷款利息低于同期不使用场外期权交易确认书进行增信的贷款利息。该公司借助“保险＋期货”模式分散了农业风险，增加了融资渠道，借助银行开展的保单质押等融资支农业务，不仅成功获得了贷款，而且极大降低了企业的融资成本。

（三）当前“保险＋期货”存在的问题

尽管“保险＋期货”模式的试点取得了明显成效，但目前仍处于探索阶段，还存在一些不足，需不断提升和完善。

一是期货品种少，制约“保险＋期货”模式推广。该模式要求期货市场上有相应的品种，但是现有几家交易所的农产品期货品种较少，相对于我国庞大的农产品种类来说，农产品期货数量有限，进一步制约了“保险＋期货”试点的开发和模式的推广。

二是基差风险大，遏制农户参与试点的积极性。相较于传统的农业保险，“保险＋期货”产品使得保障程度有所提升，但仍然面临基差风险。当实际销售价格与期货价格产生偏差、出现较大基差风险时，保险赔付额将难以完全弥补农民的实际亏损，保险公司的实际赔付额在很大程度上会影响农民继续参与试点的积极性，影响未来改产品的承保推广。

三是补贴比例低，保险成本高。农民作为小微收入群体，没有能力自担全额保费，因此要保证“保险＋期货”模式能稳步扩大和推广，需要国家出台相关政策给予补贴支持。

四、结论及建议

基于盐源县脱贫攻坚和产业发展需要，华西期货设计出凉山州苹果、鸡蛋产业链“蛋果期贷保”风险管理试点项目方案，采用“场外期权（保险、商品互换）＋基差收购＋贷款增信”的创新模式，不仅打开了保险行业扶持农业的新思路，构建了金融行业服务“三农”的新格局，促进了产融结合创新模式的升级，而且提高了保险公司的赔偿能力，增强了新型农业经营主体精准规避价格风险能力，稳定了经营主体的种植养殖收益，巩固了贫困地区脱贫攻坚成果，“保险＋期货”模式具有较高的推广意义。

针对“保险＋期货”试点中存在的问题，可从以下几个方面进行完善：

一是加大开发期货新品种力度。通过费用减免支持政策，鼓励期货交易所开发农产品期货新品种，增加地方特色的农产品期货新品种的开发，为“保险＋期货”试点的扩展提供完善的场内期权，切实提高保险企业和期货市场服务实体经济、服务“三农”的能力。

二是加大财政支持力度。财政部门可以列出农产品“保险＋期货”模式的专项保费补贴，一方面，增强保险公司信心，提高期货公司支农积极性，鼓励其开展“保险＋期货”试点工作；另一方面，通过给农民保费补贴的方式降低购买成本或提升保险保障水平，激发农户投保热情。

三是加强模式经验总结。全面总结“保险＋期货”试点的经验，总结正反两方面经验教训，发现各个模式所面临的困难及存在的问题，并提出有针对性的解决方案。在总结经验的基础上，对已经开展试点的地区，持续探索“保险＋期货”业务的升级版本，不断完善试点模式。

参考文献

［1］赖宝全．对“保险＋期货”业务的一点思考［N］．期货日报，2020－04－20（003）．

［2］苏启桃．四川资本市场扶贫在行动，合力攻坚凸显资本温情［N］．金融投资报 2019－03－20.

［3］周文军．四川开启金融支农创新扶贫模式“保险＋期货”为农户生产经营保护航［N］．中国农村信用合作报，2020－08－04.

（执笔人：吕开宇　张崇尚　郑怡）

案例十三

应对巨灾风险的技术创新：吉林洮南市玉米气象指数保险模式

一、引言

指数保险是农业保险的一种创新发展，其将损害程度指数化，并以该指数为基础设计保险合同，当实际计算的指数达到合同规定水平时，投保人就可以获得相应赔偿。与传统农业保险产品不同，指数保险的赔偿并非基于实际损失，而是基于预先设定的参数是否达到触发水平（吕开宇、张崇尚、邢鹂，2014）。气象指数保险建立在天气影响的基础上，将一个或几个气候条件（如气温、降水、霜冻等）对“标的物”的损害指数化。

由于信息透明、流程简单，气象指数保险是农业保险发展的一个重要方向。我国气候类型复杂多样，大陆性季风气候特点显著，气候波动剧烈。为应对复杂多样的气候类型、适应气候变化，我国逐渐建立健全农业保险保障体系，对气象指数保险进行试点与推广。自2008年起，我国安徽、浙江、福建等地陆续开始试点农业气象指数保险（张林，2014）。2014年，国务院出台《关于加快发展现代保险服务业的若干意见》，提出“将保险纳入灾害事故防范救助体系”“探索天气指数保险等新兴产品和服务”“建立巨灾保险制度”等，从保障社会民生的战略高度确定了巨灾保险和气象指数保险的地位。2019年，中共中央办公厅、国务院办公厅印发《关于促进小农户和现代农业发展有机衔接的意见》提出健全针对小农户补贴机制，提升金融服务小农户水平，拓宽小农户农业保险覆盖面，推进价格保险、收入保险、天气指数保险试点。近年来，气象指数保险虽有试点推广，但仍普遍存在保险指数相对单一、长期历史气象数据缺乏等问题。

目前，气象指数保险的试点产品大多以区域性经济作物为主，主体多为经营分散的小农户，针对单一灾害设计气象指数。因此，本报告选择吉林玉米气象指数保险为典型案例，系统分析气象指数保险在服务新型农业经营主体方面的技术创新。主要原因是：（1）本案例中的玉米气象指数保险承保标的为玉米作物，承保对象为合作社、家庭农场、龙头企业等新型农业经营主体具有较好的代表性；（2）案例所在地为吉林省洮南市，为我国玉米主产区之一，发展玉米生产条件优越，也是我国重要的商品粮生产基地；（3）本案例中试点的保险产品主要面向干旱、降水、霜冻3种灾害，能够体现玉米气象指数大灾保险的特点。

二、案例背景

玉米作为吉林省种植面积最大的粮食作物，产量约占全国玉米总产量的15%。近年来，洮南市玉米播种面积占粮食总播种面积的比重大幅增加，玉米成为洮南市主要粮食作物。吉林省农业灾害以旱灾、水灾和霜冻为主，据统计3种灾害造成的损失占玉米作物灾害损失的80%以上。

因此，围绕主要灾害开发应对巨灾风险的气象指数型保险产品具有重要的实践意义。安华农业保险股份有限公司是国内较早研究、推广天气指数保险产品的保险公司。经过多年的探索实践，安华保险已在气象指数保险领域取得了一系列创新成果，积累了大量宝贵经验。2019年，安华农险公司在吉林洮南实行理赔以气象数据为依据，赔付条件较为客观，能够有效减少农户与保险公司之间的保险纠纷，对于支持农业生产、维护社会稳定有积极作用。作为政策性农业保险的有益补充和惠农政策又一具体措施，农作物气象指数保险得到了广大参保农户的好评。

三、案例分析

（一）玉米气象指数保险基本情况

吉林洮南玉米气象指数大灾保险试点区域为吉林省洮南市，试点时间 3 年，2019 年 9 月起开始实施，已承保玉米 2 897. 77 亩，计划保险规模达到 2 150 公顷。立足农户需求，保险公司开发了具有较高风险保障水平的多层次的指数保险产品，探索传统保险与指数保险良好的销售互补机制。产品采取两种投保形式：一是玉米传统大灾保险和玉米气象指数产品组合投保；二是玉米新型高保障气象指数保险单独投保。该产品以降水过量、霜冻、干旱 3 种灾害为核心，分为基础保障型和高保障型两种，保额分别为 3 900 元/公顷和10 100 元/公顷，面向规模经营主体，满足合作社、农业企业等新型农业经营主体的高保障需求，适应当地农业经营主体的差异化需求。目前，承保工作还在陆续进行，预计投保面积达到 3. 2 万亩，保险金额达到 2 171 万元，保险公司提供采购资金 22 倍的风险保障。

为确保气象指数保险产品顺利运行，安华农业保险股份有限公司吉林省分公司在洮南建成监测站 100 个，基本上实现了每村一站，监测站持续为巨灾保险工作提供基础资料、技术支持，指导保险方案调整优化，一定程度上解决了传统气象指数保险存在指数设计、基差风险、风险分散等问题。通过玉米气象指数大灾保险对现有大灾保险产品中的水灾、旱灾和霜冻能够形成大面积灾害的风险理赔方式进行调整，依据气象指数的模式进行核灾定损，替代原有传统产品理赔方式，降低了业务成本和管理成本，简化了理赔流程，加快了理赔速度，同时能够抑制逆向选择和规避道德风险。

（二）开展气象指数保险技术创新的主要做法

首先，多个指数综合分析，探索传统保险与指数保险良好的销售互补机制。区分基础保障型与高保障型气象指数产品，满足农业经营主体差异化需求。

洮南市通过联合气象、农业、保险相关领域专家及有关单位开发了以干旱、降水、霜冻 3 种灾害为主的新型玉米气象指数大灾保险产品，与单一指数的气象指数保险产品相比有效提高了风险覆盖面，当地农业灾害以旱灾、水灾和霜冻为主，产品开发与实际需求相适应。

指数保险和多重风险农作物保险之间并非只是简单纯粹的替代关系，更多时候是互补关系。洮南市在已有传统农业大灾保险产品的基础上探索气象指数大灾保险与传统农业大灾保险产品组合运行的方式，采取两种承保方式。一是玉米传统大灾保险和玉米保额3 900 元/公顷的大灾气象指数产品组合投保。同一标的下两种承保方式同时运行，传统大灾保险查勘、定损、理赔按照以往操作模式进行，指数型产品按新产品要求操作，并分别公示。二是保额 10 100 元/公顷的玉米新型高保障气象指数保险单独出单。

通过传统保险和气象指数保险的结合，一方面降低了农险经营成本和费率，提高农户参保率和农险覆盖率；另一方面，也能建立对新型农业经营主体的高保障风险保障体系，为经营主体提供更多选择。此外，这一做法也能让农户在结合区域条件、自然禀赋特征的基础上科学选择传统保险和指数保险；政府部门和保险公司也可以充分结合现有农险市场现状，探索商业化指数保险产品，逐渐降低农险市场对补贴政策的依赖。

其次，划分作物生长阶段，精细化测算不同时期风险及相应赔付标准。

洮南市创新风险测算方法，其推广试点的新型玉米气象指数大灾保险产品按照作物不同生长发育阶段划分作物生长期，根据生长阶段确定当期气象基数和赔付标准，并对产品设计进行了风险测算，使产品设计更精细，实现风险的时间分散，提高保险赔付时效，有利于新型农业经营主体及时获得保险赔偿。分阶段理赔的新方式可以有效提高投保人获得保险赔付的及时性，有利于投保人开展抗灾自救和恢复生产。

最后，通过手机 App 向农户推送即时气象信息，提供保险承保理赔服务。

通过农业灾害智能监测点进行气象数据监测、采集，为新型农业经营主体负责人及成员安装“普惠保”App，推送降水、温度等及时精确的气象信息，提供灾害预测、灾害预报预警、灾害自动监测信息，提供防灾减灾指导和保险承保理赔等服务，实现有关数据向农户手机 App 即时推送。

（三）气象指数保险技术创新的主要经验

首先，精准定位，科学设计，多指数综合应用，基础保障型与高保障型两种产品适应经营主体不同程度保障需求，对现有保险产品进行有效补充。

在灾害损失核定测算厘定上，产品设计人员充分听取了有关农业专家意见和建议，确定了风险可控、让利于农、兼顾各方的风险定位，针对洮南市干旱、降水、霜冻 3 种灾害为主的气候情况，进行多指数综合分析，开发指数保险产品，设计了保额不同的基础保障型和高保障型两种气象指数产品，能够满足不同群体需求，可以与传统大灾保险叠加并行或单独使用，和现有产品、传统保险产品形成良好补充，能够使产品设计更加科学，适应农户需求。

其次，监测站数量充足，为指数保险产品提供长期、客观的气象与农业数据的支持，推动风险测算精细化，分阶段理赔有效提高定损理赔效率。

传统产量损失保险的查勘定损通过专家测定损失，存在风险定价不精准、损失标准难界定等问题，而新型玉米气象指数大灾保险理赔依托气象大数据，利用气象历史数据为定价依据，理赔阈值设定准确统一，数据真实、公开，客观性高，理赔时对比天气数据与指数数据，核损准确。洮南市大量投入建设气象监测站，基本实现了一村一站，为气象与农业数据获取提供了便利，有利于对当地的主要气候灾害风险与农作物产量的关联度进行精确的计算，一定程度上降低了基差风险。另外，洮南市创新风险测算方法，根据玉米生长阶段确定不同时期的气象基数和赔付标准，风险测算精细化，实现风险的时间分散，提高保险赔付时效，为投保人开展抗灾自救和恢复生产提供了时间便利。

最后，通过 App 实现数据直达农户，降低服务成本，方便农户理解与操作。

安华保险开发“普惠保”App，通过前期培训及推广为农户手机安装“普惠保”App 后，通过手机为新型农业经营主体负责人及成员推送灾害监测预警，提供防灾减灾指导和保险承保理赔等服务，将复杂的产品设计用简单的降水、温度、时间等数据进行直观表达，数据客观科学，将保险理赔转化为简单的数值比较，使农民能够理解，易于接受。App 的使用还减少了有关理赔中的责任纠纷事件，节省了人力成本，同时指数产品减少了道德风险。传统农业保险理赔环节需投入较大人力、物力和财力，而新型玉米气象指数大灾保险依据气象大数据智能理赔，流程环节减少，运行效率明显提升，农户体验更好，且使保险公司业务管理与运行的显性和隐性成本大幅减少，所节约的成本可大幅让利于经营主体，提高保险补偿水平。

同时应该看到，在气象指数大灾保险产品试点运行的过程中，仍出现了许多问题与不足，如农险产品覆盖面较小，参保农户规模还相对不足；气象监测站历史数据较少，气象数据存在一定程度的缺陷；尽管该产品通过多种方法优化了费率厘定方法，但是仍然存在一定的基差风险。如何进一步优化相关设计，让气象巨灾保险产品更好地服务于新型农业经营主体，发挥农业保险的“保护伞”作用，需要进一步的思考。

四、结论及建议

吉林省洮南市玉米气象指数大灾保险在一定程度上解决了新型农业经营主体在玉米生产过程中面临的气象风险问题，采用多个指数综合分析，多种保险产品组合运行的方式进行产品设计，解决了以往指数保险产品指数单一的问题。随着现代农业规模化的发展，新型农业经营主体不断壮大，洮南市气象指数大灾保险满足了新型农业经营主体的更高保障需求，承保、理赔技术先进科学，区分基础保障型与高保障型气象指数产品，满足农业经营主体差异化需求，创新地按照作物不同生长发育阶段划分作物生长期，根据生长阶段确定当期气象基数和赔付标准，使产品设计更精细，实现风险的时间分散。为了让农户第一时间获得灾情预警、了解防灾减灾措施、享受便捷的保险承保理赔服务，“普惠保”App在当地广泛使用。总体来说，洮南市玉米气象指数大灾保险产品设计比较科学，实施便捷，适应新型农业经营主体需求，具有很好的推广复制性，其经验可在农作物生产模式相似地区试验推广。

第一，进一步完善产品设计，解决历史气象数据缺陷问题，缩小基差风险。地区长期的历史数据序列是气象指数保险设计的基础，数据质量是关键。为缩小基差风险，可以考虑进一步引进卫星、信息等新技术，探索开发卫星指数保险。综合运用统计学习等先进算法，利用农户微观数据、区域产量与气象数据、卫星数据等大数据，优化保险产品合约设计，提高勘察理赔效率，最大程度降低气象指数保险的基差风险，提升保险理赔的精准度，进而增强产品的盈利能力和可持续性。

第二，加大对新型经营主体的补贴力度，尽快将指数保险等更符合新型经营主体需求的保险产品列入补贴范围。进一步细化财政补贴政策，加快出台专门针对新型农业经营主体的补贴政策，提高对新型经营主体的投保补贴比例。科学合理地推进农业保险保费补贴机制建设，根据农户不同层次的风险保障需求和支付能力，给予不同的保费补贴。对于小农户的基本保障类别可以采取免除保费的补贴方式，对多种形式经营主体的多样化保障需求采取部分补贴的方式。

参考文献

［1］吕开宇，张崇尚，邢鹂．农业指数保险的发展现状与未来［J］．江西财经大学学报，2014（2）：62－69.

［2］张林，气象指数保险如何突破发展瓶颈［N］．中国气象报．2014－9－11.

［3］罗衡．中国农业保险产品创新研究［D］．辽宁大学，2018.

［4］李昊中．江西省农业气象指数保险运行情况的调研报告［D］．江西财经大学，2017.

［5］丁少群，樊夏朵．适应新型农业经营主体保障需求的农业保险创新发展路径研究［J］．保险理论与实践，2018（10）：76－93.

（执笔人：吕开宇　张崇尚　郑怡）

案例十四

与合作社共生的信合机制：安徽“黄供信合”模式

一、引言

2015年《关于深化供销合作社综合改革的决定》（中发〔2015〕11号）明确将开展农村合作金融服务作为供销合作社经营服务领域，这一政策背后的逻辑在于，供销合作社开展农村合作金融服务是解决“三农”融资难问题的又一重要和有效路径。供销合作社成为农村合作金融服务的又一重要承载主体，供销合作社合作金融服务成为农村金融领域的又一增量改革。

值得思考的是，供销合作社应当如何开展农村合作金融服务，即采用什么样的组织方式开展，谁是供销合作社合作金融的主要服务对象，供销合作社是否能够低成本地推进农村普惠金融，供销合作社开展农村合作金融是否实现了财务上的可持续和“三农”服务上的可持续，又如何实现持续发展等。对上述一系列问题的回答和探讨，可以为进一步推进供销合作社开展农村合作金融服务的政策制定提供参考；同时，也可以为供销合作社完善农村合作金融服务提供依据。鉴于此，我们以安徽黄山“黄供信合”模式为例，阐释供销合作社开展农村合作金融服务的有效方式，构建合作社与信用合作有机共生，促进乡村振兴。

“黄供信合”是黄山市供销农副产品合作社开展的资金互助业务的统称。中发〔2015〕11号文件下发后，黄山市供销社也于当年基于“社员制、封闭性、区域性、安全性”原则，促进合作社成员通过资金互助实行生产和供销联合与合作，形成以合作社为主体的生产合作、供销合作和信用合作“三位一体”的新型农民合作社经营体制和机制，并率先在黄山市的全部7个区县组建供销农副产品合作社，开展资金互助试点，其中祁门县、屯溪区、黟县、歙县、休宁县等区县供销农副产品合作社资金互助部还增设了乡镇网点。

其实，早在2014年黄山市就已研究通过了《黄山市组建供销农副产品专业合作社开展信用合作（资金互助）实施方案》（黄政办秘〔2014〕45号），指出“由市供销社作为主发起人，成立市供销农副产品专业合作社，内设资金互助部”，为黄山市供销合作社开展资金互助业务提供了基本思路。2016年，黄山市又专门出台《黄山市供销农副产品专业合作社资金互助业务监督暂行办法》（黄金融办〔2016〕17号），规范黄山市农副产品专业合作社资金互助业务的经营行为。截至2020年8月末，黄山市7个区县社共发展社员90 079人，吸收社员互助金余额15.56亿元，发放社员互助金借款余额12.07亿元，放款不良率0.76%。2020年6月底，放款逾期率5.31%。在这一数字的背后，更值得深入探讨的是，黄山市供销合作社开展资金互助业务究竟采用了什么样的组织架构和运转模式，业务发展情况如何，是否有效缓解了“三农”的融资困境，是否实现了财务上的可持续，还存在哪些问题，如何进一步完善，等等。围绕上述问题，深入剖析黄山市供销农副产品合作社资金互助试点的运行情况，对进一步完善黄山供销社的资金互助业务，并思考如何进一步推进供销合作社开展农村合作金融服务意义深远。

二、供销社与信用合作共生模式分析

“黄供信合”是“黄山市供销农副产品合作社开展信用合作”的简称，具体指黄山供销合作社主导组建的7个区县供销农副产品合作社开展的资金互助业务。那么，7个区县农副产品合作社的建设和组织架构就成为我们研究的逻辑起点，这也是“黄供信合”模式的运作起点和组织基础。

（一）两级控股、双向参股和股权式横向联合的股权结构

1. 采取“两级控股，双向参股”方式组建区县供销农副产品合作社

黄山市7个具有独立法人资格的区县供销农副产品合作社是“黄供信合”模式的承载主体，7个区县农副产品合作社，在黄山市供销合作社主导下，形成了自上而下两级控股，自下而上参股的组织系统，即“两级控股”为“自上而下”向下参股，由供销资本控股组建市农投公司，再由市农投公司控股、区县供销社和民营资本参股组建7个区县农副产品合作社；“自下而上”参股，指7个区县农副产品合作社的理事长参股市农投公司，形成双向参股。具体如图1所示。

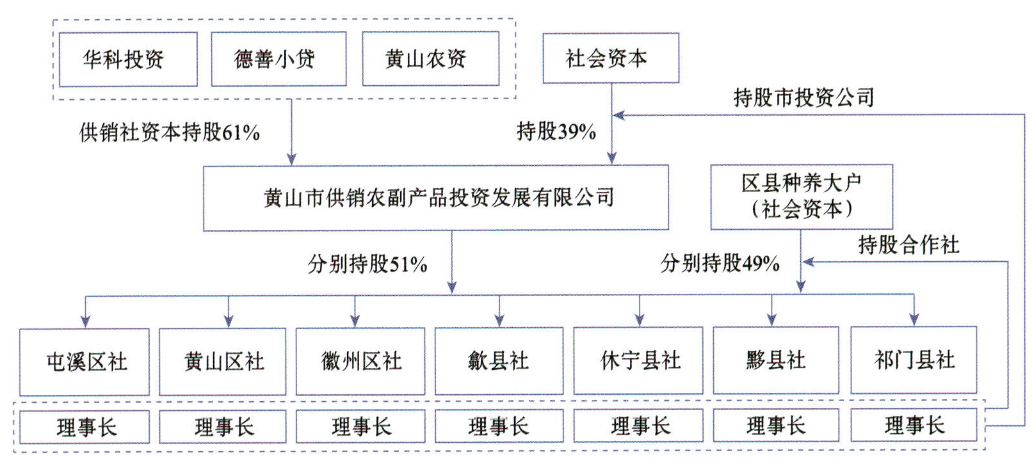

图1　黄山市供销农副产品合作社股权结构

（1）第一级控股：供销社资本控股，组建市农投公司。第一级控股，即供销社资本直接控股，适当引入民营资本，组建黄山市供销农副产品投资发展有限公司（以下简称市农投公司），注册资本5 000万元。供销社资本持股比例为61%，具有对市农投公司的控股权；另外39%的股份由民营资本（实际上由各区县涉农企业和种养大户）持有。其中，供销社资本包含了华科投资有限公司、黄山农资有限公司和德善小额贷款公司3家企业的出资总额。华科投资和黄山农资为黄山市供销合作社的社有独资企业，德善小额贷款公司是安徽省供销合作社投资的社有企业。

（2）二级控股：市农投公司控股，区县供销社参股，并充分吸收区县民营股东，共同组建区县供销农副产品合作社。第二级控股，即市农投公司直接控股7个区县农

副产品合作社，控股比例均为51%，具体如表1所示。各个区县农副产品合作社，一方面由市农投公司控股，控股比例为51%；另一方面充分吸收区县内的种养大户成为民营性质原始股股东，持股比例合计49%。通常，各区县农副产品合作社的理事长由第一大民营股东担任。值得注意的是，7个区县农副产品合作社按照统一方式进行组建，按照统一模式开展经营活动，但7个区县社均为通过工商登记的独立法人。

（3）向上参股：区县农副产品合作社理事长参股市农投公司，同时具备“三重身份”。向上参股，即区县农副产品合作社理事长“自下而上”参股市农投公司，理事长既是区县农副产品合作社的原始股东，又是市农投公司的股东，并对区县农副产品合作社资金互助业务负责，同时具备“三重身份”，这一结构安排有助于发挥区县社理事长在资金互助业务中的积极性。

2. 区县农副产品合作社共同出资组建联合社，实现股权式横向联合

为规范资金互助业务、增强风险抵御能力、改善共有的经营环境和经营条件，7个区县农副产品合作社分别出资5万元组建了黄山市供销农副产品专业合作社联合社（以下简称市联合社），实现横向联合（见图2），市联合社具备独立法人资格，注册资本35万元，7个区县农副产品合作社分别持股14.3%。

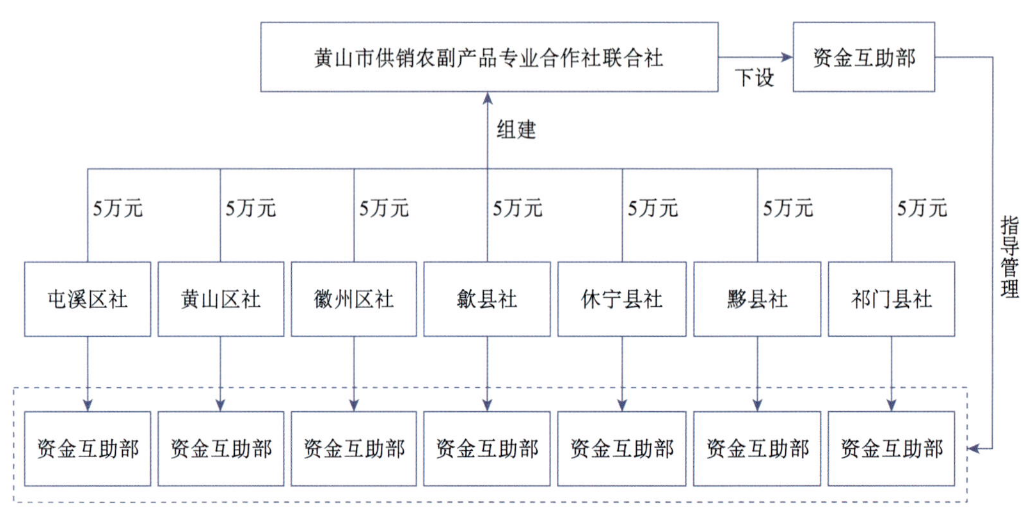

图2　黄山市供销农副产品专业合作社联合社结构

从联合方式上看，黄山市各区县农副产品合作社组建联合社的方式属于股权式横向联合。股权式横向联合，是指通过出资方式组成具有法人地位的经济实体，对资源配置、出资比例、管理结构和利益分配等做出严格规定，是一种稳定、长久的联合方

式，并且对各个合作社具有较强的约束力。与此相对应的是契约式横向联合，即合作社通过签订协议的方式组成联合体开展合作，结构较为松散，对各个合作社的约束能力低。

从出资比例看，各区县农副产品合作社同等的出资比例意味着在联合社中具有同等的发言权，各方处于平等和相互依赖地位。

3. 各区县农副产品合作社和市联社均设立资金互助部，开展资金互助业务

黄山市各区县农副产品合作社均下设了资金互助部，在社员之间开展资金互助业务。其中，覆盖地域面积广的合作社，又增设资金互助业务室。市联合社也相应下设了资金互助部，对各区县资金互助部进行统一指导管理。

（二）区县合作社资金互助业务统一模式运作

1. 区县农副产品合作社按照市联合社统一模式独立开展资金互助业务

在市联合社平台下，7 个区县农副产品合作社的资金互助业务按照“五统一”模式开展资金互助业务，7 个区县农副产品合作社单独核算、自负盈亏。

“五统一”是指统一的“品牌”“平台”“风险防控”“法人管理”和“管理制度”。统一“品牌”为“黄供信合”；统一“平台”即黄山市供销农副产品专业合作社联合社；统一“风险防控”主要指风险金集中统管制度；统一“法人管理”指市供销农副产品专业合作社联合社依照一级法人资格对区县供销农副产品专业合作社统一管理；统一“管理制度”，主要是区县采取统一的社员存、借款政策。采用“五统一”方式，可增强各个合作社资金互助业务的市场竞争力和服务能力，通过联合实现品牌建设、技术平台建设的规模效益，以联合发展取代“孤军奋战”。

2. 原始股东大会选举产生资金管理委员会，全面管理资金互助业务

各区县农副产品合作社资金互助股金均分为两种：原始股和普通股。原始股股东已在表 1 中详述，是指符合专业合作社章程，并入股原始股金的专业合作社社员（包括自然人、企事业单位和社会团体）；普通社员是指承认专业合作社章程并愿意接受管理，自愿入社的自然人、企事业单位和社会团体。原始股股东和普通股股东在资金互助业务经营决策、利益分配等方面均存在显著差异。

表 1　　　　七区县农副产品合作社的原始股股东构成情况

合作社名称	注册资本（万元）	原始股东（人）	市农投公司持股（%）	区县供销社持股（%）	第一大民营股东	
					持股（%）	职务
屯溪区供销农副产品合作社	1 000	12	51	1	26.5	理事长
黄山区供销农副产品合作社	601.5	160	51	4.99	9.97	理事长
徽州区供销农副产品合作社	500	8	51	6	10	理事长
歙县供销农副产品合作社	500.5	10	50.15	0	16.98	理事长
休宁县供销农副产品合作社	500	9	51	6	31	理事长
黟县供销农副产品合作社	500	9	51	0	12	主任
祁门县供销农副产品合作社	502.02	8	51	6	33	理事长

（1）原始股东大会是合作社资金互助的最高权力机构，选举产生资金管理委员会和委员会主任。原始股股东组成原始股东大会，是合作社资金互助的最高权力机构。原始股股东按照出资比例行使选择权，一方面，资金管理委员会成员由原始股东大会选举产生，资金管理委员会人数通常在5—6 人（见表2）；另一方面，资金管理委员会主任首先由第一大原始股股东董事会即市农投公司董事会提名，再由原始股东大会按出资比例投票选举产生，各区县农副产品合作社资金管理委员会主任均由除供销资本之外的第一大民营原始股东担任。

表 2　　　　区县农副产品合作社资金管理委员会结构

单位名称	资金委员会人员数量	资金管理委员会主任
屯溪区供销农副产品合作社	6	第一大民营股东担任
黄山区供销农副产品合作社	5	第一大民营股东担任
徽州区供销农副产品合作社	5	第一大民营股东担任
歙县供销农副产品合作社	5	第一大民营股东担任
休宁县供销农副产品合作社	5	第一大民营股东担任
黟县供销农副产品合作社	5	第一大民营股东担任
祁门县供销农副产品合作社	5	第一大民营股东担任

（2）资金管理委员会全面负责合作社资金互助业务。资金管理委员会对原始股东大会负责，具体责任和职权包括执行原始大会决议、制定资金互助业务经营计划、组建资金互助部、决定聘任或解聘资金互助部总经理等战略性任务。资金互助管理委员会会议的表决，实行一人一票；重大事项集体讨论，并经 2/3 以上成员同意方可形成决定。资金管理委员会主任可以行使下列职权：召集并主持资金互助管理委员会会议、

提名资金互助部总经理、签署聘任或者解聘资金互助部总经理。

（3）资金管理委员会委派资金互助部经理主持资金互助日常业务。由资金管理委员会主任提名，经资金管理委员会投票决定聘任或解聘资金互助部总经理。资金互助部总经理对资金管理委员会负责，主持资金互助日常业务。7 个区县社资金互助部均采用统一模式开展资金互助业务。资金互助经常性业务主要包括 3 个方面：社员入社、互助金归集和互助金借款。

第一，取得社员资格是参与资金互助业务的首要条件。《黄山市组建供销农副产品专业合作社开展信用合作（资金互助）实施方案》（黄政办秘〔2014〕45 号）和各区县农副产品合作社资金互助部章程均明确，合作社资金互助业务坚持社员制、封闭性、区域性和安全性四个原则。一方面，取得社员资格就成为参与各个合作社资金互助业务的首要条件；另一方面，各个合作社对社员入社条件做出明确的区域限制要求，即户口所在地与合作社所在地同属一个区县，或者在该区县居住满 1 年以上，才能够申请加入合作社。

第二，归集的互助金按照惠农补贴利率获得固定收益。互助金归集，即互助金交存，其业务形式分为活期互助金和定期互助金两种。交存的互助金按照金额和合作社制定的惠农补贴利率获得固定收益。其中，惠农补贴利率参照人民银行存款基准利率，按照成本覆盖原则测定。

第三，互助金借款业务审批采取区县农副产品合作社和市联合社两级管理。区县农副产品合作社和市联合社分别成立了借款业务审批小组，借款业务审批小组是资金互助部社员借款事项决策组织。各区县农副产品专业合作社资金互助部审批小组由资金互助管理委员会成员组成；市联合社借款审批小组由理事长、监事长、主任、财务审计部和综合业务部负责人等组成。互助金借款业务审批两级管理是指，单个社员累计借款额在 50 万元（含）以下的借款业务审批权在各区县农副产品合作社；而借款额超过 50 万元的借款业务需进一步提交市联合，最终的审批权在市联合社。具体审批模式见表 3。

表 3　　互助金借款业务两级审批管理方式

借款额（X，万元）		审批模式	审批权
X≤50	X≤5	单签：资委会主任单人审批	各区县农副产品专业合作社
	5 < X≤30	汇签：资委会主任与任一委员会成员双人审批	
	30 < X≤50	会签：审批小组召开会议审批	
X > 50		会签：市联合社审批小组召开会议审批	市联合社

3. 构建差异化的社员风险分担和盈利分配机制

合作社两种股金，原始股和普通股，两种类型的股金在资金互助业务中的参与度不尽相同，进而原始股社员和普通股社员在资金互助业务中的参与度、在风险分担和盈利分配上也表现不同（见表4）。

表4　　原始股和普通股风险分担和盈利分配的比较

项目	原始股	普通股
股金要求	不能退出，可以转让并由原始股东优先购买	入股自愿、退股自由
经营决策	原始股东大会是合作社资金互助部的最高权力机构	不参与经营决策
风险分担	以入股金额为限对外承担经营风险	不承担经营风险
盈利分配	参与盈利分配	不参与盈利分配，按照互助金金额享固定收益

各区县农副产品合作社章程明确规定，原始股不能退出，可转让，并优先在原始股东之间转让。增加、减少和转让原始股金必须经原始股东会议通过。原始股金承担经营风险，参与盈利分配。尤其是前十大原始股股东，通常以一定方式参与合作社资金互助部的经营管理。

不同于原始股社员，普通股社员遵循“入股自愿、退股自由”原则，不参与合作社资金互助部的运营管理，相应地，也不承担资金互助部的经营风险，不参与资金互助部的盈利分配。按照交存的互助金金额和合作社制定的惠农补贴利率，普通股社员获得固定收益。其中，惠农补贴利率参照人民银行存款基准利率，按照成本覆盖原则测定。

4. 以市联合社为平台，建立联合风险防范机制

不同于其他行业，资金互助业务不仅面临市场风险、经营风险，而且要防范挤兑风险，横向联合可提高各区县农副产品合作社资金互助业务的抗风险能力，避免单个合作社互助资金量小而引发挤兑问题。一方面，黄山市供销农副产品专业合作社联合社建立了风险金集中统管制度，规定各区县社按吸纳互助金的15%提取风险金，按月上缴市联合社，市联合社集中专户存储，用于防范各区县社的挤兑风险。另一方面，以市联合社为平台，各区县农副产品合作社之间可通过内部资金拆借方式，跨越合作社界限，在联合社范围调节资金余缺。

5. 实施风险防控数字化

坚持“小额、短期、分散”的借款原则，在计提一般准备金和专项准备金等9个方面建立了数字化管理防控体系。如控制不良借款率1%以内，户均实行差异化监管，一般在50万元左右。投放率85%以内，风险准备金计提9%等指标，实行数据化管理，并对下达的约束指标适时监管，对于各区县突破指标的，黄山供销农村资金互助的管理平台市联合社及时下发监管函予以警示并限期纠正。除通过以上指标对风险严格约束外，还实行了借审分离、分级审批、责任追究、高管关联借款审批权限上划等多项措施。2020年，为了进一步强化风险防控，在市级层面专门成立了风险管理部，集中、统一强化对各区县合作社的风险管控，将风险关口前移，进一步强化风险防控体系。

三、“黄供信合”业务发展特征

1. 社员数量逐年递增，扩张速度较快

2015年—2017年6月，7个区县农副产品合作社的社员规模不断壮大。2015年12月—2017年6月，社员总数从28 412户上升到了71 612户，2019年8月底、2020年8月底分别达到87 518户和90 079户。

2. 互助金归集余额增长较快

从市联合社总体来看，互助金归集余额连年递增，从2015年12月的8 990万元激增到2017年6月的47 002万元，2019年8月底、2020年8月底分别达到12.11亿元和15.56亿元。从2015年底到2020年8月底，互助金余额增长了16倍。

3. 互助金借款余额迅速增长

就全市而言，与互助金归集余额类似，互助金借款余额增长同样十分迅速，2015年12月—2017年6月，从9 458万元上升到38 918万元，到2020年8月底，互助金借款余额达到12.07亿元，2020年8月底是2015年底的12.8倍。

4. “黄供信合”资金利用较为充分

从市联合社总体来看，资金互助业务的资金投放率相对较高，2015年底、2016年

底资金投放率分别达到70.04%和77.81%。2020年8月底资金投放率为77.57%。充分利用互助资金，一方面可以避免闲置资金带来的成本，另一方面，也可以更好地满足新型农业经营主体旺盛的资金需求。当然，在互助金充分投放的情况下，需要增强合作社资金互助业务的信贷风险防范能力，也需要注意流动性风险的防范。

5. 封闭式区域化运行，不良率相对较低

由于黄山市供销农副产品合作社开展资金互助业务时秉承“区域性”“封闭式”的原则，对于社员入社和借款审批都有较为严格的核准机制，放款不良率一直较低，2016年底不良率仅为0.08%，2017年底不良率总体为0.47%，2019年8月底为0.84%，2020年8月底为0.76%。

6. 净利润显著增长，具有较强的可持续发展能力

黄山供销社资金互助，2015—2016年，营业收入从623.89万元上升到2 038.79万元，净利润从-3.13万元增长到501.73万元，第二年实现扭亏为盈。2020年1—8月，实现利润2 490.6万元。

7. 借款规模小额化，满足社员多方面的零星资金需求

“黄供信合”的借款主体主要是难以从商业银行获得借款的新型农业经营主体，其资金用途是扩大生产规模。种养大户、家庭农场、合作社、农业企业等新型农业经营主体是“三农”发展的方向和未来，是农村家庭经营模式的升级，因而其资金需求额度也显著高于普惠金融概念下的小额贷款，户均借款额相对较高。截至2017年6月，户均借款额达到23.98万元，2020年8月底，户均借款额超过80万元。

课题组2017年8月调研获知，7个区县农副产品合作社于2014年末先后成立，2015年和2016年户均借款余额分别为21.16万元、23.83万元。7个区县农副产品合作社资金互助借款规模在10万元以下的借款笔数占比呈上升态势，且2016年额度在10万元以下的借款笔数占比超过50%，2017年1—6月超过60%，并且社员借款规模基本在50万元以内，借款额度在50万元以内的借款笔数占比均在90%以上。可以看出，黄山市供销农副产品合作社互助金在满足社员多方面的零星资金需求方面发挥了巨大作用，有利于缓解弱势群体的借款难题（见表5）。

表5　　黄山市供销农副产品合作社互助金借款按借款规模划分统计

借款规模（X）（万元）	2015年		2016年		2017年（1—6月）	
	借款笔数（笔）	占总笔数比例（%）	借款笔数（笔）	占总笔数比例（%）	借款笔数（笔）	占总笔数比例（%）
X≤10	379	49	1 140	59	650	67
10＜X≤50	365	47	676	35	242	25
50＜X≤100	14	2	59	3	24	2
100＜X≤200	10	1	30	2	32	3
X＞200	1	0	18	1	28	3
合计	769	100	1 923	100	976	100

注：借款数据来源于黄山市供销合作社提供的互助金借款统计台账，表6同。

8. 借款期限以短期化为主，逐步向中长期发展

黄山供销互助金借款规模主要以短期借款为主，但2015年—2017年6月逐渐增加了中期借款的比例，但未发放过超过5年的长期借款。2015年，各区县农副产品合作社共发放768短期笔借款，仅1笔中期借款；2016年短期借款比例仍在80%以上，但相对增加了中期借款比例；2017年1—6月，中期借款比例进一步增加到40%（见表6）。一方面，借款期限短期化有利于互助金的加速运转，惠及更多社员的借款需求；另一方面，社员获得较长期的借款资金意味着获得更多的进行营利性活动机会。那么，随着互助金规模的扩大，在资金充足的条件下，可发放更多的长期性借款，给予社员更充分的参与营利性活动的机会。

表6　　黄山农副产品合作社互助金借款期限结构

借款期限	2015年		2016年		2017年（1—6月）	
	借款笔数（笔）	占总笔数比例（%）	借款笔数（笔）	占总笔数比例（%）	借款笔数（笔）	占总笔数比例（%）
短期借款	768	99.87	1 622	84.35	583	59.73
中期借款	1	0.13	301	15.65	393	40.27
长期借款	0	0	0	0	0	0
合计	769	100	19 23	100	976	100

注：短期借款为借款期限在1年（含1年）以下的借款；中期借款为借款期限在1年以上5年以下（含5年）以内的借款；长期借款为借款期限在5年以上的借款。

9. 保证借款和信用借款超过五成，缓解抵质押融资困境

在信息不对称的借贷市场，缺乏法律意义上的正规抵质押物是造成弱势群体无法获得信贷服务的重要障碍，而合作社开展资金互助业务限定在一定的地域和社员范围内，信息较为对称的借贷市场可降低对借款人抵质押物的限制和要求。统计数据显示，2015 年—2017 年 6 月开展业务期间，黄山市供销农副产品合作社互助金借款类型主要以保证借款为主，保证借款和信用借款占比均超过 50%，且 2017 年 6 月中该比例达 67%。以保证借款和信用借款为主的借款方式，有效缓解了社员的抵押困境（见表 7）。

表 7　　黄山农副产品合作社互助金借款类型统计

借款类型	2015 年		2016 年		2017 年（1—6 月）	
	借款笔数（笔）	占总笔数比例（%）	借款笔数（笔）	占总笔数比例（%）	借款笔数（笔）	占总笔数比例（%）
保证借款	436	56.70	649	33.75	413	42.32
信用借款	22	2.86	358	18.62	261	26.74
抵押借款	185	24.06	590	30.68	147	15.06
质押借款	86	11.18	109	5.67	47	4.82
其他借款	40	5.20	217	11.28	108	11.07
合计	769	100	1 923	100	976	100

四、创新服务成效显著

黄山市供销农副产品合作社在开展业务过程中，针对当地的特色行业和新型农业经营主体，主动跟进调研并进行资金扶持，结合客户实际需求，创新产品和服务模式，解决了当地农户的融资困境，开拓了业务渠道，实现了需求方与供给方的双赢局面。

1. 破解了农民融资难题

黄山供销农村信用体系建设摸索小额信用借款，从 2017 年在休宁县试点到 2020 年 9 月底，供销农村信用体系建设覆盖全市 6 县 10 村，涉及农业人口达到 3 万人，涉及农业家庭 7 000 户以上，茶叶种植面积达 2 万亩以上。全市评选信用户 905 户，并分别给予五星级社员 20 万元、四星级社员 10 万元和三星级社员 5 万元以内不等的授信额度。累计为农村信用户提供借款 1 094 万元。全市信用户借款平均额度在 8 万元左右，

信用户占总农户比例在13%左右，农户产业相对集中在茶叶、山核桃等特色产业，但户数分散，不良率一直为零，期限都在一年期以内，满足了农户无抵押、无担保、小额、短期、分散的借款需要。

2. 抓准行业类型，开拓业务渠道

黄山市7家供销农副产品合作社于2014年11月成立，还处于发展初期，客户以个人和小微企业为主，无机关单位存款，市场份额相对较小，为了谋求更大的发展，拓宽业务渠道和客户群体，合作社资金互助部针对当地的特色产业和新型经营主体，抓住市场契机，主动给予优质服务。例如，黟县合作社资金互助部主要围绕当地旅游业开展特色服务，抓住农家乐、民俗旅游等借款市场，同时跟踪乡村旅游基础设施建设动态，做好旅游工程借款的准备工作。除此之外，黟县合作社还对种粮大户进行扶持，当地的有农创新农业科技有限公司在其多年的资金支持下已发展成为黄山市现代生态农业的一面旗帜。屯溪区合作社同样抓住了当地借款需求活跃的汽车业和茶业两大行业，定向进行市场调研与借款营销。在汽车行业中，屯溪区合作社的业务范围涵盖流动资金借款、车辆按揭借款、保证金业务等方面。在茶叶行业中，通过研究产业链上下游资金需求点，将借款定点定向地投放到茶企业、茶叶经销商和茶农手中。

3. 创新业务模式，解决新型农业经营主体融资困境

开展农村金融服务，不可避免地要面对缺乏抵押物、交易成本高、信息不对称这三大问题。因此，针对不同客户的实际需求和面临困境，设计差别化的借款方案、创新业务模式就显得尤为重要。除了传统的抵押担保业务，屯溪区供销社在实践过程中结合产业链融资、融资租赁的思想，实现了业务模式的较大创新。

（1）产业链融资——徽老爷食品有限公司。徽老爷食品有限公司（以下简称徽老爷）是一家经营腌制鳜鱼的食品公司，由于大批量收购价格相对高昂的鳜鱼时资金需求强烈，该公司向屯溪区合作社借款1 000万元，除了1家企业及3个自然人做担保、1辆车做抵押之外，合作社结合产业链融资的思想，创新了鳜鱼库存抵押的借款模式，具体做法如图3所示。鳜鱼收购时由徽老爷和供销社员工共同收鱼入库并清点数量，新鲜鳜鱼入库封库后充作等值抵押，合作社向上游供鱼企业打款结账，完成鳜鱼收购后在销售阶段徽老爷联系下游客户并拿到预付货款，合作社按徽老爷归还借款金额出库等值数量的鳜鱼给下游企业，借款如数归还后鳜鱼库存结清。

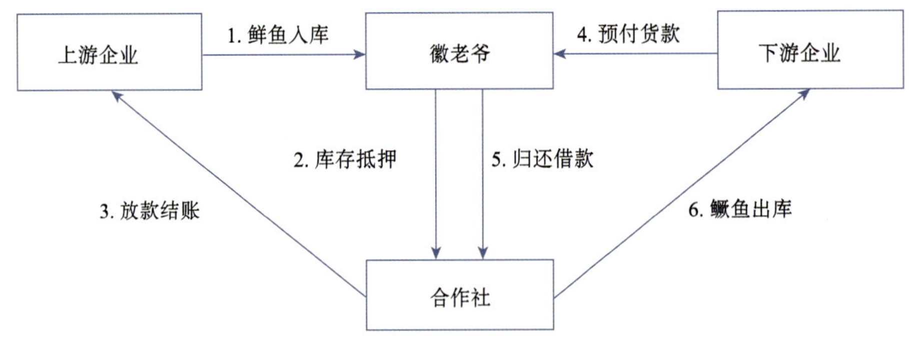

图 3　屯溪区供销农副产品合作社产业链融资业务模式

（2）设备融资——蓝莓生态园。黄山蓝莓生态园是一家着力于打造蓝莓产加销一体化的农业科技公司，在蓝莓深加工阶段需要购置造价高昂的生产设备，为解决资金短缺问题，先以股权向屯溪区供销社进行抵押，后参照融资租赁的方式进行设备购置和使用，具体做法如图 4 所示，由供销社向设备制造商定向打款，设备制造商发货给蓝莓生态园后，生态园将设备抵押给供销社，生态园暂时只拥有设备使用权，待其还清借款后可以得到设备所有权。

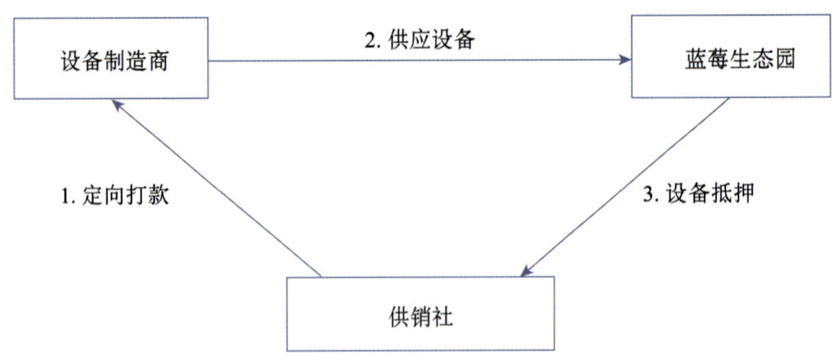

图 4　屯溪区供销农副产品合作社设备融资业务模式

4. 创新资金互助产品，全面服务“三农”

黄山市供销社瞄准农民生产生活、农业现代化、农村改革发展、促进特色产业和振兴产业的“三农”金融需求，以“合作金融、普惠‘三农’”为主题，合作社市级联社统一开发系列为农服务产品，先后推出“茶农借”“林农借”“农易借”等十多项为农服务产品。同时，为了提高社员信贷可获得性，推出了集体林权抵押借款、大型农机具抵押借款、古建筑材料抵押、农产品保险、茶票质押、粮食仓单质押、鲜活鳜鱼抵押、经营权、股权、商标权质押、应收账款质押等一系列灵活的组合抵（质）押担保创新产品，缓解了涉农企业“融资难”问题（见表8）。

表8　　黄山市供销农副产品合作社十项特色资金互助产品

产品	针对群体	借款条件
茶农借	茶农（包括花农）	提供经我社认可的茶叶收购凭证
林农借	林农	以借款社员本人或第三人依法有权处置的林权作抵押
农信借	资信较好的“三农”社员	基于农户信誉，在核定的额度内向社员发放的不需要抵押和担保的借款
创业借	返乡创业的退伍军人、大学生、外出务工人员	依据社员提供的我社认可的“三农”创业项目而给予借款
薪易借	有固定工薪的社员	有固定工薪、资信好
房易借	有房屋所有权的社员	依据社员提供的不动产做抵押
货易借	商品经销商	依据借款人社员自有变现能力强的货物作抵押
车易借	有购车需求的社员	首付30%购买一手自用非营运车辆，以汽车合格证抵押
税易借	优质诚信纳税小微企业	按时足额纳税，诚信经营
农地借	有地农户	以农村承包土地经营权作为抵押

黄山市供销社的10项资金互助产品因地制宜地考虑了不同的行业和群体的借款需求。当地茶资源和林木资源丰富，“茶农借”和“林农借”两项产品可以促进两大产业的发展。“货易借”有助于促进农村市场的商品流通，盘活存货资产。“创业借”和“税易借”符合了国家“大众创业、万众创新”和“诚信纳税”的政策方针。黄山市黄山区作为农村承包土地的经营权贷款抵押试点地区之一，“农地借”则恰好响应了我国农村土地制度改革和农村金融体制改革。

5. 创新服务特色产业

围绕当地农业、农村特色产业，创新服务产品，助力产业开发。歙县合作社积极探索和尝试古建筑材料抵押，激活民间资本保护古建，充当政府职能的市场化补充，盘活了当地农村古建筑资源。休宁县合作社通过茶农、茶企上下游产业链借款模式，提供资金互助支持，解决了卖茶打白条的问题；黄山供销集团提出围绕做好“两条鱼”产业，为黄山市着力打造特色鱼产业链。资金互助围绕“两条鱼”养殖基地，采取供销社龙头企业担保的方式，为“两条鱼”养殖户提供资金支持，实现产业精准扶贫；各区县合作社围绕粮食种植、加工大户，积极创新，扶持农民创业和新型农业经济体，帮助部分农民社员科技转型、扩大规模。

比较典型的案例是黟县有农合作社。该社是“黄山供合”从零培养起来的明星农民合作社。2020 年，面对新冠肺炎疫情，黄山供销社出台了资金互助《关于加强资金互助服务配合做好疫情防控工作的通知》（黄供联社业务〔2020〕25 号）等服务措施，为 88 家社员企业提供借款优惠支持，共发放借款 5 276 万元，减免各项费用 62.47 万元。2020 年 7 月洪灾期间，针对重灾区歙县开发区出台了《供销农村资金互助支持市场主体实施灾后恢复生产的优惠政策》（黄供联社〔2020〕53 号）。为损失较严重的 7 户借款户减免费率 10%，支持社员灾后重建，解决社员燃眉之急。

五、结论及建议

第一，按交易量返还利润，构建合作机制。按照社员与合作金融组织的交易量返还利润是合作金融原则的重要内容，也是现代合作金融组织激励机制核心所在。1844 年在英国成立的被称为世界上第一个成功的合作社的罗虚代尔公平先锋社，就已将“按社员向合作社购买额多寡分配”作为互助合作的基本原则。

在盈利分配方面，黄山市供销农副产品合作社资金互助业务按照股金贡献度即原始股东出资额的多少分配利润，这仅是股份制金融企业的盈利分配方式。供销合作社资金互助可进一步构建按照交易量返还利润的合作机制，实现合作社和社员共同发展的利益共同体模式。按照交易量返还利润又有按照存入资金量返还利润和按照借款量返还利润两种模式。前者，适用于资金短缺的情况，按照存入资金量返还利润，可以鼓励社员在合作金融组织存款；后者，在资金充足时，按照借款量返还利润，有利于合作金融组织实现财务上的可持续。上文已论及，黄山市供销农副产品合作社对于社员存款按照惠农补贴利率给予固定收益，以构建其鼓励社员在合作金融组织存款的激励机制。

由此，黄山供销合作社在按照出资额分配利润的基础上，进一步融合按照借款量返还利润的合作机制不失为促进社员和合作社共发展的有效路径。

第二，构建生产、供销、信用“三位一体”的合作模式。制约农民增收、农业增长的关键在于生产技术、市场销路和资金短缺，供销合作社改革与专业合作经济组织结合起来，在制约“三农”发展的三大环节牵头组建专业合作经济组织，由生产合作解决技术问题、由供销合作解决市场问题、由信用合作解决资金难题，构建生产、供销、信用“三位一体”的合作模式，这不仅是供销社改革的有益探索，对于解决长期形成的“三农”问题也颇具意义。

在黄山市供销社的主导下、在各个区县供销社的积极参与下，在7个区县分别建立了农副产品合作社并成立资金互助部开展资金互助业务。7个区县农副产品合作社进一步通过股权式横向联合，出资组建了黄山市供销农副产品合作社联合社，在市联合社平台下按照统一模式开展资金互助业务。

从黄山市供销合作社的改革现状和农副产品合作社的组建情况可以看出生产、供销、信用“三位一体”组织架构。第一，各区县农副产品合作社分别成立资金互助部、供销合作部和生产合作部，在区县范围内吸收社员开展生产、供销、信用“三位一体”的专业合作，在专业合作社内部实现产业链纵向联合，由生产合作解决技术问题、由供销合作解决市场问题、由信用合作解决资金难题。第二，各区县农副产品合作社组建起市联合社，市联合社相应成立资金互助部、供销合作部和生产合作部。在市联社平台下，各区县农副产品合作社采取统一模式开展专业合作，超越合作社界限实现更广泛的合作，通过分享经验、提高规模效益，实现生产效率的大幅提高、市场效益的大幅提升、余缺资金的有效周转。

第三，搭建社员广泛参与的购销信息平台。随着互联网和大数据技术的广泛推广和完善，搭建网上交易平台成为提升产业发展效率的有益探索。在“三位一体”的基本合作框架下，由市联合社搭建购销信息平台，鼓励和推动区县农副产品合作社社员参与，一方面这是解决农产品销路、提高交易效率、降低交易成本的有效举措，充分发挥了合作社的供销合作功能；同时，通过平台积累“交易数据”，基于“交易数据”能够更加准确地分析市场需求，优化生产种植决策。另一方面，借助“交易数据”通过互联网金融和大数据技术为社员提供信贷支持，解决因信息不对称、缺乏抵质押物的融资困境，这不仅充分发挥了合作经济组织在解决合作组织成员资金问题时的信息优势，而且能够大幅提升信贷效率，实现合作社的信用合作功能。

（执笔人：何广文　王雪　周雨晴）

案例十五

国际开发性金融在推动中国农村金融发展中的基础性作用：基于世界银行中国贷款项目的案例分析*

一、引言

改革开放以来，农业的高速发展不仅保障了中国和世界的粮食安全，更为9亿多中国农村人口脱贫发挥了关键作用。中国是全球首个实现联合国千年发展目标，即到2015年将贫困人口减少一半的国家，并且承诺到2020年底使剩余的550万农村贫困人口实现脱贫。进入经济高质量发展的新时期，中国的城乡转型需要农村和农业发展采取一种全面、协调、可持续的模式。农业发展需要消除贫困和实现粮食安全，进而谋求产业化、现代化，与第二、第三产业不断融合，实现“粮头食尾”“农头工尾”的产

* 感谢世界银行驻华代表处高级农业经济学家曹文道对本案例研究提供的指导和支持。

业链；通过标准化、高质量、多业态、电商化等途径，把以农业农村资源为依托的价值更多地兑现在农村，进一步缩小城乡差别。

以世界银行、亚洲开发银行等为代表的多边银行所提供的外资开发性金融，在中国农村扶贫和农业现代化过程中发挥了独特的作用。过去40年中，世界银行在中国的农业农村发展领域一共实施了96个投资项目，贷款承诺金额达139.7亿美元，占世行对中国贷款总额的21%。贷款投资和相关的政策咨询活动主要关注四大领域，即农村扶贫（占贷款总额的19%）、供应链和粮食安全（31%）、灌溉和农业基础设施（25%），以及农村发展和公共服务（25%）。其中，扶贫和农村发展两大类项目对农村金融的关注度最高，贡献也最为显著。

世界银行对中国农业领域的投入，与中国的农村改革和农业现代化进程紧密相关。自20世纪80年代以来，世行实施了一列项目支持中国主要农业生产要素行业的市场化改革、国有农场的商业化改制，以及四大粮食主产区的粮食流通体制改革。在中国农村金融体系构建之初，世行提供了有价值的政策咨询服务、能力建设和大量资金，用于改善涉农金融机构的机制、资源和服务水平，并推动其业务与市场接轨。自20世纪90年代以来的大规模的农村扶贫开发贷款，有力地加速了中国的扶贫进程，显著改善了农村的经济/市场基础设施，提升了农业技术和服务水平，扶植了数以千万计农户为基础的农村社区、农民组织和乡镇企业。随着乡村振兴和新型农业经营主体的涌现，世行贷款对农村金融的支持重点从普惠金融转向对农业价值链上农民专业合作组织和企业，同时不断改善农村金融服务的环境，并培养有组织懂经营的新型农民。

在可以预见的未来，世界银行集团对中国农村金融关注的重点主要是：进一步完善政策框架，深化农村信用合作体系改革，发展具有示范效应的农村金融机构。世行将把推动中国各个主要行业的绿色低碳、降污减排、可持续发展作为合作的首要目标。在农业领域，将利用金融创新大力推动绿色、气候智慧型农业发展和食品安全，并已于2020年批准成立了在中国的第一个绿色农业发展基金。

二、案例背景

1981年批准第一笔对华贷款以来，世界银行在中国已经实施了96个农业农村项目，投入贷款共计139.7亿美元，占世行对中国贷款总额的22%。这些投资及相关的研究和政策咨询活动主要关注四大领域，即农村扶贫（20%）、供应链和粮食安全（30%）、灌溉和农业基础设施（25%），以及农村发展和公共服务（25%）。其中，农村扶贫和农村发展类项目对金融支持农业发展的关注度更高，投入更大，效果也更显著，其发展过程可以分为3个阶段。

第一阶段（1984—1995年）：在中国农村金融体系构建初期，帮助提升金融机构的资源和服务能力，推动市场化改革。

改革开放以来，中国将农业增产增收、作物多样化和提高资源的利用效率作为农业发展的基本目标，推行家庭联产承包责任制，加强农村信贷体系，鼓励更多利用商业信贷而非财政手段促进农业发展，支持中国农业银行等涉农金融机构在农村信贷中发挥更大的自主性，提供更优质的服务。

世界银行在1984—1990年先后批准了4期中国“农村信贷项目”，即：农村信贷一期（实施周期1984—1989年）、二期（1985—1991年）、三期（1988—1994年）和四期（1990—1996年），贷款总额5.85亿美元。4个项目由中国农业银行的省级分行作为金融中介机构，为广西、湖南、福建、四川、安徽、内蒙古等16个省（区）的农户、国有农场、农民合作社和企业提供短、中、长期贷款，用于扩大经济作物的生产、水产畜牧和农产品加工。

同时，项目针对农行信贷需求增长快、项目评估和管理能力不足、银行内部运营和财务管理制度不健全等短板，提供了一系列技术援助和能力建设，主要包括：引进国际先进的农业信贷计划、项目评估、实施监测的管理流程和先进经验；帮助农行开发《信贷项目评估手册》并在全国业务网点推广；引进投资项目经济财务分析以及敏感度分析；升级农行信贷信息和监测系统；加强农行内部审计、市场和财务数据管理分析能力；对农行全国网点的百名员工进行了EDI培训。这些活动大大提升了农行信贷服务水平和运营管理效率。

三期和四期项目的开发和实施，正处在中国金融业改革的大背景之下，并且得益于世界银行于1990年完成的《中国金融行业：政策和机构发展回顾》，以及在此研究基础上世行与中国有关部门就推进金融改革进行的一系列对话。在“四期”项目实施的过程中，政府决定将中国农业银行的商业信贷和政策性金融业务剥离，此后农行主要从事商业性金融，而政策性业务由新成立的中国农业开发银行（农发行）承担。同时，政府将农村信用社的监管职能从中国农业银行转到央行，从而理顺了农信社的监管关系。在这一过程中，世行的几期农村信贷项目在客观上支持了农行的商业化改制，提升了农行的商业化运作水平。“三期”项目还通过农行为4个省的农村信用社提供了中长期优惠贷款。“四期”项目在以往3个项目的基础上，协助农行制订了长期信贷战略计划，对农行的信贷政策体系进行了评估，并完善了财务管理系统。

世行在中国实施这 4 个农村信贷项目更重要的意义在于：

（1）这几笔在当时数目可观的贷款为 16 个省（区）的 7 373 个农业开发项目提供了资金，创造了数十万的农村就业机会，直接受益农户超过百万。

（2）在当时计划经济的背景下，政府对各个行业和各地固定资产投资信贷的发放实施配额管理，而外贷作为计划外资金，相当于提高了金融机构农业信贷（特别是长期信贷）的配额，使当时国内资金不能满足但又迫切需要开发的很多农业项目获得了资助。

（3）世行贷款在项目周期内不仅补充了农行的资金池，还优化了农行中短期和长期信贷的结构，有助于银行控制坏账率、提升盈利，从而改善银行财务状况。

（4）提升了涉农金融机构的服务和银行内部管理及信息化水平。

（5）在一定程度上支持了 20 世纪 90 年代初中国农业银行的商业化转型。

（6）对信贷项目进行甄选评估的过程中，金融、农业和技术服务部门的对话和协作得到明显加强，为农村金融营造了有利的环境。

（7）农村信用社的机构得到加强，有利于更好地服务中小农户。

（8）农业经营主体从信贷和市场的反馈中获得了改进生产和经营方式的最初启发。

第二阶段（1996—2017 年）：从消除贫困到乡村振兴，开发性金融的关注点从支持中国农村区域性扶贫开发，转向强化农业价值链和合作社金融。

自 20 世纪 90 年代以来，世界银行在中国分期实施了 16 个农村扶贫开发项目，贷款总额近 30 亿美元，示范了先进技术和管理经验，加速了中国的扶贫进程。项目资源主要用于支持农业基础设施和生产资料、经济/市场基础设施、农民组织和社区发展、乡镇企业、技术服务、自然资源管理，以及食品安全。在相当长的时期内，对农村开发有显著的“输血”和普惠金融的作用。

随着乡村振兴战略的实施，世行与中国在 2015—2017 年合作开发了一系列农业农村项目，将公共资金的支持重点转向整合农业价值链、强化农民专业合作组织、引入社会资本、加快农业的产业化和市场化。项目的资金、技术和知识资源主要用于打造一批治理规范、组织有力、财务清晰、具有盈利能力的新型农民合作社，提高融资效率和可持续性，变“输血型”投入为“造血型”开发。同时，注重整合农产品价值链，改善农村金融服务，和培养有组织懂经营的新型农民，从而全方位提升农业经营主体的融资环境。本文在“案例分析”部分对 2015—2017 年这个阶段的典型项目做进一步分析。

第三阶段（2018 年以来）：金融创新支持绿色和气候智慧型农业。

中国农业发展为世界粮食安全做出了贡献，同时中国也是世界最大的农业温室气体排放国，占全球排放量的14%。实现全球气候和环境目标日益紧迫，中国也明确了向高质量增长和生态文明的转型。这个阶段的世行贷款对农村金融的扶植和引导也转向了促进绿色投资、实现农业控污减排和提升农产品安全。2018 年以来，世行批准了在广西、湖北和河南实施3 笔总额为9 亿美元的气候智慧型绿色农业贷款，帮助3 个省将农产品质量与可持续和气候智慧型农业技术和实践相结合，采取减排和减少污染的生产管理方式，增强几个省监测评估农产品安全性以及环境风险的能力，建立省级可持续农业标准，增强农业气候韧性和对自然灾害风险的管理。

相对而言，具有一定规模的农业经营主体能够更有效地示范和引领绿色气候智慧型的农业生产方式，实现标准化、品牌效应，并培育绿色消费市场。2020 年 3 月获得批准的“河南绿色农业基金项目”是世行在中国的首支绿色农业基金。项目利用 3. 5 亿美元贷款，支持河南省建立专门的绿色农业融资机制。河南省按 1∶1 的出资比例，以若干子基金和投贷联动等方式，撬动社会资本形成42 亿元的投资规模，通过股权投资和向企业转贷，支持省内符合绿色标准的农业企业和产业链上项目。河南农开产业基金投资有限公司（HADFIC）作为基金投资方和管理方，负责项目的实施。基金计划为60 家左右本省农业企业提供资金，主要用于：打造气候智慧型农业技术和生产方式、建设绿色有机农产品种植基地、打造符合良好农业实践（GAP）的农业产业链、实现减少/取代施肥、减少农业塑料废弃物污染、降低温室气体排放、提高能源和水资源利用率的设备和设施等投资。项目还将鼓励政府和社会资金进入，支持中小企业的绿色农业投资项目。

同时，参照全球公认的绿色投资原则、良好实践和绩效基准，项目将支持中国农业部门制订适合中国国情的“绿色农业融资标准”，填补中国在这一领域的空白。标准将涉及绿色农业投资项目识别、项目评估与遴选流程、社会及环境风险管理、基于科学证据的环境效益衡量与报告、透明度与问责性等领域。河南省也将建立绿色农业投资分析评价系统，成为未来绿色农业金融基金的基准示范。

三、案例分析

2015—2017 年，世界银行连续批准了 4 个总额为 4. 5 亿美元的单省或跨省的中国农村产业扶贫贷款项目。项目计划用 5—6 年时间分别在四川省、贵州省、广西壮族自治区、甘肃省和陕西省示范设立总规模为 3. 3 亿美元的“农民合作社发展基金”（CDF

Fund）（含配套资金），用来加强农民专业合作社并资助合作社主导的农业开发项目，打造农业产业链，加速落后地区农业的规模化和市场化，使农业抓住全面城镇化带来的市场机遇，实现农民增收和地区脱贫。

这4个项目分别是：中国贫困片区产业扶贫示范项目（即“扶贫第六期项目”，2015年实施），贵州农村发展项目（2015年实施），广西贫困片区农村扶贫试点示范项目（2017年实施）和陕西贫困地区农村发展项目（2017年实施）。项目覆盖了西部5省59个县1 148个行政村（见表1），随着实施推进将使174万农民直接收益，其中一半以上是贫困人口。

表1　　　　项目覆盖行政村情况

四川省	凉山州：美姑、布拖、金阳、昭觉县 泸州市：古蔺、叙永县
贵州省	毕节市：纳雍、赫章、威宁、大方、织金县 遵义市：务川、正安、道真、赤水、习水、桐梓县 铜仁市：印江、沿河、石阡、思南、德江县
广西壮族自治区	田东、田林、乐业、东兰、巴马、凤山、大化、都安、平果县、宜州市
甘肃省	张家川、古浪、通渭、陇西、渭源、岷县、安定、临洮、环县、华池、正宁、合水、东乡、永靖、庄浪、静宁县
陕西省	陇县、麟游县、长武县、合阳县、白水县、富平县、伊川县、延长县、延川县、定边县、米脂县

这类项目有以下几个共同点：

第一，在世行与中国农村扶贫和农业开发的合作历程中，具有承前启后的意义。项目设计的意图十分明确，即：

（1）近期通过打造一批正规化的农民合作社和整合价值链，实现成功融资。

（2）通过以市场为导向的农业现代化和提高经营主体的抗风险能力，提升对欠发达地区农业投资的营利性。

（3）用公共资金带动社会资金对农业的投入。

（4）通过改善贫困地区农村金融服务，提升信贷的可获得性和可持续性。

第二，组建一批规范的农民专业合作社，使之成为利益共享、风险共担、有组织和盈利能力的农业经营主体：项目在设计开发的过程中充分认识到合作金融在中国农业现代化进程中的潜力，以及目前合作社自身存在的短板，重点支持以下两个方面的工作。

一是以法人治理结构、财务制度和股权安排为核心的合作社规范化管理——各项目省制订并遵循《农民专业合作社运行指南》和《利用世界银行贷款项目实施手册》，成立或重组了一批准备充分、手续完备、治理结构清晰、资产财务管理有序、股权安排明确、有生产和经营能力的新型合作社，并使用“管理有效性跟踪工具（METT）”对合作社的运营绩效进行监督和打分。二是经营主体的能力建设，其中包括：合作社对本地区农业生产资源和社会资源的了解程度、对产业政策和市场信息的分析判断力、对产业相关技术技能的掌握度、以社区为基础的生产组织协调能力、市场营销与创新能力，以及合作社的可持续性。2015 年以来，4 个项目共扶植建立或重组了 600 多家农民合作社，并对 10 万多合作社管理者和社员进行了全面培训和能力建设。

第三，由世行贷款和政府配套资金共同设立“合作社发展基金”。基金为经过审核的由规范的合作社（社员包括农户、农场和企业）提交的投资计划提供资金，用于合作社机构建设，或支持合作社组织发展特色优势农产品的生产、加工、仓储运输和营销等项目。基金也可以作为新建合作社的初创股本化资金，股权归合作社社员所有，可以作为社员参与分红的股权，直至社员退社后项目资金股本化的股权自然取消，不能带走项目资金。到 2020 年底，许多项目实施启动早的合作社已经实现盈利并分红。根据发展目标，到 2023 年底，4 个项目将有近半数的合作社（252 个）实现盈利并分红，这一比例远高于我国目前农民合作社的盈利比例。

第四，重视农业产业结构调整和现代化建设，发展高效、生态、高附加值产业和综合价值链。一方面重视提升农产品质量、标准化和市场化，采用新技术和生产方式。另一方面，项目通过配资或竞争性赠款激励价值链上的企业参与，与农户/农场、合作社以市场为导向构建伙伴关系，带动企业在资本、新技术、智力和市场等方面的投入。合作社与企业（公司）通过加入合作社或签订合同的方式，形成利益联结和风险协调机制。建立并延长农业全产业链，建立从农产品到商品的中间环节，变“产地型”合作社为“产业型”合作社。合作社与公司实行“产业链一体化管理”“订单农业生产”，一方面合作社根据订单品种和数量与社员签订种植和销售合同，在合同文本上明确规定种植品种、面积、技术规范、质量要求和最低保护价格；另一方面，合作社可以入股或订单的方式与公司签订合同。这使农户、农场和企业不再仅仅从产业链的初端（生产或销售初级产品）获益，而是在农产品生产、储存、加工、运输、包装等多环节中参与并获益，并且通过联合来提升规模与品牌，实现产供销和农工贸一体化，以适应连锁超市、物流配送、电子商务的现代化进程，在这个过程中加强链上合作社与企业、农户/农场、服务提供者之间的知识分享和信息共享。此外，项目还支持地方成立商业孵化中心，扶植现有农村企业并支持创业。

4 个项目共计划投入近 8 000 万美元作为激励，将吸引 150 个左右价值链上的企业参与。目前，5 个省已经有 105 个农产品在项目支持下获得质量认证、地理标识或商标注册，预计 2023 年将达到 132 个。

第五，农业基础设施、专业服务和农村金融环境的全方位提升。4 个项目都有一部分资金用于改善当地直接影响农业规模化现代化发展的农村基础设施和公共服务。为了提升合作社的抗风险能力，项目为部分农产品提供了保险补贴，并对主要产业链进行了风险评估。为加强农村信贷体系和服务，项目协助当地政府扩大农民信用信息评级系统的规模，并与当地农村金融机构合作为农民提供资产核算和信用评级服务。

专栏　广西贫困片区农村扶贫试点示范项目介绍

以 2017 年开始实施的广西贫困片区农村扶贫试点示范项目为例，尽管受疫情影响，2020 年在 107 个申请“合作社发展基金”的合作社中，仍有 20 个实现盈利并分红 122 万元，受益社员 2 430 个。2020 年 6 月 9 日，作为项目县之一的广西东兰县东兰镇江洞油茶农民专业合作社举行了 2019 年度分红大会，给 99 户合作社注册社员分红共计 49 800 元。

东兰县江洞油茶农民专业合作社成立于 2017 年，由东兰县江洞村村民小组发起，2018 年通过世行项目专家评审，成为东兰县片区世行项目扶植资助的专业合作社之一。目前有注册社员 99 户 463 人（其中建档贫困户 62 名）。合作社现有规范化油茶种植基地 382 亩、油茶加工厂房 459.15 平方米、有机肥加工厂房 611.52 平方米。2019 年，合作社共收购油茶籽 35 吨，产油 7.369 吨，产值 74 万元，盈利 7 万多元。

合作社计划到 2021 年底将茶种植基地扩大到 500 亩，并扩大收购和加工业务。同时，利用世行项目资助的合作社发展基金建设标准化油茶种植和加工基地及其配套设施，实现油茶产业一体化，提高产品质量和产量，达到规划经营和科学规范化管理。合作社还将吸纳周边村屯乃至乡镇更多的农户通过土地、现金等方式入股的方式，参与种植山茶油。计划到 2021 年社员规模扩大到 180 个，带动村民 679 人。届时社员群众可实现合作社工资收入、分红、家庭种植等多种方式增收，年人均收入 7 000 元左右。为进一步开拓市场延伸农业价值链，东兰县类似的专业合作社目前正在为菜籽油、黑山羊、东兰乌鸡等其他当地特色农产品申请注册商标（人民网）。

为改善农村金融环境，项目帮助政府扩大农户信用信息综合评级系统：到2020年9月底，已为26 451个农户提供农业资产核算和信用评级服务，到2023年将扩大到38 000个农户。这些信息将被纳入当地农户信用信息综合评级系统，作为金融风控的依据。为提升经营主体的风险防控，项目对某些类别的农产品提供农业保险补贴，并为合作社、企业和农户提供风险防控的咨询服务。项目还聘请专家为8个主要农产品价值链制订了风险管理计划。

四、结论及建议

世界银行的实践能够对中国农村金融的发展提供以下启示：

第一，农村金融是系统性工程，处在不同地域、不同发展阶段的农业经营主体的需求存在差异。关于资金从哪里来、谁来提供、如何获得等问题，已经有大量精彩的研究和讨论，但不同地域和发展阶段的农业经营者，如何从市场持续有效地兑现产品的价值，并将价值转变为可持续的现金流或资产，是农业经营者借得到钱、还得起债、应对得了风险、分享得到经济发展红利的基本思路。解决新型经营主体的资金需求，在政策和机制的安排方面，需要更为系统化的思维，不仅强调金融业，而且要从农业生产经营制度、价值链和市场、基础设施和管理方式、上下游利益群体的参与和信息对称性等多方面入手。政府对农村金融的支持可以优先两个方面：一是发展金融基础设施并提供公共产品，二是创造有利于农村金融服务的环境，促进社会信用体系建设。

同时，经济欠发达地区面对资源和信息的相对缺乏，更需支持发展新型农业经营主体，通过扩大生产规模和/或强有力的组织发挥规模效应，从而有效调动资源和服务，加速实现农业规模化、市场化和风险防范。已经或者刚刚脱贫的广大农村地区蕴藏巨大潜力，值得更多关注。

第二，开发性金融是农业现代化发展一定阶段内解决市场失灵的有效手段。鉴于投资能够产生的额外经济回报和积极的社会和环境外部性，将公共资金配置给农民合作社和企业等私人实体，用来支持其经营性投资具有合理性，但公共资金投放的程度和条件需要科学的设计。种种因素导致的利润缺乏，使农业项目通常吸引不到社会资本。公共投资的投入则可以为社会带来积极的净收益，但不宜全额支付该农业投资所产生的所有公共物品的价值。公共资金的出资水平应该仅仅高到足以改变其他潜在投资者的投资决定的临界点。换言之，公共资金的支持不会支付项目所产生的公共利益，而是为吸引更大规模、更加商业可持续的农业投资提供激励措施。

第三，合作社金融在农业农村发展中将发挥长期而重要的作用。国际经验表明，农民合作组织无论在吸纳融资、提升产品市场竞争力和降低个体风险等方面，都是农业现代化的重要组织保障。即使在市场经济发达的国家，合作金融仍占有很大比例，是商业性金融的重要补充。在此方面我国国情是以家庭为单位的小农生产方式为主，合作社将在相当长的时期内在小农户与规模化、现代化生产之间，小农户与大市场之间起到有效衔接的作用；同时实现生产要素的聚集、整合和流动，实现优势互补，提高农业生产效率，降低生产成本和风险，减少个体农户收益的不确定性；提升产品生产、流通、消费环节的专业化程度；提高农业机械化水平以及新技术的推广应用。这些是农民合作社的优势所在。目前，我国农村集体产权制度改革已经启动，农村土地确权和村级集体经济清产核资正在进行，将为农民合作社的发展创造有利的环境。农产品销售的物流化和电商化，以及农业和农产品体验式服务所带来的产业融合，使价值链趋于扁平迅捷，这更有利于合作社和专业组织发挥其专业、自主、灵活的优势。

第四，规范农民合作社治理、提升组织和盈利能力。一是要整合资源、严格管理、做大做强农民专业合作社。澳大利亚的经验启示我们要把弱小分散的合作社整合起来，形成更大更专业的合作社。只有合作社规模强大起来，才能提高抗风险的能力，才能赢得金融机构的信任。二是要完善治理机构。农民专业合作社法人治理机构，包括健全理事会、监事会、成员大会制度，对合作社的注册登记要进行年检，在农业金融领域树立良好的农民专业合作社经济法人形象。三是要规范合作社财会制度。规范农民专业合作社会计核算和财务管理制度，杜绝财务管理松散、账目不透明、财务制度不健全问题的出现，提高合作社的财务可信度，是亟待解决的瓶颈问题之一。

第五，提高农业经营主体的文化和经营素质，打造新型职业农民和企业家。欧洲、美国、日本等农业现代化国家的成功经验之一，是培养农业高学历人才，并为农民提供终身培训和服务，同时伴有激励机制。这使农业经营者具备管理现代化生产和经营的知识、获得资金和信息的能力，以及民主管理和科学决策的意识。这些素养是新型农业经营主体从本质上区别于以往农民的特征，是其他资源之外决定农业未来的“人的因素”。

参考文献

[1] Rural Credit Project (Credit 1462 - CHA) - Project Completion Report. World

Bank, 1991.

[2] Rural Credit Project II (Credit 1642 – CHA) – Project Completion Report. World Bank, 1993.

[3] Third Rural Credit Project (Credit 1871 – CHA) and Fourth Rural Credit Project (Loan 3265 – CHA/Credit 2182 – CHA) – Project Completion Report. World Bank, 1999.

[4] World Bank. Poverty Alleviation and Agriculture – Based Industry Pilot and Demonstration in Poor Areas Project – Project Appraisal Document [EB/OL]. (2015 – 05 – 26) [2021 – 06 – 08]. https://documents.worldbank.org/en/publication/documents – reports/documentdetail/50864146819 0136880/china – poverty – alleviation – and – agriculture – based – industry – pilot – and – demonstration – in – poor – areas – project.

[5] Poverty Alleviation and Agriculture – Based Industry Pilot and Demonstration in Poor Areas Project – Project Implementation Manual. World Bank, 2014.

[6] World Bank. Guizhou Rural Development Project – Project Appraisal Document. [EB/OL]. (2014 – 08 – 29) [2021 – 06 – 11]. https://documents.worldbank.org/en/publication/documents – reports/do cumentdetail/354751468219305169/china – guizhou – rural – development – project.

[7] World Bank. Guangxi Rural Poverty Alleviation Pilot Project – Project Appraisal Document [EB/OL]. (2016 – 11 – 30) [2021 – 06 – 17]. https://documents. worldbank.org/en/publication/documents – reports/documentdetail/347271482548451814/china – guangxi – rural – poverty – alleviation – pilot – project.

[8] World Bank. Shaanxi Poor Rural Areas Community Development Project – Project Appraisal Document [EB/OL]. (2017 – 01 – 18) [2021 – 06 – 14]. https://documents. worldbank.org/en/publication/do cuments – reports/documentdetail/375851486868473138/china – shaanxi – poor – rural – areas – community – development – project.

[9] Shaanxi Poor Rural Areas Community Development Project – Project Implementation Manual. World Bank, 2016.

[10] World Bank. Hubei Smart and Sustainable Agriculture Project – Project Appraisal Document [EB/OL]. (2020 – 04 – 30) [2021 – 06 – 23]. https://documents. worldbank.org/en/publication/documents – reports/documentdetail/155781590372032428/china – hubei – smart – and – sustainable – agriculture – project.

[11] World Bank. Henan Green Agriculture Fund Project – Project Appraisal Document

[EB/OL].(2020-03-03) [2021-06-09]. https://documents.worldbank.org/en/publication/documents-reports/documentdetail/417661585533718831/china-henan-green-agriculture-fund-project.

[12] 胡春华.加快农业农村现代化[EB/OL].(2020-12-01) [2021-06-16]. http://www.gov.cn/guowuyuan/2020-12/01/content_5566064.htm.

[13] 盛明富.发展农民合作社是乡村振兴的必然选择[EB/OL].(2020-06-10)[2021-06-22]. http://zgzcyj.com/index/detailsx.html? id=111.html.

（执笔人：钮子靖）

案例十六

数字金融是中国农村金融服务的未来之路：国际金融公司（IFC）中国农村金融创新案例*

一、引言

农村金融是国际金融公司（IFC）① 全球业务重点领域之一。作为全球农业金融领

---

* 感谢 IFC 中国局金融机构部项目官员连蕙珊对本案例研究给予的宝贵指导和大力配合。

① 国际金融公司（International Finance Corporation，简称 IFC）成立于 1956 年，是世界银行集团的成员机构之一。它是全球最大的专注私营部门的发展机构，目前在 92 个国家开展投融资，在国际金融市场动员资本，为企业和政府部门提供咨询服务等业务，帮助发展中国家实现可持续的投资、减少贫困和改善人民生活。中国是吸引 IFC 投资的第二大国——自 1985 年第一个项目以来，IFC 已经在中国投资了近 500 个项目，共计 153 亿美元。

IFC 的一般投资标准包括：（1）项目必须位于发展中国家，该发展中国家为 IFC 成员国；（2）必须是私营部门项目，国有股权小于 50%，或者融资完成后，改制成为国有股权小于 50% 的企业；（3）必须是技术上稳健的项目，具备良好的盈利前景；（4）使当地经济受益；（5）必须达到 IFC 环境和社会标准以及东道国的相关标准。选择 IFC 可以带动其他国际和国内投资人的共同投资，根据需要设计相关的技术援助计划，全球行业专家帮助接受资助的企业解决政策、结构、管理或供应链上的实际问题。其投资特别倾向于那些能够推动农业和前沿地区发展、提高生产力、壮大私营企业、促进绿色经济和采取更高标准的项目。

域的领跑者，IFC 过去 25 年中实施的农村金融项目遍及五大洲，积累了丰富的第一手经验、市场信息，以及金融科技和农贷评分模型等技术专长。

在中国，IFC 不仅通过直接投资和政策咨询服务于农业经营主体，而且扶植金融机构特别是地方中小型商业银行、小额贷款公司和农信社为农业提供资金和金融服务。尽管 IFC 投入的资金量相对中国农村金融的规模而言只是沧海一粟，但其作为全球最大的专注于私营部门的发展机构在配合宏观政策，支持中国农村金融服务的增长、规范化、创新和可持续发展过程中所提供的全方位和前沿支持，具有积极意义和深远影响。

自 2016 年以来，IFC 通过整合其在农业、金融、数字科技方面的技术能力和全球实践，将国际先进的农贷经验引入中国，结合中国前沿的金融科技，开发出数字农贷产品，实现农贷调查无纸化、评分模型实时运算、贷款审批自动化，从而大大提高了农贷效率，降低了交易风险和成本。IFC 通过向多元化的金融机构（大型银行、农商行、城市商业银行、小额贷款公司）提供资金、技术支持和能力提升方面的帮助，或者与金融科技公司合作开发可供复制的服务模式，积极扶植创新型的金融服务模式，推动中国农业信贷的根本性转型。在此过程中，其不仅关注农业经营主体的产业化和区域优化，还注重金融和技术服务为各个利益相关方带来的影响。重庆“小雨点”(Simple Credit)、廊坊银行“爱农贷”，是 IFC 支持中国农村金融领域科技创新的成功案例。

二、案例背景

IFC 支持中国农村金融发展分为 3 个阶段：（1）从 2005 年开始关注农村金融机构的需求，探索复制东部发达地区城市商业银行的成功经验，并引入战略合作伙伴（荷兰合作银行）参与农村商业银行和农村合作银行的投资；（2）2007 年开始重点关注西部地区，将城市商业银行的成功经验复制到西部，试点微贷模式并引进小额信贷公司、村镇银行等战略伙伴；（3）2009 年以来大力推进农村金融的理念、产品和技术创新，探索新型微贷商业模式和融资模式，包括商业银行业务下延、无网点银行、数字农业金融等①。

随着网络和移动通信技术的迅猛发展，近年来 IFC 在农业领域积极支持数字化金

① IFC 数字农贷内容与解决方案。

融服务。全球实践表明，数字金融能有效解决农业经营者获得“最后一公里”金融服务的物理障碍，降低交易成本，提供便捷灵活的服务；同时利用先进技术（卫星数据、无人机拍摄等）和替代信息资源（特定地区和农产品产业链、龙头企业的大数据）来弥补中小型农业经营主体和农户征信纪录缺失的弱点，创建农贷风控评分模型、长期的客户电子档案和风险评级（见图1）。

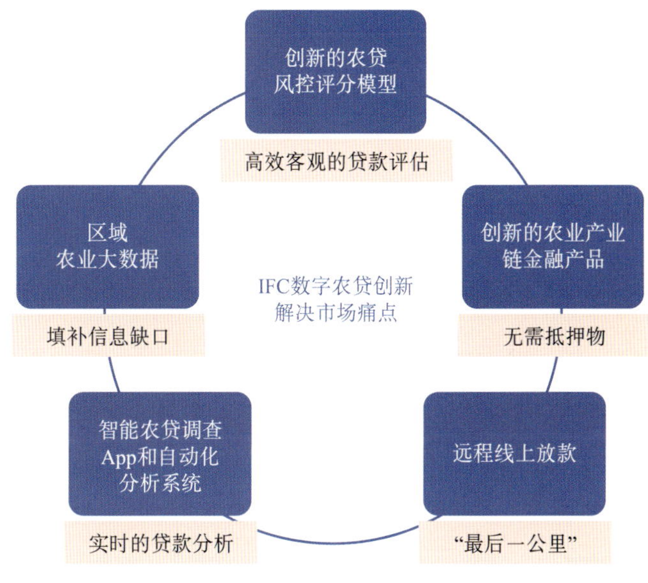

图1　用创新数字农贷解决农业信贷的瓶颈问题

中国在金融科技（FinTech.）领域发展迅猛，不仅在数据处理效率、与外部数据的对接、创新支付手段上的进步已经今非昔比，而且是全球金融科技创新的引擎。这一发展为IFC在中国推动数字农贷技术提供了可能，因为标准化是运用数字技术探索农业产业信用贷款的基础。生产过程和投入产出比的相对标准化，在生产资料确定时，可以依据外部历史数据对未来现金流进行预测，系统也就能够推算出可承受风险范围内的最高信贷额度。

2012—2021年，IFC在中国农村数字金融领域进行了一系列的战略合作和投资，合作伙伴涉及农村金融体系的各个层面和各类机构。除了资金之外，IFC在推动农村金融服务转型的过程中提供了全方位的价值，包括：指导项目调研、制度流程设计、农贷产品开发、数字金融技术和路径优化、模型本地化、农业大数据开发、引进国际经验和能力提升。IFC还帮助金融机构对农业信贷模型进行整合和优化，并支持地方商业银行建设区域性农业数据库，提升客户经理掌上移动工作站的功能。

同时，IFC与金融科技公司和大数据公司合作，推动将物联网、大数据、云计算、人工智能等高科技应用于中国的农村金融服务。

IFC将创新型农贷风险评分模型引入中国，并支持国内金融机构整合各类大数据资源用于信用和风险评估（见图2）。价格波动和自然灾害风险是被公认的农业生产经营中最主要的两种风险。在此之前，很少有国内金融机构将这两种风险量化并系统性地纳入风控体系，多数情况下是凭以往经验进行估测，缺乏长期、持续、客观的数据分析。事实上，行业主管部门的信息中心拥有大量关于中国农产品批发市场在过去几年中的价格信息，而气象部门也有过去60年积累的气象数据。这些资源对于农业信贷都是极为珍贵的风险评估因子。

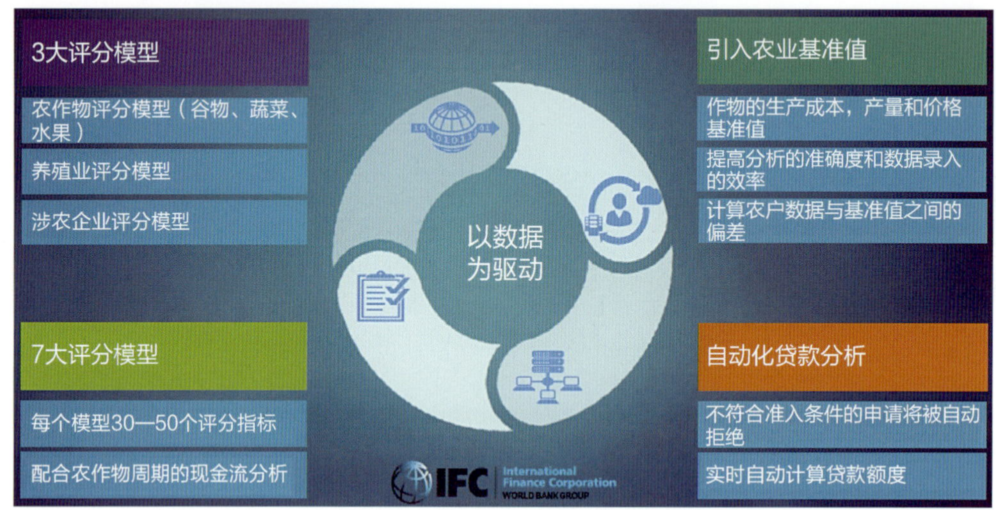

图2　IFC农业贷款风控模型

三、案例分析

案例一：重庆“小雨点”[①]（Simple Credit）农业金融新模式

2020年6月，重庆“小雨点”的数字农贷创新模式获得IFC 8 000万美元的战略融资，主要用于促进“最后一公里”的普惠金融和农业融资。IFC在前期还为该公司提

① 该公司成立于2015年，是一家金融科技企业，业务涵盖供应链金融、农业金融、消费金融等领域。2018年“小雨点”数字商贷正式上线。截至2021年上半年，注册用户超过450万户，累计放款超过100亿元。

供了数字农业金融的咨询服务。截至2020年底，“小雨点”累计为2 598家线上注册的农业经营主体发放2.6亿元贷款，合作放款的产业链核心企业229家（见图3）。

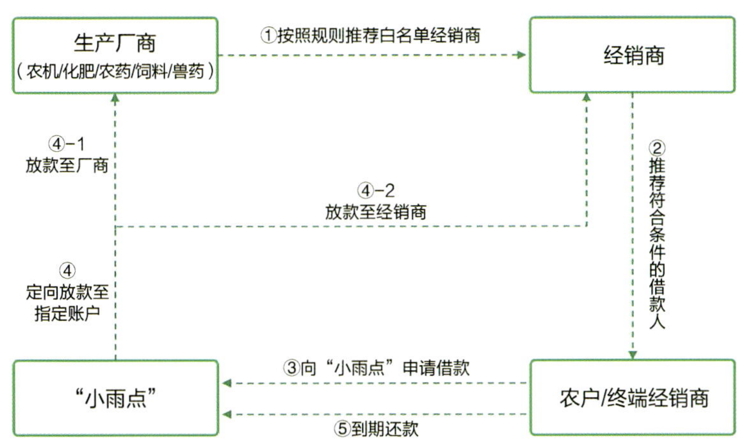

图3　“小雨点”数字农贷业务模式

“小雨点”的农业金融产品具有以下特点和创新性：

（1）金融产品场景化、差异化、定制化。针对饲料、种植业、养殖业等不同农业生产领域的经营者，并根据不同人群的特点设计了“农资贷”“农机贷”“养殖贷”“建设贷”等多个产品（见图4）。在标准产品的基础上，可以根据农业生产交易场景对风控条件、申请资料、额度、期限、利率等方面灵活配置差异化的产品，最大程度满足农业核心企业和借款人的需求。

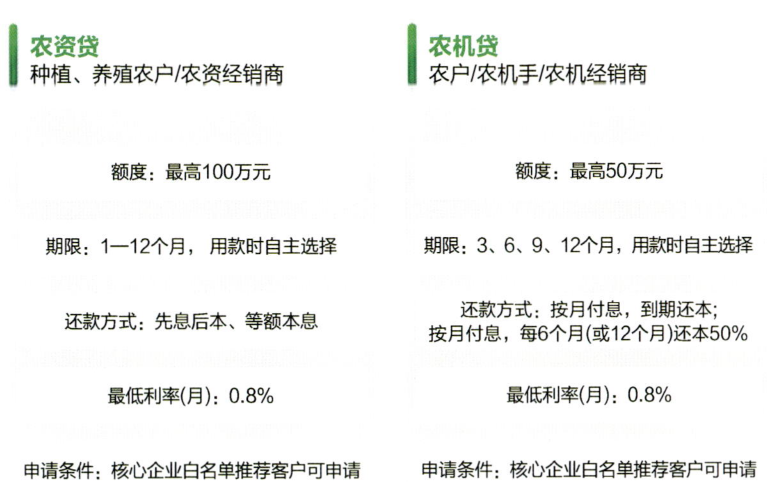

图4　“小雨点”农资贷和农机贷产品

（2）农业全产业链金融，解决授信瓶颈问题。“小雨点”通过与产业链上的农资、农机和龙头核心企业建立伙伴关系，依靠核心企业推荐信贷客户，并利用其积累的产业链数据和消费信息，借助科技手段对数据进行收集、分析、挖掘和交叉认证，在真实全面掌握上下游客户的物流、信息流和资金流信息的基础上，实现了白名单客户获取，从而大大降低了风险，并能够为上下游企业量身匹配基于真实交易的在线金融服务，且资金稳定、无需抵押。实践证明，由于短期的资金需求能够得到满足，这一服务有助于提升产业链上核心企业周边农户、农场、中小型企业群体的稳定性，从而创造更好的经济收益（见图 5）。

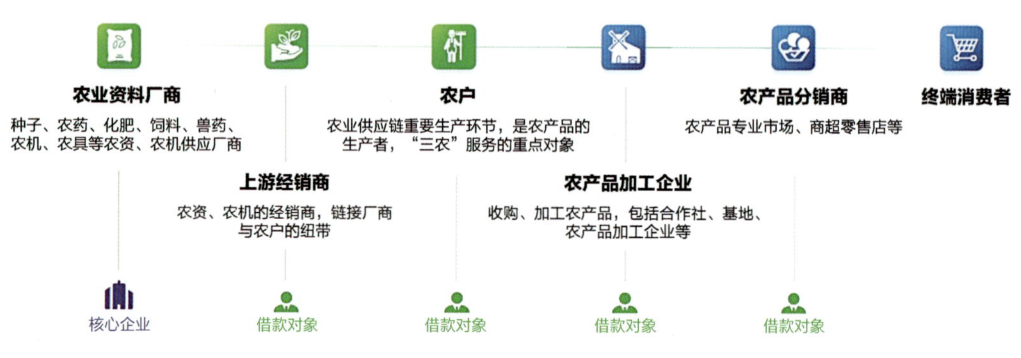

图 5　“小雨点”全产业链金融服务

（3）自主研发的农贷 App。农户可以在线自主申请，享受无抵押、全线上、低成本的金融服务，从申请到放款最快仅需 10 分钟。

案例二：廊坊银行“爱农贷”

廊坊银行的农业价值链贷款产品“爱农贷”是该行与 IFC、河北省农业信贷担保公司在“三农”金融领域的创新探索。“爱农贷”以金融科技、农业大数据、国际农业贷款模型为基础，开创了“政府农业信贷担保 + 农贷评分模型”和“区域价值链 + 农贷评分模型”两种业务模式；搭建了全省乃至全国领先的农业金融公共服务平台，实现了无纸化调查、远程线上放款。

通过与区域内的农资经销商、农产品收购和加工企业等农业供应链中的核心企业合作，廊坊银行直接对接对有资金需求的农业经营主体，银行级的信贷风控模型是基于农业部、大连商品交易所、新发地市场农产品价格等农业大数据库搭建的，最终的贷款发放以受托支付的方式直接向农资商付款，用于购买农户所需农资。

“爱农贷”的创新性可以归纳为 3 个方面：

（1）实现了农业信贷经营理念的转变，即从过去贷款风控“传统经验型”转向依据现代科技手段的“数字量化型”，将农作物成本、农作物价格、资产负债信息、农业技术水平等80多项农业大数据评分指标嵌入贷款风控模型，拓宽贷款定价模型的计量维度，大幅度提升模型测算的精度，从而更加有效地降低了信贷风险指数。

（2）实现了农业价值链融资，将过去链上赊销形成的债务关系转变为信贷担保权，让借贷资金直接服务于农户购买农资，解决了银行与农户之间的信息不对称的问题。

（3）利用互联网技术高效快捷放贷，采用手机App和在线账务操作系统，将调查数据实时地对接评分引擎，由系统计算农户种植成本及最高贷款额。此外，贷款人可以在线申请用款直接用于农资购买，提升了贷款发放效率和用户体验，同时降低了放贷业务人员的道德风险。

目前，廊坊银行涉农贷款余额超百亿元，为该地区近万名农业经营者提供了有力支持。例如：永清县王艳芬的葡萄种植专业合作社成功申请了数十万授信额度的“爱农贷”，在扩大种植规模的关键时期在线上直接受托支付给农资商，改变了以往高价赊购农资的情况，降低了资金成本，目前已经发展成为国家级示范社。“爱农贷”的成功实践已经由IFC在国内地方商业银行以及东南亚、非洲和拉丁美洲的农业国家分享和推广。

四、结论及建议

IFC在数字农贷方面的实践，能够为中国金融支持新型农业经营主体提供如下启示：

第一，金融机构依托金融科技实现数字化转型是必然趋势。全球范围内的农村金融服务在未来一段时间内，还将是线上线下相结合的服务方式。但中国金融科技的发展使线上服务的大趋势已经到来，传统的线下贷前评估和贷后监控已经部分可以被卫星遥感、无人机和地面数据采集所代替。新冠肺炎疫情的暴发和物理接触的限制大大加速了各个行业向线上服务的转型，包括农村金融服务。危机过后，线上数字化服务的能力和覆盖程度已经成为金融机构核心竞争力的一部分。

第二，涉农金融机构需要转变经营理念、加速技术升级、提升对接各种外部资源的能力。既有和新型农业经营主体的共存，使得农业金融需求的差异化将越发明显。这必然要求传统金融服务提供者加速转变理念、技术升级、创新产品和打造高素质农村金融服务人才队伍，同时具备对接外部各种资源（数据和信息）的能力。现有金融机构、新客户群体和金融科技公司之间需要更加深刻地理解彼此的需求和业务逻辑，实现行业层面的优势互补和深度融合，从而提升中国农村金融的服务水平。

第三，宏观激励政策和涉农金融产品的开发应重视可持续性。创造和维护良好的农村金融市场的竞争秩序，开发有价值、可持续的农村金融产品，避免短期刺激或不利于市场长期公平健康发展的措施。

第四，地方中小商业银行和涉农小额贷款公司的创新积极性和服务农业和农村的潜力值得重视。实践证明，尽管在技术和人才方面可能存在劣势，地方中小商业银行和小额信贷机构进行自我升级转型的愿望仍十分强烈，而且在不断努力寻求数字技术的支持以提升竞争力。可以考虑在政策、技术和资金上对他们适度倾斜，鼓励服务提升和模式创新。特别是政府对农业信贷的资金注入和优惠政策多流向大银行，在一定程度上忽视了有意愿、有需求、能创新的中小型银行和涉农小额贷款公司。

第五，涉农金融需更加依托农业价值链。围绕以龙头/核心企业为基础的农业价值链，整合链上产品、价格、风险等信息，并以此为依据为上下游农业经营者提供金融服务，已经被证明是成功有效的模式。未来的数字金融模式更需要依赖和服务于不同类型的价值链。在这一模式下，重要的环节是采用高标准甄别价值链上的龙头/核心企业，作为金融服务合作伙伴。

第六，在农业生产潜力大的地区进行区域性金融服务网络试点。鉴于中国的地区间的巨大差异，在面向全国推广数字农业金融产品和服务之前，有必要进行区域性试点，培养可持续的合作伙伴，并针对不同的农业生产领域开发金融服务。试点将有助于了解农业经营主体多样化的融资需求、鉴别风控点，并开发出适合不同农作物和生产周期的金融产品。

第七，加速建设农村信用体系。尽管有金融科技整合各类外部资源和大数据应用来支持信贷风险控制和信用评级，但农村信用体系作为农业金融的制度安排，仍然亟待健全。需要积极推进相关的立法和实施，将银行类和其他类型的金融服务机构一并纳入征信体系，并且利用科技进步的优势加速建立统一、完善、安全的农村征信系统平台。

第八，在农业信贷的提供和偿还过程中交易的便捷性。商业银行与涉农金融服务提供者之间的交易平台对接不顺畅，农户获得贷款容易，但从银行账户还款转账困难。银行需要简化流程、减少壁垒，否则无法充分实现金融服务创新本应产生的高效率和低成本。

参考文献

[1] Digital Financial Services for Agriculture Handbook. IFC，2018.

[2] IFC China portfolio and project information disclosure，2012 -2020.

[3] IFC 数字农贷内容与解决方案（演示文稿）.

[4] 重庆“小雨点”农业金融业务介绍（演示文稿）.

[5] 廊坊银行“爱农贷”喜获农业部 2018 全国金融支农服务创新试点 [EB/OL].（2018 -07 -11）[2021 -06 -25]. https：//www. sohu. com/a/240485964_212220.

[6] Simple Credit：digitized agri - lending solutions tailor - made for different value chains.

（执笔人：钮子靖）

致谢

2019年10月，我们承担了世界银行贷款“中国经济改革促进与能力加强技术援助项目”（TCC6）子项目“金融支持新型农业经营主体模式研究”。我国新型农业经营主体的金融需求与当前农村金融体系供给存在较大差距，金融供求仍未有效匹配，金融支农模式需进一步完善。因此，我们深深理解这项子课题研究对推动我国实施乡村振兴战略的重要意义和实践价值。

我们组建了以学者为主的专家团队和以研究生为主的学生团队，并立即投入项目研究工作。专家团队由中国农业大学郭沛教授牵头，负责研究整体设计、确定研究大纲、凝练研究重点、组织实地调研以及修改完善书稿；专家团队成员包括中国农业大学何广文教授（农村金融需求研究专家）、中国农业科学院农业经济与发展研究所吕开宇研究员（农业保险研究专家）、中国农业大学何婧副教授（农村金融供给研究专家）、中国农业大学陈俞全博士（农业供应链金融研究专家）与世界银行项目咨询专家钮子靖女士（农村金融国际经验研究专家）。在案例集的编写过程中，专家团队和学生团队结合实地调研与文献研读，共同完成了16个典型案例的总结分析，系统梳理了多种创新模式，供读者参考借鉴。

尽管受到新冠肺炎疫情的影响，研究团队成员们仍精心设计调研活动，先后赴9个省区调研了1 044个新型农业经营主体。面对面询问上千个新型农业经营主体负责人并完成厚厚的问卷填写，耗时耗力耗人，是一项非常艰辛的工作。参加调研的学生团队包括：邢璐瑶、陈培磊、张成鹏、丁永潮、王晓丽、贾雅茹、康宽7位博士生，李梦琪、侯昊天、伍校甫、褚子晔、郑怡、王壮壮、张志远、谢悦、杨甜甜、李昌勇、康威、牛雅琪、张玉、刘学衔、孙晨、张中坚、吴瑜萍、邓杰、谢绍天、叶立谦、陈梓函、余东航22位硕士生。特别感谢学生调研员们秉持吃苦耐劳的精神和高度负责的态度，完成问卷调研和数据清理工作，为本书提供了真实可靠的数据基础。

本书得以顺利呈现，归功于主管领导、全体作者、调研人员与责任编辑的精诚合作和不懈努力。我们真诚感谢财政部国际合作司与农业农村部计划财务司和政策与改革司的相关领导在本项目实施过程中给予大力支持和指导。感谢参与项目启动会、中期进展会和终期评审会的专家们为本书提出宝贵意见和修改建议。感谢9个省区各级农业农村部门以及调研样本县政府部门的领导和同志们，为研究团队开展实地调研和机构座谈付出巨大努力。感谢1 044个新型农业经营主体负责人，真诚且耐心地接受问卷调研，提供详实可靠的研究数据。感谢中国财政经济出版社的胡懿女士，为本书编辑出版工作所付出的时间和心血。

需要说明的是，我们在研究过程中参考了大量的文献资料，尽可能在文中列出，但同时难免有疏忽或遗漏的可能，向各位专家学者表示崇高的敬意和深深的歉意。本书定稿之际，我们仍在反复阅读文本，思考金融支持新型农业经营主体问题。“弱水三千、只取一瓢”，由于时间仓促及水平有限，书中不足之处在所难免，还望读者批评指正。

本书编委会

2021年8月于北京